JN289778

イギリス国債市場と
国債管理

須藤時仁

日本経済評論社

はしがき

　本書は1980年代から90年代にかけてのイギリス国債市場の効率性および国債管理政策について，実証的，理論的に分析した研究書である．ここで効率性とは，経済主体が情報を効率的に処理する，ないしは経済主体による将来を見据えた最適化行動と整合しているという意味で用いている．

　わが国の国債残高（財政融資資金特別会計国債を含む）は，2002年度末の見込みで約506兆円（対名目GDP比101.3%），2003年度予算案ベースで約546兆円（同109.5%）と，主要先進国の中で最も悪い状況にある．こうした状況に鑑みれば，わが国の国債市場および国債管理政策を研究対象とすべきであろう．しかしながら，一方で02年6月の証券決済システム改革法成立にみられるように国債市場改革が現在も進行中であることを考えれば，今しばらく改革の進展を見守った上で国債市場を分析した方がその効果を評価できるであろう．

　一方イギリスでも，90年代初期に為替相場機構（ERM）に留まることに固執したため，国内不況対策を財政政策に頼らざるを得なくなり国債（ギルト債）残高が急増した．結果的に，92年9月，イギリスはERMからの離脱を余儀なくされ景気は回復に向かったが，悪化した財政状態を改善するため，90年代後半に抜本的な国債（管理）制度の改革が行われた．その効果か否かは明確ではないが，97年時点で国債市場を国際比較すると，イギリスの国債市場はわが国より規模が小さいにもかかわらず，その流動性は高いという非常に興味深い推測が得られている．

　このようなイギリスの経験はわが国の国債制度を考えるに当たって非常に参考になろう．しかしながら，残念なことに筆者の知る限り，イギリスにおける近年の国債市場もしくは国債管理政策について分析した邦語文献はほと

んど見当たらない．そこで，自らの力量も省みず本書を世に問うた次第である．本書の構成についてはここでは立ち入らないが，上述したイギリスにおける推測ならびに経験に照らして，80年代から90年代にかけてイギリスのイールド・カーブ（国債市場）は効率的に形成されていたのか，また国債管理政策，特に国債発行政策はどのような政策的意図に基づいて行われてきたのかという2つの基本的な論点を設定し，その解明を試みている．

当然のことながら，本書には至らぬ点が多々あることと思う．そのいくつかは終章の最後に「今後の発展的課題」として挙げたが，それ以外にも論点の欠落や論考の誤りがあるかもしれない．今後の研究を深めていくためにも，どのような点であれ，本書に関するご批判等を読者の方々からいただければ大変に有難いことである．また，本書を読んで1人でも多くの読者がイギリスのみならずわが国の国債市場および国債管理政策に関心を抱いていただければ，筆者として望外の喜びである．

私のような浅学非才の者がこうして単著をまとめることができたのは，多くの方々のご指導，ご援助の賜物である．この機会をかりて心から感謝の意を表しておきたい．

福岡正夫先生には，慶応義塾大学在学中に理論経済学の基礎をご指導いただいたばかりでなく，ご多忙の中，私事の相談にも親身になって聞いていただいた．

竹中平蔵先生（経済・財政・金融担当大臣）には，共同研究の機会を通じて実証分析の手ほどきをしていただいたのみならず，筆者がイギリスのWarwick大学に留学するに当たり推薦していただいた．そのWarwick大学では，Trostel先生とSmith先生に修士論文をご指導いただいた．竹中先生ならびにWarwick大学での両先生には学術論文の読み方，書き方から研究者としての心構えまでアドバイスをいただき，筆者が曲がりなりにも研究者の末席にいられるのはこれらの先生方のおかげと申し上げても過言ではない．

さらに，感謝しなければならないのは，現職場である財団法人日本証券経

はしがき

済研究所の方々であり，そこに入所するきっかけを与えていただいた斉藤美彦先生（獨協大学）と代田純先生（駒澤大学）である．同研究所の研究環境はきわめて充実しており，そのような恵まれた研究環境がなければ筆者のような者が一書を著すことなどとてもできなかったであろう．筆者に自由な研究を許していただいた小山昭藏前理事長，関要理事長，入所以来ご指導，ご援助いただいている小林和子理事・主任研究員，佐賀卓雄主任研究員をはじめとする同研究所の方々に心から感謝申し上げなければならない．また，同研究所で参加させていただいたヨーロッパ資本市場研究会，公社債市場研究会，現代金融研究会，金融持株会社研究会のメンバーの先生方には，金融・証券市場の問題のみならず広く経済・社会問題に対する視点をご教示いただいた．この場を借りて御礼申し上げたい．

なお，本書の半分以上の章は巻末の初出一覧に示した既発表論文に加筆訂正したものである．それらの論文を執筆するにあたり，釜江廣志先生（一橋大学）には統計・計量分析用パッケージ・ソフトウエアRATSのプログラムを提供していただき，査読誌のレフェリーの先生方には貴重なコメントをいただいた．ここに記して感謝の気持ちを伝えることとしたい．

また，専門書の出版事情が極めて厳しい折り，本書の出版を快くお引き受けくださった日本経済評論社の栗原哲也社長および編集の清達二氏に心から御礼を申し上げたい．

最後に私事となるが，母には長年心配をかけ，妻には日頃のわがままを聞き入れてもらっている．本書はこうした私の家族に捧げたい．

2003年1月

新春の研究室にて　　須藤　時仁

目　　次

はしがき	iii
図表一覧	ix

第1章　国債の発行制度と市場流動性 …………………… 1

1.　わが国国債残高の現況	1
2.　国債市場の流動性比較	3
3.　商品特性	7
4.　本書の目的と構成	14

第2章　名目イールド・カーブの共和分分析Ⅰ ………… 20

1.　はじめに	20
2.　基本概念	21
3.　基本モデル	27
4.　先行研究	40
付論1　ゼロ・クーポン債金利で定義された期待理論の3形態の整合性	45
付論2　モデルⅠおよびⅡにおける方程式間制約の証明	46

第3章　名目イールド・カーブの共和分分析Ⅱ ………… 50

1.　データの検証	51
2.　期待理論の検証1	60
3.　期待理論の検証2	71
4.　結　　論	82

第4章　実質金利の期間構造 …………………………… 97

1. はじめに　　97
2. 理論モデル　　100
3. データの検証　　105
4. 資産価格モデルの実証結果　　109
5. 保有リスク・プレミアムの時間可変性に関する検証　　114
6. 結論　　119

付論1　Hansen and Jagannathan [1991] のバウンド・テストに用いる不等式の導出　　123
付論2　分散制約テストで用いる制約式の導出　　124

第5章　ターム・プレミアム・パズルの理論的考察 …………… 128

1. はじめに　　128
2. 債券保有量を効用に考慮した資産価格モデル　　131
3. 分析　　136
4. 結論　　142

第6章　景気循環と実質金利の期間構造 …………………… 144

1. はじめに　　144
2. モデル　　149
3. データとモデルの実証結果　　156
4. 結論　　164

付論　マルコフ・スイッチを組み込んだ状態空間モデルの推定方法　　167

第7章　90年代における国家債務の保有構造 ……………… 171

1. はじめに　　171
2. 市場性国債の保有構造　　173

	3. 投資家別ポートフォリオ	179
	4. 結　　論	186

第8章　最適満期構成の理論的考察 …………… 188

1. はじめに　　　　　　　　　　　　　　　　　　　188
2. 政府による厚生最大化：所得税を組み込んだ消費資産価格
　 モデル　　　　　　　　　　　　　　　　　　　　192
3. 最適満期構成　　　　　　　　　　　　　　　　　196
4. 結　　論　　　　　　　　　　　　　　　　　　　205

第9章　80年代から90年代の国債発行政策 …………… 208

1. はじめに　　　　　　　　　　　　　　　　　　　208
2. 命題の検証　　　　　　　　　　　　　　　　　　209
3. 90年代前半までの国債発行政策　　　　　　　　　214
4. 90年代後半の国債発行政策　　　　　　　　　　　229
5. 結　　論　　　　　　　　　　　　　　　　　　　237

第10章　結　　論 …………… 242

1. 各章のまとめ　　　　　　　　　　　　　　　　　242
2. わが国へのインプリケーション　　　　　　　　　250
3. 今後の発展的課題　　　　　　　　　　　　　　　260

参　考　文　献　　　　　　　　　　　　　　　　　　263
索　　　　　引　　　　　　　　　　　　　　　　　　274
初　出　一　覧　　　　　　　　　　　　　　　　　　278

図 表 一 覧

図 1-1　国債残高の対名目 GDP 比率
表 1-1　国債市場の流動性比較
表 1-2　商品特性
表 1-3　インデックス債
表 1-4　ストリップス債

表 3-1　DPT 検定の結果
表 3-2　(2.31)′式に基づく傾き係数 α_1 の推定結果
表 3-3　(2.33)′式に基づく傾き係数 α_2 の推定結果
表 3-4　修正方程式間制約に関するワルド検定の結果
表 3-5　(3.9)式に基づく傾き係数 α_3 の推定結果
表 3-6　ランク条件のテスト
表 3-7　1カ月物レートを起点とするサブシステムに関するランク数
表 3-8　サブシステム 2 におけるランク数
表 3-9　スプレッド制約のテスト
表 3-10　各金利の弱外生性に対するテスト
表 3-11　ゼロ・クーポン（ギルト）債金利とインターバンク・レートの相関係数
表 3-12　修正されたサブシステム 2 の期待理論に関するテスト
付図 3-1　金利の推移（原系列）
付図 3-2　金利の推移（階差系列）
付図 3-3　スペクトル密度関数（金利）
付図 3-4　イールド・スプレッドの推移（原系列）
付図 3-5　スペクトル密度関数（イールド・スプレッド）

図 4-1　小売物価指数の前年同月比
表 4-1　単位根検定の結果
表 4-2　GMM による推定結果
表 4-3　分散制約テストの結果
表 4-4　保有粗収益率の平均と分散

図 5-1　リスク・プレミアムの符号

図 6-1　景気変動とイールド・スプレッド
表 6-1　モデルの推定結果
表 6-2　イールド・スプレッドの景気循環に対する予測能力
表 6-3　イールド・スプレッドの景気変動に対する予測能力

図 7-1　イギリスの金利動向
図 7-2　ポンド実効レート（90年＝100）
図 7-3　国民貯蓄証券の内訳構成比
図 7-4　市場性国債の残存期間別保有構成比
表 7-1　イギリスにおける市場性国債の保有構造
表 7-2　保有構造の国際比較
表 7-3　イギリスの年金基金，保検会社によるインデックス債保有残高の推移
表 7-4　投資家別ポートフォリオ

図 9-1　ギルド債の満期別発行構成比
図 9-2　ギルド債の実質残高前年比と名目残高の対GDP比
図 9-3　実質年間保有収益率
図 9-4　ギルド債の部門別純売却額（居住者）
図 9-5　ギルド債名目金利のクーポン・レートからの乖離
図 9-6　ポンドの対ドル，対マルク相場
図 9-7　実質経済成長率と借入必要額
図 9-8　インフレ率とベース・レート
表 9-1　MTFSの目標値（域）と実績
表 9-2　金融機関が保有するポンド建国家債務
表 9-3　逆オークションの結果
表 9-4　1996年以降の主なギルド債市場改革
表 9-5　国債管理庁の目的
表 9-6　1995年度以降のギルド債発行関連指標
表 9-7　満期政策と発行関連指標（発行環境）

表 10-1　戦後の国債管理政策の推移
表 10-2　証券決済システム改革法における国債関係の措置の概要
表 10-3　個人向け国債の商品概要
表 10-4　わが国国債流通市場における流動性向上のための提言とその進捗状況

第1章　国債の発行制度と市場流動性

1. わが国国債残高の現況

　わが国政府は，経済の長期低迷や金融システムの動揺といった厳しい経済環境に対処するために大量の国債発行を余儀なくされ，その結果，財政は危機的な状況に至っている．国債（財政融資資金特別会計国債を含む）残高は2000年度末の368兆円から01年度末（見通し）には約439兆円と400兆円の大台を越え，さらに，02年度末には約506兆円に達する見通しである．ここで，国債残高の対名目GDP比率をイギリス，アメリカと比較しながら概観してみよう（図1-1）．まず，日本の比率を時系列で見ると，バブル経済の恩恵を受けた1980年代後半から90年代初頭を除き，ほぼ一貫して比率は上昇しており，特に90年代後半には急上昇している．ちなみに，2000年度末の比率は69.3％だが，政府が発表している01年度および02年度の国債残高と名目GDPの見通しを用いてこの比率を計算すると，01年度末は87.7％，02年度末は101.3％という驚くべき数値となる．一方，イギリスとアメリカの推移を見ると，イギリスではその比率が90年代前半に上昇したものの97年度末以降は低下しており，アメリカでも82年度末以降上昇していた比率が95年度末の44.5％をピークに横ばいから低下に転じている．その結果，90年代後半には，イギリスやアメリカに比べ，日本の財政状況の悪さが一際目立っている．

　わが国におけるこうした財政状況は，今後，政府による国債管理政策が重

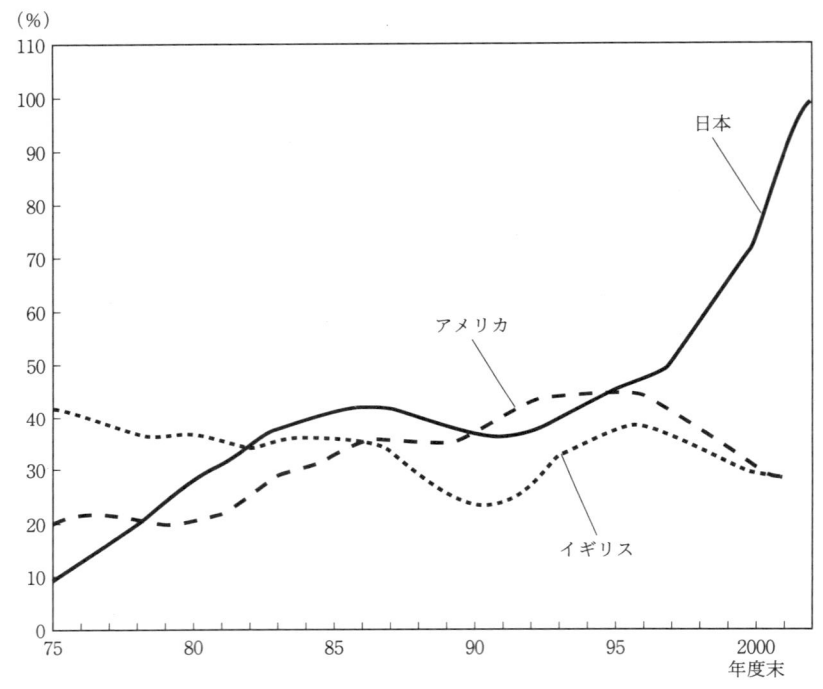

注：1) 日本の国債残高には，01年度から発行された財政融資資金特別会計国債を含む．
　　2) 日本の01年度，02年度の数値は見通し．
出所：各国資料から作成．

図 1-1　国債残高の対名目 GDP 比率

要となることを示唆していよう．国債管理政策の概念は統一されていないが，概して従来は民間が保有する国債残高の残存期間別構成を操作することによって，国債の発行コスト軽減を図ったり，国債の流動性が経済活動に与える影響をコントロールする政策と捉えられていた．しかし近年では，こうした目標を達成するために必要な諸制度の整備など国債市場育成の観点も含めた広範な内容が国債管理政策の対象に加えられてきている．このように国債管理政策を広義で捉えたとき，イギリスやアメリカの国債市場には，日本のそれと比べてどのような制度的特徴があるのだろうか．このような問題意識に

基づき，以下では国債の発行市場，特に商品特性に焦点を絞って日英米を中心に制度比較を行った．その前に，日英米3カ国の国債市場の流動性を比較しておこう．これは，一国における市場流動性の程度はその国の国債管理政策の成果を反映すると考えられるためである．

2. 国債市場の流動性比較

本章では，Bank for International Settlements（BIS）が99年5月に公表した報告書 *Market Liquidity: Research Findings and Selected Policy*

表 1-1 国債市場の流動性比較

		イギリス	アメリカ	日本
a	発行残高	458	3,457	1,921
b	年間売買高（現物）	3,222	75,901	13,282
c	売買回転率(b/a)	7.0	22.0	6.9
d	年間売買高（先物）	3,294	27,928	18,453
e	現物/先物比率(b/d)	1.0	2.7	0.7
f	ビッド・アスク・スプレッド（カレント-非カレント）			
	2年債	3	1.6	5
	5年債	4- 4	1.6- 6.3	9 -11
	10年債	4- 4	3.1- 6.3	7 - 7
	30年債	8-12	3.1-12.5	16-19
g	10年物金利(1985年1月〜1999年3月)			
g1	平均（％）	8.907	7.459	4.413
g2	標準偏差（％）	1.810	1.484	1.705
g3	変動係数(g2/g1)	0.203	0.199	0.386

注：1) 発行残高は97年末時点．年間売買高は97年中の数値であり，アウトライト売買についての往復ベース（売買合計ベース）で計算されている．また，残高と売買高は各々97年末，97年中の為替レートで10億米ドル単位に換算した．
　　2) ビッド・アスク・スプレッドは取引サイズ1,000万米ドルに対する固定利付債のインター・ディーラー取引における，各年限のカレント銘柄と残存期間がほぼ等しい非カレント銘柄のビッド・アスク・スプレッドを比較したもので，単位は額面の1万分の1である．
　　3) 日本の5，30年債のデータは，各々6，20年債で代用した．
出所：Bank for International Settlements (BIS) [1999] などから作成．

Implications（邦訳：日本銀行『市場流動性：研究成果と政策へのインプリケーション』）に従い，流動性の高い市場を「大口の取引を小さな価格変動で速やかに執行できる市場」と定義する．このような定義に基づいたとき，市場流動性を捉えるいくつかの側面が考えられるが，そのすべての側面を1つの指標で捉えることは難しい．そこで，ここでは，BIS［1999］の調査データに基づく現物の売買回転率，現物/先物比率，ビッド・アスク・スプレッドと，マーケットからの情報として，10年物国債の名目金利の動きからイギリス，アメリカ，日本の市場流動性を比較してみた（表1-1）．

(1) 売買回転率

国債の年間売買高は市場流動性を反映する．つまり，流動性が高ければ売買高は膨らむであろうし，逆に低ければ売買高も少ないだろう．一方，売買高は国債の発行残高にも依存し，発行残高の大きい市場の方が売買高も大きくなると考えられる．したがって，国債の売買高から流動性の程度を把握するためには売買回転率（年間売買高/発行残高）を見る必要がある．

3ヵ国の売買高を比べると，アメリカが圧倒的に大きく，次に日本が続き，イギリスは日本の約4分の1にとどまっている．しかしながら，売買回転率に直してみると，イギリスはアメリカに及ばないものの，日本と同程度の値を示している．

(2) 現物/先物比率

国債現物市場の流動性と先物市場の流動性との関係には二面性が考えられる．一面では，現物市場の活発な売買は先物市場におけるヘッジ目的の取引増加を促すであろうから，両市場の流動性には正の相関関係（補完関係）が想定できる．反面，現物債（特に後述するベンチマーク銘柄）と国債先物は同種のリスクを反映している点で代替関係にあり，したがって，両市場の流動性は負の相関関係を示す可能性もあろう．

ここでは，現物市場の先物市場に対する相対的な流動性を測る目的で，現

物/先物比率を比較してみると，アメリカでは現物市場の売買高の方が大きいが，イギリスでは両市場はほぼ等しく，日本では現物市場の売買高の方が小さい．イギリスと日本において，先物市場に比べて現物市場の流動性が低い制度的背景としては，レポ市場の整備の後れ（両国とも96年から導入）から現物市場での国債の空売りが困難であったこと，非居住者が受け取る利子所得に対する税制整備の後れ（源泉徴収課税制度の緩和，撤廃など）から非居住者の市場参加が少ないことなどが挙げられる．

(3) ビッド・アスク・スプレッド

ビッド・アスク・スプレッドとは，市場で取引可能な最良の買い気配（ベスト・ビッド）と売り気配（ベスト・アスク）の差であり，これが小さいほど市場流動性が高いと考えられる．ただし，市場で実際に提示されているビッド・アスク・スプレッドをすべての銘柄に関して入手することは不可能なため，BIS［1999］では，各国ディーラーへのアンケートに基づいて推計した，共通の取引サイズ（1,000万米ドル）に対するカレント銘柄（各年限における直近発行銘柄）と非カレント銘柄（ある年限の銘柄が新たに発行されると，カレント銘柄は非カレント銘柄となる）の各ビッド・アスク・スプレッドを年限別[1]，国別に比較している．

表1-1から次のような特徴が指摘できる．まず，国別に見ると，イギリスとアメリカでは年限が長くなるほどスプレッドが拡大している．これは，残存期間が長くなるほど価格変動リスクが大きくなることを反映していると考えられる．一方，日本では，10年債の方が6年債よりもスプレッドが小さい[2]．

---

1) 「(発行)年限」とは，債券が発行された時点での満期までの残存期間をいう．例えば，2000年に発行され10年後に満期が到来する国債は，01年には残存期間が9年となるが，当該国債の年限はあくまで10年であり，本章では「10年債」または「10年物国債」と記す．なお，満期を年限と同義に用いる場合もある．満期と残存期間の概念については第2章を参照されたい．
2) 表1-1で，日本の5年債，30年債のデータは各々6年債，20年債のデータで代用した．

これは，日本において10年債に取引が集中しているため，価格リスクの大きさにもかかわらず，タイトなスプレッドが提示されているのであろう[3]．また，カレント銘柄，非カレント銘柄別では，いずれの国，年限でも，カレント銘柄のスプレッドは非カレント銘柄のそれと同じであるか，もしくは小さい．カレント銘柄が好まれる理由として，発行後間がないため，発行額のうちかなりの部分がディーラーなどの頻繁に取引する主体によって保有されている可能性が高く，反面いわゆる買い持ち戦略を採る投資家のポートフォリオに組み込まれている可能性が低いことが挙げられる．

次に3カ国間で比較すると，カレント銘柄においては，発行残高の大きさ，売買回転率の高さを反映してか，アメリカのスプレッドが各年限ともイギリスや日本に比べて小さい（特に30年物の超長期債）．しかしながら，イギリスと日本とを比較すると，売買回転率および現物/先物比率が同じないし近い水準にあるにもかかわらず，すべての年限でイギリスのスプレッドの方が日本よりかなり小さい．また，非カレント銘柄では，すべての年限で日本のスプレッドがイギリス，アメリカより大きいことはカレント銘柄の場合と同じであるが，イギリスとアメリカとを比べたとき，逆にすべての年限でイギリスのスプレッドがアメリカを下回っていることは注目されよう．

(4) 10年物国債の名目金利の変動

国債の金利（利回り）はその価格を反映することから，前述の市場流動性の定義に照らして，金利の動きは流動性を映す重要な指標と考えられる．そこで，10年債の名目金利の変動（サンプル期間は85年1月から99年3月まで）から市場流動性を比較してみよう[4]．この場合，変動が小さいほど流

---

3) 日本では，現在，カレント銘柄を売買の中心とする慣行に変化しつつあるが，ごく最近まで長い間特定の非カレントの10年債銘柄のみがベンチマークとして扱われてきたことから，現在でも10年以外のゾーンでの売買は概して活発でない．

4) サンプル期間を99年3月までとしたのは，それ以降日本で10年国債指標利回りとしての統一的な統計が発表されなくなったためである．

動性が高い市場と考えられる．

　まず平均から見ていくと，イギリスとアメリカはほぼ同水準にあるが，日本では80年代末から90年代最初の超低金利時代を反映してイギリスの約2分の1の水準となっている．一方，変動の大きさを表す標準偏差はアメリカが最も小さく，ついで日本，イギリスの順に高くなっている．これから判断すれば，アメリカの市場流動性が最も高く，最もそれが低いのがイギリスということになるが，概して平均が高い場合標準偏差も高くなる傾向にあることから，ここでは標準偏差を平均で割った変動係数を再度比較してみる．すると，やはりアメリカは最も低い値となるが，イギリスもほぼ同程度の低さとなり，反面日本の数値はアメリカ，イギリスの約2倍の大きさとなっている．

　以上の諸指標から見る限り，アメリカ国債市場の流動性がイギリス，日本より高いことは明らかである．しかし，イギリスと日本とを比べた場合，日本の方が国債の市場規模が大きいにもかかわらず，市場流動性はイギリスの方が高いと推測される．

3．商品特性

(1) 発行年限の配分

　国債の発行年限の数は多すぎても少なすぎても，市場流動性および政府の資金調達コストに悪影響を与える．すなわち，発行年限が多すぎると，1銘柄当りの発行サイズが小さくなると同時に，同じ残存期間に対し異なったクーポン水準の銘柄が多数併存してしまう．これは国債市場が細分化されることを意味し，その結果，市場流動性は損なわれ，政府の資金調達コストも上昇する．逆に，発行年限が少なすぎる場合には，国債はポートフォリオ対象としての魅力が乏しくなることから投資家は国債投資を敬遠し，やはり市場流動性，政府の資金調達コストに悪影響を与える．表1-2で，イギリス，ア

表 1-2 商品特性

	イギリス	アメリカ	日本
(1) 発行年限の配分			
・発行年限の数	5	8	7
・発行年限	3 M, 5, 10, 20, 30 Y	3, 6 M, 1, 2, 3, 5, 10, 30 Y	3, 6 M, 2, 4, 6, 10, 20 Y
・発行年限別発行高〔構成比, %〕			
1年以下(短期)	5	54	37
1年超5年以下(中期)	20	37	12
5年超10年以下(長期)	33	6	46
10年超(超長期)	42	3	5
・発行年限別残高〔構成比, %〕			
1年以下(短期)	7	21	5
1年超5年以下(中期)	29	(中・長期計で)	8
5年超10年以下(長期)	34	62	78
10年超(超長期)	30	17	9
・ベンチマークの数	4	8	1
(2) 発行サイズと発行頻度(ベンチマークの存在する年限のもの)			
a 発行残高	386	3,409	1,419
b 銘柄数	59	245	95
c 平均発行サイズ(a/b)	6.5	13.9	14.9
d 年間発行頻度〔回/年〕	10	3-12	12

注：1) 97年（発行年限別発行高は97年度）の数値．
2) 発行年限の配分は，TBと固定利付国債（インデックス債を除く）についてのみ（下線はベンチマーク銘柄が発行される年限を示す）．なお，日本には他に5年物割引債がある．
3) 発行年限でMは月，Yは年を表す．
4) イギリスでは，利付債償還，短期金融市場の状況に応じて，適宜1カ月物と6カ月物TBを発行している．
5) (2)のa発行残高は97年末の為替レートで10億米ドル単位に換算した．
6) 年間発行頻度は発行年限が1年未満の国債を除く．

出所：BIS［1999］，河村［1999］から作成．

メリカ，日本の発行年限の数を比較すると，各々5，8，7となっており，イギリスの数がやや少ない[5]．イギリスの場合，年限が5年以上のゾーンについてはキー・マチュリティを押さえているが，アメリカをはじめとした多く

---

5) 発行年限の数は年限別発行高や発行残高と整合させるため97年時点の値である．02年3月時点では，アメリカは1年物TBと3年物利付債の発行を取りやめて代わりに1カ月物TBを発行しているため，発行年限の数は7となってい

の先進国でキー・マチュリティとなっている6カ月および1年物の割引短期国債（TB）を定期的に発行していないことが特徴である．

発行年限の数やラインナップと同様に重要なことは，各年の発行高や発行残高の年限ゾーン別配分であろう．そこで，97年のデータに基づいて，それらの配分につき3カ国で比較してみよう．なお，ここでは1年以下を短期，1年超5年以下を中期，5年超10年以下を長期，10年超を超長期と定義する．まず，97年の発行高を見ると，アメリカは短期と中期のゾーンに，日本は短期と長期のゾーンに発行が偏っている．それに対し，イギリスでは，TBのラインナップが少ないことから短期のゾーンで発行シェアが小さいものの，短・中期，長期，超長期の3つのゾーンに構成し直してみると，比較的バランスよく発行されていることが分かる．次に97年末のゾーン別発行残高は，日本と英米とで著しい対照をなしている．つまり，日本は発行年限の数こそ多いものの，発行残高は長期のゾーンに偏っている．一方，イギリスは，発行年限の数は少ないにもかかわらず，中期から超長期のゾーンにかけてバランスを保っており，また，アメリカも，中期と長期の内訳は不明であるが，短期と超長期の構成比から推測すると，発行残高は各ゾーンで適度なバランスが取られているようだ．

(2) 発行サイズと発行頻度

次に，ベンチマーク銘柄が存在する発行年限だけで見て，3カ国の国債の

る（制度上発行可能な年限数は9であろう）．日本は，99年度から1年物TB，5年物利付債，30年物利付債が発行されているため，制度上発行可能なTBおよび固定利付債の発行年限の数は10に増える．ただし，2000年度以降3カ月物TBは発行されておらず，また5年物利付債の発行に伴い，01年度以降は4年物と6年物利付債（および5年物割引債）も発行されていない．なお，2000年度からは3年物割引債および15年物変動利付債が発行されている．また，イギリスでは，2000年4月から政府資金の管理責任がイングランド銀行から国債管理庁へ移管されたことに伴い，1カ月物および3カ月物TBを定期的に発行し，利付債償還，短期金融市場の状況に応じて，適宜6カ月物と12カ月物TBを発行している．なお，国債管理庁の概要は第9章を参照されたい．

発行頻度と平均発行サイズを比較してみよう[6]．ベンチマーク銘柄とは，その債券価格がマクロ経済指標としてフォローされ，関連する債券の価格付けに使われる銘柄を指す．日本では，10年債にしかベンチマークが存在しないだけに，その発行頻度，平均発行サイズともイギリス，アメリカを上回っている．一方，ベンチマーク銘柄が各年限に偏りなく存在するイギリスとアメリカでは，発行頻度は概ね同じだが，平均発行サイズではアメリカがイギリスの2倍超である．これは，両国の経済およびそれに見合った財政規模の差を考慮すると，単純にイギリスの発行サイズが小さすぎるとは結論できない．ただ，BIS[1999]でも，銘柄別発行サイズが大きいほどビッド・アスク・スプレッドが小さくなるという報告がなされている．この観点から言えば，イギリスの場合，発行頻度を少し下げて，平均発行サイズを上げた方がより流動性を上昇させることができるのではないだろうか．

(3) インデックス債

インデックス債とは，利付国債だが，その利子および元本が物価指数（多くの国では消費者物価指数）に連動する国債をいう．G7諸国の中では，81年3月にイギリスがいち早くインデックス債を導入して成功したのに続き，91年12月にはカナダ，97年1月にはアメリカ，そして98年9月からはフランスでその市場が創設されているが，日本ではまだ導入されていない．

インデックス債は，投資家にとって先行きのインフレ・リスクが回避できることや，発行主体の政府にとって市中消化という点からインフレをヘッジしている分だけ満期の長い国債が発行しやすくなるといった利点が一般に指摘されている．また，中央銀行にとっては，残存期間が類似した利付債とインデックス債の利回りの差が市場のインフレ予測の方向性を与えるため，イ

[6) 注3で述べた理由から，日本におけるベンチマークは10年債のみとみなされる．しかしながら，アメリカではすべての発行年限，イギリスでもTBを除くすべての発行年限のカレント銘柄が通常（ただし，絶対的なルールではない）ベンチマーク銘柄となる．

ンフレ管理に有用な指標が与えられるというメリットが一般に挙げられるが，中央銀行にとってより大きなメリットは，インデックス債の発行が政府に対してインフレ抑制のインセンティブとして働くことであろう．というのも，通常の利付債の場合，政府が支払う利子と元本は固定されているため，インフレは政府にとって実質的な債務の目減りを意味する．しかし，インデックス債の場合，逆に，インフレは支払利子と元本の増加を意味するからである．一方，インデックス債発行のデメリットとしては，第1に，長期投資に向いている商品性から，保険会社や年金基金によって長期保有された場合に市場流動性が低くなり，その分だけ利回りが上昇する可能性がある．第2に，消費税など間接税引き上げによって税収増加を図った場合，それが消費者物価の上昇に跳ね返れば，その分だけインデックス債の利子および元本の支払額も増加し，税収増の効果が減殺されることが挙げられる．

インデックス債の発行と取引制度をイギリス，アメリカ，フランス，カナダで比較すると，いずれの国も発行は入札方式で行われ[7]，クーポン，元本の両方を消費者物価指数に連動させるキャピタル・インデックス方式が採用されている（表1-3）．この方式では，元本部分の償還額を額面に発行から償還までのインデックスの変化を掛けて計算し，一方，クーポン支払額は，決められたクーポン・レートをインデックスに従って調整された元本に掛けることによって求められる．ただし，デフレ下でも元本が保証されるかどうかについては，アメリカ，フランス，カナダではインフレ調整された元本と発行時の額面とで大きいほうが支払われ，元本が保証されているのに対して，イギリスでは元本保証がない．

マーケットを比較すると，まず発行年限はアメリカ，フランス，カナダが5年債，10年債ないし30年債に限定しているのに対して，イギリスでは特に発行年限は定められていない．また，イギリスはインデックス債市場の歴

---

[7] イギリスでインデックス債の入札（オークション）方式による発行が行われるようになったのは98年11月からである．それ以前はタップ方式により発行されていた．

表1-3 インデックス債

	イギリス	アメリカ	フランス	カナダ
取引開始年	1981年3月	1997年1月	1998年9月	1991年12月
発行年限	特に取決めなし	5, 10, 30年	10, 30年	30年
発行残高	71.4	145.6	23.5	16.8
全体に占めるウエイト	24.8	4.8	3.8	4.2
銘柄数	10 (02/3末)	10 (02/3末)	3 (02/3末)	3 (02/5末)
発行方式	入札方式	入札方式	入札方式	入札方式
インデックスの種類	小売物価指数	消費者物価指数	消費者物価指数	消費者物価指数
インデックスへの連動方法	キャピタル・インデックス方式	キャピタル・インデックス方式	キャピタル・インデックス方式	キャピタル・インデックス方式

注:1) 発行残高は,カナダ以外が02年3月末,カナダが02年5月末の数値.単位は,イギリスが10億ポンド,アメリカが10億米ドル,フランスが10億ユーロ,カナダが10億加ドルである.
2) ウエイトは市場性国債の残高に占めるシェアで単位は%である.
3) アメリカの10銘柄中1銘柄は30 1/2年物である.
出所:BIS [1999],各国資料から作成.

史が長いだけに,発行残高,国債全体に占めるウエイトとも他の国を大きく上回っている[8].

(4) ストリップス債

ストリップス取引(Separate Trading of Registered Interest and Principle of Securities: STRIPS)とは,固定利付債を元本部分とクーポン部分とに分離し,それぞれを独立のゼロ・クーポン債として取引する仕組みである.例えば,満期まで10年の利付国債(年2回利払い)をストリップス化することによって,1つの元本ストリップス債と20のクーポン・ストリップス債が生み出されることになる.

ストリップス債の導入は,投資家や中央銀行にとって次のようなメリット

---

8) イギリスでの成功は,「年金基金や生命保険会社が,インフレ連動債(筆者注:インデックス債)に対する強い選好を示しており,そうした点が市場の順調な拡大につながっているものとみられる」(河村 [1999], 23頁).なお,年金基金と保険会社によるインデックス債保有の推移については,第7章(表7-3)を参照されたい.

がある．まず，投資家にとっては，ストリップス債はゼロ・クーポン債であるため，その最終利回りはストリップス化された時点の市場金利で確定し，したがって投資家は利付債の場合のように利子の再投資に伴うリスクを回避することができる．さらに，利払いがなく各ストリップス債の償還日に一定額が償還されることから，投資家は将来の資金ニーズに合わせてストリップス債のポートフォリオを組むことができる．特に，年金基金や生命保険会社（年金事業）は将来支払うキャッシュ・フローをかなり正確に予測しうることから，これに見合うストリップス債のポートフォリオを組むことができる．第2の利点として，各年限におけるスポット・レートを市場ベースで観察することが可能となり，イールド・カーブの正確な把握やデリバティブの割引現在価値の算出において，中央銀行および市場参加者にとって有用な情報が提供されることが挙げられる．

　ストリップス取引は85年2月にアメリカで公式に導入されて以来，フランスで91年5月，ドイツとイギリスで各々97年7月と12月に導入されるなど，各国に拡大しており，現在G7諸国の中で導入されていないのは日本のみとなっている（表1-4）．ストリップス取引が導入されていても，ストリップス化できる適格債の範囲は各国でまちまちである．アメリカでは基本的にインデックス債を含むすべての市場性固定利付国債が適格債であり，イギリスでも，インデックス債以外の市場性固定利付国債のうちベンチマーク銘柄の新規発行分は適格債に指定されている[9]．一方，フランスとドイツでは，適格債は長期債に限られており，さらにフランスではインデックス債はストリップス化できない．

　なお，イギリス（およびドイツ）では，他の先進国と比べてストリップス

---

[9]　表1-4で，アメリカのストリップス適格債残高のウエイトが100%に満たないが，これは従来まで適格債の年限が10年以上に限られていたためである．また，イギリスでも，適格債に指定される条件がベンチマーク銘柄であることに加え，97年11月以前に発行されて適格債に転換されなかった銘柄がまだ残っているため，適格債のウエイトは64.6%にとどまっている．

表 1-4 ストリップス取引

	イギリス	アメリカ	フランス	ドイツ
取引開始年	1997年12月	1985年2月	1991年5月	1997年7月
適格債発行残高	133.9	2,060.9	381.9	308.4
ストリップス化率	1.1	8.2	9.6	1.0
全体に占めるウエイト	64.6	77.0	65.0	48.8
クーポン支払日の統一化	6, 12月7日	―	―	1, 7月4日

注：1) 数値はドイツ以外が02年3月末，ドイツが02年7月末時点のものである．
　　2) ストリップス化率＝ストリップス形態での保有残高/ストリップス適格債残高×100．単位は％．
　　3) 発行残高の単位は，イギリスが10億ポンド，アメリカが10億米ドル，フランスとドイツが10億ユーロである．
　　4) ウエイトは，アメリカは固定利付国債全体，アメリカ以外はインデックス債を除く固定利付国債全体に占める適格債のシェアで，単位は％．
　　5) イギリスでは，01年5月より3月と9月の7日をクーポン支払日とする国債（ギルト債）も発行されている．
出所：BIS [1999], 各国資料から作成．

取引の導入が遅かったということもあり，それを活性化させるためにすべての新発債のクーポン支払日を6月と12月の7日に統一することによってクーポン・ストリップス債同士の均質性を向上させているほか[10]，ベンチマーク銘柄の新規発行分はすべてストリップス適格債とすることによってストリップス債の基となる適格債の流通拡大に努めている．しかしながら，他国に比べるとイギリス（およびドイツ）におけるストリップス化率（ストリップス適格債残高に占めるストリップス形態での保有残高の割合）は小さく，ストリップス債の流動性は低い．

4. 本書の目的と構成

本章では，日本，イギリス，アメリカを中心に国債の市場流動性を諸指標により比較し，その後，各国の発行市場，特に商品特性に焦点を絞って制度比較を行ってきた．まず，流動性の比較から，イギリスの国債市場は発行残

---

10) 01年5月より3月と9月の7日をクーポン支払日とする国債（ギルト債）も発行されている．

高が日本の約4分の1以下と少ない（そのため，当然，年間売買高も少ない）にもかかわらず，市場流動性はむしろ高いという興味深くかつ重要な推測が得られた．その要因として，各年限ゾーンにおける国債発行残高の配分に偏りが少なく平準化されていること，インデックス債やストリップス債を発行して，投資家の多様なポートフォリオのニーズに対応していることが挙げられよう．特に，発行年限配分の平準化には次のような意義が指摘されている（河村 [1999]，16-17 頁）．

①市場参加者にとっては，自らがポートフォリオに組み入れたいと考える年限について，発行後日が浅く，流通市場において活発に取引されている銘柄がより入手しやすくなる．
②各年限ゾーンでの現物取引が均等化されることによって，国債のイールド・カーブが，流動性プレミアムの影響を受けることなく，より滑らかに形成されるようになる．
③滑らかなイールド・カーブが他の金融商品の金利形成にとってベンチマークとして有効に機能すれば，金融市場全体の効率性が向上し，それにより政府の資金調達コスト低減が可能となる．

　以上の考察を総括すれば，イギリスの国債市場は発行残高が少ないにもかかわらず日本より市場流動性が高いが，これは国債管理政策が有効に機能し，イールド・カーブが効率的に形成されているためということになる．この推論は，国債の発行残高が多くて流動性が高いアメリカより，その発行残高が少ないにもかかわらず流動性が高いイギリスの国債市場を詳細に研究する方が，現在のわが国の国債事情に対する処方箋を考える上で有意義であることを示唆していよう．しかし，残念なことに筆者の知る限り，イギリスにおける最近の国債市場についての研究は極めて少ない．このことを踏まえ，80年代から90年代にかけてのイギリス国債市場を前述の推論の検証に焦点を当てて詳細に分析することが本書の目的である．

　上述の推論を検証するにおいて，基本的な論点は次の2つである．第1に，

イギリスのイールド・カーブは効率的に形成されていたか．第2に，国債管理政策，特に国債発行政策はどのような意図を持って行われてきたかである．これらの論点に沿って，第2章以降の本書の構成は以下のようになっている．

　第2章と第3章では，80年代から90年代にかけてのイギリスにおける名目金利の期間構造をイールド・カーブ全体にわたって分析する．

　まず，第2章の主目的は第3章で展開する実証分析の理論的枠組みを示すことである．80年代後半に Engle and Granger [1987] と Johansen [1988] は，現在では時系列分析の主要なツールとなった共和分分析の手法を確立した．その手法を金利の期待理論に適用した非常にエレガントなモデルが Campbell and Shiller [1987, 1991], Hall et al. [1992] によって提示された．第2章ではそれらのモデルを詳細に説明するとともに，アメリカならびにイギリスのデータを用いた実証研究をモデルごとに整理する．

　第3章では，前章で説明したモデルに基づき，金利の期待理論がイギリスの名目イールド・カーブ全体に妥当するか否かを検証する．データとしてゼロ・クーポン債の名目金利を用いたため，ここでは Campbell and Shiller [1991] と Hall et al. [1992] のモデルに基づいて実証分析を行う．分析の結果，「80年代から90年代にかけて，イギリスの名目イールド・カーブ全体に金利の期待理論は成立する」という仮説は棄却される．さらに分析を通じて，イールド・カーブ上における金利形成はショート・エンドとミドル，ロング・エンドとで分断されていることが見出されたが，その背景については第7章と第9章で明らかにする．

　第4章から第6章までは，視点を変えて，ゼロ・クーポン債の実質金利から形成される実質イールド・カーブを分析する．

　第4章では，前章と同じ80年代から90年代を対象に，まず消費資産価格モデルが実質イールド・カーブ全体に妥当するかを検証し，次いで，残存期間3ヵ月以上のゼロ・クーポン債を1カ月間保有した場合の保有リスク・プレミアムが時間に対して変化するか否かを検証する．分析の結果，80年代から90年代にかけてのイギリスでは，コンスタント・リスク・プレミアム

を持つ金利の期待理論が実質イールド・カーブ全体において成立していたことが示される．しかしながら，保有リスク・プレミアムの時間可変性を分析する過程で，実質イールド・カーブのショート・エンドにおいて Backus et al. [1989], Salyer [1990] が提示したターム・プレミアム・パズルが見出された．この問題については第5章と第6章で考察する．

　第5章では，家計が債券を需要する意義を明示的に考慮したモデルを分析することによって，ターム・プレミアム・パズルを理論的に解明することを試みる．具体的には，代表的家計の効用関数に短期債の保有量を組み込む形で拡張した消費資産価格モデルに基づいてリスク・プレミアムを導出し，その長期均衡および短期経路を理論的に分析する．モデル分析から得られた結論は，短期債の保有量が家計の効用に影響を与える場合には，ターム・プレミアム・パズルが解消される可能性が高いということである．つまり，長期均衡，短期経路のいずれにおいても，ある仮定の下では，家計の相対的危険回避度 γ に対する効用に係る短期債の弾力性 α の比率（α/γ）が大きくなるほど，実質消費と短期債保有量の系列を所与としたときのリスク・プレミアムが正となる可能性が高くなることが示される．

　第6章では，ターム・プレミアム・パズルを実証面から考察する．第5章で考察した理論モデルは債券（国債）残高に関するデータの制約から実証分析に用いることができなかったため，ここでは視点を変えて，景気循環を考慮したモデルを構築する．具体的には，まず，1人当り実質消費（対数変換後）をトレンド部分と循環部分とに分解し，さらに循環部分における景気拡大局面と後退局面の非対称性（レジームのシフト）をマルコフ・スイッチング・モデルで表すことによって景気循環をモデル化する．この景気循環モデルを消費資産価格モデルに組み込むことによって精緻な金利の期間構造モデルを構築し，そのモデルに基づいて80年代から90年代にかけてのイギリスにおける実質イールド・カーブ（残存1年以下のショート・エンド）を実証分析する．分析の結果，ターム・プレミアム・パズルを緩和ないし解消するという意味において，景気循環を組み込んだ消費資産価格モデルはより現実

整合的なパラメータを推定することが示される．

　第2章から第6章までは，「80年代から90年代にかけて，イギリスのイールド・カーブは効率的に形成されていたか」という論点を詳細に分析するものである．続く第7章から第9章までは，債券，特に国債の需給構造に焦点を当てる．これは，第1に，第3章で債券市場の分断の可能性が示唆されたにもかかわらず，需給構造について第6章までまったく考察してこなかったこと，第2に，第6章まで取り上げてきたモデルはいずれも債券の供給経路を所与としており，供給構造の変化がイールド・カーブの形状に与える影響を明示的に取り扱ってこなかったことが理由である．

　第7章では，市場の分断の有無を検証するために，90年代のイギリスにおけるポンド建国家債務の保有（需要）構造について市場性国債（TBおよびギルト債）を中心に分析する．ここで，「市場の分断」とは，個人，機関投資家，非居住者といった「特定の投資家ごとに特定の残存期間の債券を選好する特性があるため，期間構造が分断されること」と定義し，投資家による景気ないしは金利動向に応じた短期的な債券ポートフォリオの変更に伴う需要の偏りは市場の分断とはみなさない．投資家別に市場性国債の保有構造を詳細に分析した結果，イギリスの市場性国債の市場には上述の意味での市場の分断があることが示される．

　第8章では，国債の供給サイドに視点を移し，国債発行における最適満期構成について考察する．これは第9章で分析するイギリスの国債発行政策を評価するための1つの視点を与えるものである．具体的には，Barro[1995]の考え方を発展させたモデルを構築することによって，税率を平準化することを通じて経済厚生を最大化するために最適な満期構成を理論的に導く．モデル分析の結果，いくつかの仮定の下で，経済厚生最大化の観点から最適満期構成について3つの命題が導かれた．しかしながらそれらの命題は仮定の相違から必ずしも整合するものではなく，実際にイギリスで採られていた国債発行政策に照らして検証する必要がある．その検証は第9章で行う．

第9章では，80年代から90年代にかけてのイギリスの国債発行政策を詳細に分析する．まず，イギリスのデータを用いて，前章で導出した命題の妥当性を検証する．具体的な論点は，経済厚生を最大化するような満期政策がとられてきたか否か，またそのような政策が採られてきたのであれば，それは政府支出の変動と特定の満期のギルト債価格との関係を考慮していたのか（命題3）または考慮していなかったのか（命題1）ということである．次いで，国債管理政策の改革が行なわれた90年代半ばを境に90年代前半までと90年代後半とに分けて，各時期の国債発行政策を詳細にトレースする．これに基づいて，第7章での分析結果から推測される市場性国債（主にギルト債）における市場の分断が実際の満期政策（より広く捉えれば国債管理政策の目的）と整合していたのかという本章の主論点を分析する．

　最後に第10章では，まず，以上で検討してきたイギリス国債市場の効率性と国債管理政策の分析結果を整理し，次いでそれが日本の国債管理に与える含意と今後の発展的研究課題について言及する．

第2章　名目イールド・カーブの共和分分析 I

1. はじめに

　金利の期間構造に関しては，半世紀以上にわたり膨大な数の理論的，実証的研究が蓄積されてきたにもかかわらず，今なお金融理論における主要な研究テーマとなっている．その理由の1つは，1980年代以降主要先進国を中心に金融市場の自由化と国際化が進み，国内資本市場のみならず国際資本市場においても金融商品の裁定取引が盛んになったことである．このため，特に国債のイールド・カーブが事業債など他の金融商品の利回りに対するベンチマークとしての役割が高まり，それが効率的に形成されているか否かが重視されるようになった．また，国債のイールド・カーブが効率的に形成されているか否かは国債管理の観点からも重要な論点となっている．

　もう1つの，そしてより重要な理由は，80年代半ばに計量経済学の分野で共和分分析という新しい分析手法が確立されたことである．共和分分析とは非定常の時系列（変数）に関する共和分関係を分析する手法であり，これによって非定常な時系列（変数）間の長期的な関係を見出すことができるようになった．Engle and Granger [1987] が最初に誤差修正モデル（ECM）と呼ばれる単一方程式モデルにおいてその手法を確立し，次いでJohansen [1988] がその手法をベクトル自己回帰（VAR）モデルに拡張した．これはベクトル誤差修正モデル（VECM）と呼ばれる．これらの共和分分析の手法を適用することによって，Campbell and Shiller [1987, 1991], Hall et al.

[1992]は金利の期間構造における期待理論(以下,金利の期待理論または期待理論と記す)に関するエレガントな理論的枠組みを提示した.それらの枠組みに基づいて,多くの実証研究がなされてきた.とりわけ,米国債を対象とした研究が数多くあり,その中にはイールド・カーブのショート・エンドからロング・エンドに及ぶ期間構造を検証した研究もある.一方,イギリスについては,共和分分析の手法を用いた期間構造の実証研究は少なく,しかもそれらはショート・エンドないしはロング・エンドのみの分析にとどまっている.

本章ならびに次章の主目的は,イギリスにおける名目金利の期間構造をイールド・カーブ全体にわたって分析することである.具体的には,上述した共和分分析の手法を用いて金利の期待理論が名目イールド・カーブ全体に成立するか否かを検討する.本章では,まず,実証分析に用いる理論モデルを理解するために必要な様々な利回り(金利),デュレーションなどの基本概念について説明し,その後第3節で,上述したCampbell and Shiller [1987, 1991], Hall et al. [1992]のモデルを説明する.第4節では,各モデルに基づいて行われた実証分析の簡単なサーベイを示す.本章では,実証分析の基となる理論的枠組みの説明にとどめ,実証分析に用いるデータの説明,実証分析の結果ならびに結論は次章で詳述する.

2. 基本概念

2-1 債券

債券とは,その発行者が満期(償還期日)における元本の支払いないしはそれまでの利子の支払いを約束した証券である.債券には多様な種類があるが,通常,金利の期間構造分析の対象とするのは伝統的債券,すなわちゼロ・クーポン債(割引債)または利付債である.

課税ならびにその他の要因による市場の歪みがなければ,伝統的債券の市場価格は当該債券が生み出すキャッシュ・フロー流列の割引現在価値に等し

くなるはずである．したがって，T 期に満期となる利付債を t 期に購入したとすると，当該債券の満期までの期間，すなわち残存期間 $T-t(\equiv m)$ に対して債券価格の決定式は次のように表される．

$$P_t^{(m)} = \sum_{i=1}^{m-1} \frac{C}{(1+r_{t+i})^i} + \frac{C+RP}{(1+r_{t+m})^m} \qquad (2.1)^{1)}$$

ここで，

$P_t^{(m)}$：t 期における残存期間 m の債券の市場価格

C：クーポン

RP：償還価格（以下，償還価格は常に1とする）

r_j：j 期 $(j=t+1, \cdots, t+m)$ の支払いに適用するスポット・レート

である．この式より，スポット・レートはクーポンまたは償還元本を割引くレートと定義される．

なお，利付債の特別なケースとして市場価格が償還価格に等しい，すなわち(2.1)式で $P_t^{(m)}=RP=1$ である債券をパー・ボンドと定義する．

2-2 最終利回り（金利）

最終利回りとは，債券の内部収益率をいい，(2.1)式を用いて次のように定義できる．

$$P_t^{(m)} = \sum_{i=1}^{m-1} \frac{C}{(1+R_t^{(m)})^i} + \frac{C+1}{(1+R_t^{(m)})^m} \qquad (2.2)$$

ここで，$R_t^{(m)}$ が残存期間 m の債券の最終利回りである．(2.2)式は，現金 $P_t^{(m)}$ を最終利回り $R_t^{(m)}$ で期間 m にわたり複利で預金（運用）した場合と，$P_t^{(m)}$ を利付債に投資し，さらに毎期のクーポン C を同じ利回り $R_t^{(m)}$ で再投資した場合とで，m 期後に得られる総額が同じであることを含意している．

---

1) この式は離散時間モデルに対応しており，連続時間モデルでは次のように表される．

$$P_t^{(m)} = \int_t^{t+m} Ce^{-(s-t)r(s)}ds + RPe^{-mr(t+m)}$$

ここで，$r(t)$ は時間関数で表された金利である．

第2章 名目イールド・カーブの共和分分析 I

ゼロ・クーポン債はクーポンが支払われないため，(2.1)，(2.2)式より

$$\left(P_{d,t}^{(m)}\right)^{\frac{1}{m}} = r_{t+m} = R_{d,t}^{(m)} \tag{2.3}$$

となり，その最終利回りはスポット・レートに等しくなる．なお，(2.3)式で下付文字 d はゼロ・クーポン債を表す．一方，利付債の場合，スポット・レートは通常最終利回りに等しくならない．ただし，利付債がパー・ボンドの場合は，以下のように $C = R_{p,t}^{(m)}$（下付文字 p はパー・ボンドを表す）となることが示される．(2.2)式で $P_{p,t}^{(m)} = 1$ とおくと，

$$1 = \sum_{i=1}^{m-1} \frac{C}{(1+R_{p,t}^{(m)})^i} + \frac{C+1}{(1+R_{p,t}^{(m)})^m} = \frac{C}{R_{p,t}^{(m)}}\left[1 - \frac{1}{(1+R_{p,t}^{(m)})^m}\right] + \frac{1}{(1+R_{p,t}^{(m)})^m}$$

$$\therefore \left(1 - \frac{C}{R_{p,t}^{(m)}}\right)\left[1 - \frac{1}{(1+R_{p,t}^{(m)})^m}\right] = 0$$

ここで $R_{p,t}^{(m)} > 0$ だから，上式より $C = R_{p,t}^{(m)}$ とならなければならない．

2-3 デュレーション

債券のデュレーションとはキャッシュ・フローを受け取るまでの期間を加重平均したものであり，その際のウエイトは債券価格に対する各期の最終利回りによって割引かれたキャッシュ・フロー額の比率である．すなわち，残存期間 m の債券のデュレーション D_m は割引ファクター $g \equiv (1+R_t^{(m)})^{-1}$ を用いて次のように定義される．

$$D_m = \frac{\sum_{i=t+1}^{t+m}(i-t)g^{i-t}C + mg^m}{\sum_{i=t+1}^{t+m}g^{i-t}C + g^m} \tag{2.4}$$

この定義より，デュレーションは投資家が満期まで債券を保有した場合の平均投資期間（投下資金の平均回収期間）を示している．さらに，(2.2)式は g を用いて

$$P_t^{(m)} = \sum_{i=t+1}^{t+m} g^{i-t}C + g^m$$

と表せるので，

$$\frac{d}{dg}\ln P_t^{(m)} = \frac{\sum_{i=t+1}^{t+m}(i-t)g^{i-t-1}C + mg^{m-1}}{\sum_{i=t+1}^{t+m}g^{i-t}C + g^m} = \frac{D_m}{g}$$

ここで

$$\frac{dR_t^{(m)}}{dg} = -\frac{1+R_t^{(m)}}{g}$$

だから,

$$D_m = g\frac{d}{dg}\ln P_t^{(m)} = g\frac{dR_t^{(m)}}{dg}\frac{d}{dR_t^{(m)}}\ln P_t^{(m)} = -(1+R_t^{(m)})\frac{d}{dR_t^{(m)}}\ln P_t^{(m)}$$

上式より,デュレーションは金利が変化したときに債券価格がどの程度変動するかを示す価格変動性指標とも解釈できる.

定義式(2.4)は利付債のデュレーションを表す式だが,ゼロ・クーポン債およびパー・ボンドのデュレーションは次のように簡単な式に直すことができる.まず,ゼロ・クーポン債の場合,$C=0$を(2.4)式に代入すると,デュレーションは

$$D_{d,m} = \frac{mg^m}{g^m} = m \tag{2.5}$$

と計算される.

一方,パー・ボンドの場合には,

$$\sum_{i=t+1}^{t+m}g^{i-t}C + g^m = P_{p,t}^{(m)} = 1$$

だから,

$$C = \frac{1-g^m}{\left(\frac{g-g^{m+1}}{1-g}\right)} = \frac{1-g}{g}$$

となる.一方,$\sum_{i=t+1}^{t+m}g^{i-t}C + g^m = 1$を(2.4)式の分母に代入すると,デュレーションは

$$D_{p,m} = \sum_{i=t+1}^{t+m}(i-t)g^{i-t}C + mg^m = C(g+2g^2+\cdots+mg^m) + mg^m$$

と表せる.これらより,

$$D_{p,m} - gD_{p,m} = C\left[\sum_{i=1}^{m} g^i - mg^{m+1}\right] + mg^m - mg^{m+1}$$

$$= 1 - g^m - Cmg^{m+1} + mg^m - mg^{m+1} \left(\because C\sum_{i=t+1}^{t+m} g^{i-t} = 1 - g^m\right)$$

$$= 1 - g^m - m(1-g)g^m + mg^m - mg^{m+1} \quad \left(\because C = \frac{1-g}{g}\right)$$

$$= 1 - g^m$$

g の定義より $R_{p,t}^{(m)} > 0$ のとき $0 < g < 1$ だから

$$D_{p,m} = \frac{1-g^m}{1-g} \tag{2.6}$$

2-4 フォワード・レート

フォワード・レートとは将来の特定期間における金利であり，金利の期間構造に暗に含まれている．スポット・レートを用いて，t 時点において期間 $(t+m+1)$ 期から $(t+m+k)$ 期に適用されるフォワード・レート $F_t^{(m,k)}$ は次のように定義される．

$$(1+r_{t+m+k})^{m+k} = (1+r_{t+m})^m (1+F_t^{(m,k)})^k$$

この式を $F_t^{(m,k)}$ について解くと，

$$F_t^{(m,k)} = \left[\frac{(1+r_{t+m+k})^{m+k}}{(1+r_{t+m})^m}\right]^{\frac{1}{k}} - 1$$

$F_t^{(m,k)}$ に関して $r_{t+m+k} = r_{t+m} = r^*$ の近傍で線形近似したものを $f_t^{(m,k)}$ と表すと

$$\begin{aligned}
f_t^{(m,k)} &= \left[\frac{(1+r^*)^{m+k}}{(1+r^*)^m}\right]^{\frac{1}{k}} - 1 + \frac{1}{k}\left[\frac{(1+r^*)^{m+k}}{(1+r^*)^m}\right]^{\frac{1}{k}-1} \\
&\quad \times \left[(m+k)\frac{(1+r^*)^{m+k-1}}{(1+r^*)^m}\right](r_{t+m+k} - r^*) \\
&\quad + \frac{1}{k}\left[\frac{(1+r^*)^{m+k}}{(1+r^*)^m}\right]^{\frac{1}{k}-1}\left[-m\frac{(1+r^*)^{m+k}}{(1+r^*)^{m+1}}\right](r_{t+m} - r^*) \\
&= \frac{(m+k)r_{t+m+k} - mr_{t+m}}{k} \tag{2.7}
\end{aligned}$$

この (2.7) 式を用いてゼロ・クーポン債のフォワード・レート $f_{d,t}^{(m,k)}$ を計

算すると，(2.3)，(2.5)式より $r_{t+m+k}=R_{d,t}^{(m+k)}$，$r_{t+m}=R_{d,t}^{(m)}$，$m+k=D_{d,m+k}$，$m=D_{d,m}$ だから

$$f_{d,t}^{(m,k)} = \frac{D_{d,m+k}R_{d,t}^{(m+k)} - D_{d,m}R_{d,t}^{(m)}}{D_{d,m+k} - D_{d,m}} \tag{2.8}$$

一方，利付債の場合，最終利回りとスポット・レートは一致しないため(2.7)式は適用できない．しかしながら，Shiller et al. [1983] および Shiller [1990] は利付債がパー・ボンドの場合には

$$f_{p,t}^{(m,k)} = \frac{D_{p,m+k}R_{p,t}^{(m+k)} - D_{p,m}R_{p,t}^{(m)}}{D_{p,m+k} - D_{p,m}} \tag{2.9}$$

が成立することを示した[2]．

2-5 保有収益率（保有期間利回り）

保有収益率とは，ある債券を購入し，それを一定期間後に売却した場合の収益率をいう．ここで，t期に残存期間 m の債券を購入し，それを k 期間（$k \leq m$）後の $(t+k)$ 期に売却した場合を考えてみよう．その場合の保有収益率 $H_t^{(m,k)}$ は次のように定義される[3]．

$$H_t^{(m,k)} = \left[\frac{P_{t+k}^{(m-k)} + kC}{P_t^{(m)}}\right]^{\frac{1}{k}} - 1 \tag{2.10}$$

定義式(2.10)は利付債の保有収益率を表わす式だが，この式からゼロ・クーポン債およびパー・ボンドの保有収益率は次のように計算することができる．まず，ゼロ・クーポン債の場合，

$$P_{d,t}^{(m)} = (1+R_{d,t}^{(m)})^{-m}, \quad P_{d,t+k}^{(m-k)} = (1+R_{d,t+k}^{(m-k)})^{-(m-k)}$$

だから，これらと $C=0$ を(2.10)式に代入すると，

$$H_{d,t}^{(m,k)} = \left[\frac{(1+R_{d,t}^{(m)})^m}{(1+R_{d,t+k}^{(m-k)})^{m-k}}\right]^{\frac{1}{k}} - 1 \tag{2.11}$$

さらに，$H_{d,t}^{(m,k)}$ に関して $R_{d,t}^{(m)} = R_{d,t+k}^{(m-k)} = R_d^*$ の近傍で線形近似したものを

---

[2] 釜江 [1993] は $m=k=1$ の場合にパー・ボンドで(2.9)式が成立することを示した．

[3] ここでは，クーポン収入は再投資されないと仮定している．

$h_{d,t}^{(m,k)}$ と表すと,

$$h_{d,t}^{(m,k)} = \left[(1+R_d^*)^k\right]^{\frac{1}{k}} - 1 + \frac{1}{k}\left[(1+R_d^*)^k\right]^{\frac{1}{k}-1}$$
$$\times [m(1+R_d^*)^{k-1}(R_{d,t}^{(m)} - R_d^*) - (m-k)(1+R_d^*)^{k-1}$$
$$(R_{d,t+k}^{(m-k)} - R_d^*)]$$
$$= \frac{mR_{d,t}^{(m)} - (m-k)R_{d,t+k}^{(m-k)}}{k} = \frac{D_{d,m}R_{d,t}^{(m)} - (D_{d,m} - D_{d,k})R_{d,t+k}^{(m-k)}}{D_{d,k}}$$
(2.12)

となる.ここで,最後の式への変形には(2.5)式を用いた.

一方,パー・ボンドの場合,$P_{p,t}^{(m)}=1$, $C=R_{p,t}^{(m)}$ だから,(2.2),(2.10)式より

$$H_{p,t}^{(m,k)} = \left[\frac{R_{p,t}^{(m)}}{R_{p,t+k}^{(m-k)}} + (1+R_{p,t+k}^{(m-k)})^{-(m-k)}\left(1 - \frac{R_{p,t}^{(m)}}{R_{p,t+k}^{(m-k)}}\right) + kR_{p,t}^{(m)}\right]^{\frac{1}{k}} - 1$$

となる.Shiller et al. [1983] と Shiller [1990] は,上式の $H_{p,t}^{(m,k)}$ に関して $R_{p,t}^{(m)} = R_{p,t+k}^{(m-k)} = R_p^*$ の近傍で線形近似したものを $h_{p,t}^{(m,k)}$ と表すと,

$$h_{p,t}^{(m,k)} = \frac{D_{p,m}R_{p,t}^{(m)} - (D_{p,m} - D_{p,k})R_{p,t+k}^{(m-k)}}{D_{p,k}} \quad (0 < k \leq m) \qquad (2.13)$$

となることを示した[4].

3. 基本モデル

本節では,まず,金利の期待理論について説明し,その後 Campbell and Shiller [1987, 1991] および Hall et al. [1992] が提示したモデルを概説する.

3-1 金利の期待理論

金利の期間構造に関する理論として最も基本的なものは金利の期待理論で

---

[4] 釜江 [1993] は $k=1$ の場合にパー・ボンドで(2.13)式が成立することを示した.

ある.この理論は,t時点での長期金利が主としてt時点以降の短期金利の期待(予想)によって決定されるという考え方に基づいており,したがってイールド・カーブの傾き(長短金利のスプレッド)は何らかの形で将来の短期金利の期待を体化していることを含意している.

経済主体は危険中立であり,さらに取引コストはないと仮定すると,ターム・プレミアムを考慮しない純粋期待理論は以下の3つの形態で表すことができる.

(1) 長期金利は現在および将来の期待短期金利の加重平均に等しい.
(2) フォワード・レートはその期間に対応した将来の期待スポット・レートに等しい.
(3) 長期債の期待保有収益率はそれに対応したスポット・レートに等しい.

ここで,経済主体は現時点で利用可能なすべての情報に基づいて将来を予想するという意味で合理的であると仮定すると,上記3つの形態は前節で説明した基本概念を用いて次のように定式化することができる[5].なお,ここでは時間に対して一定のターム・プレミアムの存在を考慮している.

(1) $R_t^{(n)} = \sum_{i=0}^{k-1} \left[\dfrac{D_{(i+1)m} - D_{im}}{D_n} E_t[R_{t+im}^{(m)}] \right] + \omega(m, n),$

$\left(0 < m \leq n, \ k = \dfrac{n}{m} : 整数 \right)$ (2.14)

(2) $f_t^{(n,m)} = E_t[R_{t+n}^{(m)}] + \phi(m, n), \quad (0 < m, \ 0 \leq n)$ (2.15)

(3) $E_t[h_t^{(n,m)}] = R_t^{(m)} + \phi(m, n), \quad (0 < m \leq n)$ (2.16)

ここで,

n:長期債の残存期間

m:短期債の残存期間[6]

D:長期債のデュレーション(割引ファクターはサンプル期間の平均で定

---

[5] 合理的期待仮説を組み合わせた金利の期待理論は金利の合理的期待理論と呼ばれるが,本書では特に混乱のない場合には単に(金利の)期待理論と呼ぶ.

[6] $R^{(n)}, R^{(m)}$ は各々名目長期金利,名目短期金利(ともに最終利回り)を表す.

義している)

$E_t[\cdot]$：t 期において利用可能な情報に基づく条件付期待値演算子

ω, ψ, ϕ：ターム・プレミアム

である．なお，(2.15)，(2.16)式はスポット・レートではなく最終利回りを用いているが，これが任意の m で成立するのはゼロ・クーポン債の場合のみである．残存期間が2期以上ある利付債ではその最終利回りは必ずしもスポット・レートと一致しないため，$m=1$ の場合のみ(2.15)，(2.16)式が成立する．

ターム・プレミアムを考慮しない純粋期待理論においても，利付債で定義した場合の期待理論の3形態（$m=1$ としたときの(2.14)-(2.16)式）は必ずしも互いに整合するわけではない[7]．しかし，Campbell [1986a] は，たとえ利付債であってもそれがパー・ボンドであれば(2.14)-(2.16)式が互いに整合することを示した．しかしながら，その結論はフォワード・レートと保有収益率の線形近似の精度，すなわち長期金利の変動が小さいという仮定（これは，すべての n および t に対して $R_{p,t}^{(n)}$ がサンプル期間の平均値 $\overline{R_{p,t}^{(n)}}$ の近傍にあることを含意する）に依存していることに注意すべきである (Shiller et al. [1983], Campbell [1986a], Shea [1992])．一方，ゼロ・クーポン債の場合には，線形近似をせずともターム・プレミアムを考慮しない(2.14)-(2.16)式が互いに整合することが示される[8]．

上記(2.14)-(2.16)いずれかの定式に基づいて膨大な数の期待理論に対する実証研究が行われてきたが，その多くは，特にアメリカのデータにおいて期待理論を支持しなかった[9]．実証分析の結果を解釈する場合には以下の点に注意すべきである．第1に，棄却された仮説は次の3つの複合仮説であると

---

7) Cox et al. [1981] は，金利がランダムな確率変数の場合，純粋期待理論における(2.14)-(2.16)式は互いに整合しないことを理論的に証明した．
8) 本章末の付論1に $m=1$ のときの証明を示している．
9) 実証研究のサーベイは，Shiller [1990], Anderson et al. [1996] を参照されたい．

いうことだ．
　①ターム・プレミアムを一定とする金利の期待理論
　②合理的期待仮説
　③経済主体の危険中立仮説

さらに，利付債を用いて(2.15)式ないし(2.16)式を検証した場合には，その分析結果はフォワード・レートもしくは保有収益率の線形近似の精度にも左右されよう．したがって，(2.14)-(2.16)式に基づく単純な推定結果が期待理論を検証するために設定された仮説を棄却したとしても，それは必ずしも期待理論自体の棄却を示すわけではない[10]．第2に，ほとんどの実証分析では金利データの定常性に注意を払ってこなかったことである．Hall et al. [1992]が指摘したように，名目金利は通常定常的な系列ではないことから，上記3形態のいずれかに単純に名目金利のデータを当てはめて期待理論を検証すると誤った結論を導く可能性が高い．

　これらの問題に対して次のような形で解決が図られた．まず，第1の複合仮説の問題については，経済主体の合理的期待形成および危険中立性を前提とした上で金利の合理的期待理論を検証することである．その場合でも，経済主体の合理的期待形成を検証可能な形で期待理論に組み込む問題が残る．この問題に対して，Sargent [1979]は，2変数のベクトル自己回帰（BVAR）モデルを構築することによって，金利の合理的期待理論が課す制約をテストする方法を提示した．第2の金利データの非定常性については，Engle and Granger [1987]，Johansen [1988]等によって確立された共和分分析の手法を適用することである．Engle and Grangerは単一方程式において非定常の時系列データを扱う共和分分析の手法を確立し，さらにJohansenおよびJohansen and Juselius [1990, 1992]はEngle and Grangerの考

---

[10] 期間構造の先行研究では，合理的期待以外の期待形成を仮定したモデルも多数提示されてきた．Dobson et al. [1976]は合理的期待仮説を適用しない12の期間構造モデルを選び，同一のデータを用いて各モデルを再推定することによってそれらを再評価した．

え方を VAR モデルに拡張した．これら Sargent の考え方と共和分分析の手法を組み合わせることによって，期間構造を分析する新たな枠組みが Campbell and Shiller [1987, 1991] と Hall et al. [1992] によって提示された．以下では，それらのモデルについて説明する．

3-2 基本モデル
3-2-1 モデルⅠ：現在価値モデル

Campbell and Shiller [1987] は，期待理論の形態(1)を基に，長短金利のスプレッドと短期金利の1階差を2変数とするBVARモデルを提示した．モデルでは次の3つが仮定されている．

(I1) 長期債はパー・ボンドである．

(I2) (2.14)式において $n=\infty$ および $m=1$ とする．

(I3) 長短金利はともに次数1で和分されている．すなわち $R_t^{(\infty)} \sim 1$, $R_t^{(1)} \sim 1$. これより両金利の1階差は定常系列である．すなわち $\Delta X_t \equiv X_t - X_{t-1}$ としたとき $\Delta R_t^{(\infty)} \sim 0$, $\Delta R_t^{(1)} \sim 0$ である．

仮定(I1)と(I2)より

$$R_t^{(\infty)} = (1-g) \sum_{i=0}^{\infty} g^i E_t[R_{t+i}^{(1)} | I_t] + \bar{\omega} \tag{2.17}$$

ここで

$g \equiv (1+\overline{R^{(\infty)}})^{-1}$ ($\overline{R^{(\infty)}}$ は長期金利のサンプル平均)

$\bar{\omega}$：時間に対して一定なターム・プレミアム

I_t：t 期において利用可能な情報集合

である．

(2.17)式で表されるモデルは Campbell and Shiller [1987] によって金利の期間構造の現在価値モデルと呼ばれる．(2.17)式より，イールド・スプレッドは次のように表される．

$$S_t^{\infty} \equiv R_t^{(\infty)} - R_t^{(1)} = E_t\left[\sum_{i=1}^{\infty} g^i \Delta R_{t+i}^{(1)} | I_t\right] + \bar{\omega} \equiv E_t[S_t^*] + \bar{\omega} \tag{2.18}$$

ここで，S_t^* は将来にわたる短期金利の変化を加重平均したものであり，「完全予見スプレッド」と呼ばれる (Campbell and Shiller [1991], p. 498)．つまり，S_t^* は，期待理論のモデル(2.17)を所与としたとき，将来の短期金利について完全に予見することができれば得られるスプレッドである．別言すれば，金利の期待理論は，長短金利のスプレッドが一定のターム・プレミアムを考慮したうえで将来にわたる短期金利の変化を反映していることを含意している．

仮定(I3)より，(2.18)式はイールド・スプレッド S_t^∞ が定常系列であり，かつ $R_t^{(\infty)}$ と $R_t^{(1)}$ とが共和分ベクトル $(1, -1)'$ で共和分していなければならないことを示している．このとき，ベクトル確率過程 $(S_t^\infty, \Delta R_t^{(1)})$ は結合共分散定常確率過程であるから，多変量におけるWald分解により，適切な次数 p に対して次のような p 次BVARで近似することができる．

$$\begin{bmatrix} \Delta R_t^{(1)} \\ S_t^\infty \end{bmatrix} = \sum_{i=1}^{p} \begin{bmatrix} a_i & b_i \\ c_i & d_i \end{bmatrix} \begin{bmatrix} \Delta R_{t-i}^{(1)} \\ S_{t-i}^\infty \end{bmatrix} + \begin{bmatrix} u_{1,t} \\ u_{2,t} \end{bmatrix} \quad (2.19)$$

ここで，$\boldsymbol{u}_t = (u_{1,t}, u_{2,t})'$ は

$$E[\boldsymbol{u}_t \boldsymbol{u}'_{t-j}] = \begin{cases} \sigma^2 & \text{if } j=0 \\ 0 & \text{if } j \neq 0 \end{cases}$$

を満たすベクトル・ホワイト・ノイズである．

このBVARモデルにより，イールド・スプレッドが短期金利の変化に対してグレンジャー (Granger) 因果性を持つという，現在価値モデルの弱いインプリケーションをテストすることができる．このインプリケーションが意味することは，期待理論が成立するならば，つまりイールド・スプレッドが(2.18)式に基づいて将来の短期金利の変化を予見しているのであれば，過去の短期金利の推移以外にも，イールド・スプレッドは短期金利の将来の変化を予測するための付加的な情報を有しているということである．

Campbell and Shiller [1987] は，期待理論によって課せられる制約，すなわちシステム(2.19)から導かれるVARに関する一連の方程式間制約を導出した．システム(2.19)をコンパニオン・フォームで表すと

第2章　名目イールド・カーブの共和分分析 I

$$\begin{bmatrix} \Delta R_t^{(1)} \\ \Delta R_{t-1}^{(1)} \\ \vdots \\ \Delta R_{t-p+1}^{(1)} \\ S_t^\infty \\ S_{t-1}^\infty \\ \vdots \\ S_{t-p+1}^\infty \end{bmatrix} = \begin{bmatrix} a_1 & \cdots & a_p & b_1 & \cdots & b_p \\ 1 & \cdots & 0 & 0 & \cdots & 0 \\ \vdots & \ddots & \vdots & \vdots & \ddots & \vdots \\ 0 & \cdots & 1 & 0 & 0 & \cdots & 0 \\ c_1 & \cdots & c_p & d_1 & \cdots & d_p \\ 0 & \cdots & 0 & 1 & \cdots & 0 \\ \vdots & \ddots & \vdots & \vdots & \ddots & \vdots \\ 0 & \cdots & 0 & 0 & \cdots & 1 & 0 \end{bmatrix} \begin{bmatrix} \Delta R_{t-1}^{(1)} \\ \Delta R_{t-2}^{(1)} \\ \vdots \\ \Delta R_{t-p}^{(1)} \\ S_{t-1}^\infty \\ S_{t-2}^\infty \\ \vdots \\ S_{t-p}^\infty \end{bmatrix} + \begin{bmatrix} u_{1,t} \\ 0 \\ \vdots \\ 0 \\ u_{2,t} \\ 0 \\ \vdots \\ 0 \end{bmatrix}$$

(2.20)

これは，よりコンパクトに

$$Z_t = AZ_{t-1} + V_t \tag{2.20}'$$

と表せる．ここで，S_t^∞ および $\Delta R_t^{(1)}$ の現在および過去の系列のみから構成される制約された情報集合を H_t と定義し，H_t に対して Z_{t+i} を射影し，予測の繰り返しルールを用いると (2.20)' 式は

$$E_t[Z_{t+i} | H_t] = A^i Z_t \tag{2.21}$$

となる．同様に (2.18) 式の両辺を H_t に射影し，(2.21) 式を用いると，行列 A に対して次のパラメータ制約（方程式間制約）が導かれる[11]．

$$l' = h'gA(I - gA)^{-1} \quad [\text{非線形制約}] \tag{2.22}$$

または，これを線形形式に変形すると

$$l'(I - gA) = h'gA \quad [\text{線形制約}] \tag{2.23}$$

ここで，l および h は各々第 $(p+1)$ 要素，第 1 要素が 1 で，他の要素は 0 の $(2p \times 1)$ ベクトルである．さらに，線形制約 (2.23) を要素で表すと

$$\begin{cases} a_i + c_i = 0, & i = 1, \cdots, p \\ b_1 + d_1 = g^{-1} \\ b_i + d_i = 0, & i = 2, \cdots, p \end{cases} \tag{2.24}$$

となる．なお，本章末の付論2に示したように，ターム・プレミアムは方程式間制約を導出するに当たって考慮していないことに注意されたい．

期待理論から課される方程式間制約に加えて，Campbell and Shiller

---

11) 本章末の付論2で，方程式間制約 (2.22) を証明している．

[1987]は2つのタイプの分散制約テストを提示した．第1に，情報集合 H_t を条件としたときの(2.18)式右辺から計算されるスプレッドを理論的スプレッド $S_t^{\infty\prime}$ と定義すると，

$$S_t^{\infty\prime} = \boldsymbol{h}'g\boldsymbol{A}(\boldsymbol{I}-g\boldsymbol{A})^{-1}\boldsymbol{Z}_t \tag{2.25}$$

と表せる．このとき，期待理論が成立するならば $S_t^{\infty\prime}$ は S_t^{∞} と等しくならなければならず，これは次のことを含意する．

$$\mathrm{Cor}[S_t^{\infty\prime}, S_t^{\infty}] = 1 \quad [相関テスト] \tag{2.26}$$

および

$$\mathrm{Var}[S_t^{\infty}]/\mathrm{Var}[S_t^{\infty\prime}] = 1 \quad [レベル分散比テスト] \tag{2.27}$$

2番目のテストは長期金利のイノベーションの分散比をベースとしたものである．VARシステム(2.20)のすべての方程式を足し合わせると

$$\varDelta R_t^{(1)}+S_t^{\infty} = \sum_{i=1}^{p}(a_i+c_i)\varDelta R_{t-i}^{(1)} + \sum_{i=1}^{p}(b_i+d_i)S_{t-i}^{\infty} + u_{1,t} + u_{2,t}$$

これに(2.24)式の制約を課すと

$$\varDelta R_t^{(1)}+S_t^{\infty}-g^{-1}S_{t-1}^{\infty} = u_{1,t}+u_{2,t} \tag{2.28}$$

一方，(2.17)，(2.18)式を用いると(2.28)式の左辺は

$$\varDelta R_t^{(1)}+S_t^{\infty}-g^{-1}S_{t-1}^{\infty} = R_t^{(\infty)}-E_{t-1}[R_t^{(\infty)}|I_t]+\overline{\omega}(1-g^{-1}) \tag{2.29}$$

と変形でき，これは長期金利のイノベーション（ξ_t と表示する）を表す[12]．すなわち(2.28)式と(2.29)式は，期待理論が成立する場合に $\varDelta R_t^{(1)}$ と S_t^{∞} の過去のデータからは長期金利のイノベーションが予測不可能であることを含意している．しかしながら，(2.29)式より，期待理論の制約を課されたイノベーション ξ_t' が理論的スプレッド S_t^{∞} を用いて

$$\xi_t' = \varDelta R_t^{(1)}+S_t^{\infty\prime}-g^{-1}S_{t-1}^{\infty\prime}$$

と計算されたとき，期待理論の下では

$$\mathrm{Var}[\xi_t]/\mathrm{Var}[\xi_t'] = 1 \quad [イノベーション分散比テスト] \tag{2.30}$$

が成立するはずである．

---

12) Mills [1991]は，(2.28)式の左辺が1期債に対する長期債の超過保有収益に等しいことを示した．

3-2-2　モデルⅡ：ゼロ・クーポン債に適用する BVAR モデル

　Campbell and Shiller [1991] は，基本的な考え方はモデルⅠ（現在価値モデル）と同じだが，ゼロ・クーポン債に適用する期間構造の BVAR モデルも提示した．そのモデルでは次の3つが仮定されている．

（Ⅱ1）　長期債と短期債はともにゼロ・クーポン債である．

（Ⅱ2）　長期債と短期債の残存期間，すなわち(2.14)式の n と m はともに有限である．

（Ⅱ3）　$R_t^{(n)}$ と $R_t^{(m)}$ はともに次数1で和分されている．

　Campbell and Shiller [1991] は，将来にわたる金利変化の予測とイールド・スプレッド $S_t^{(n,m)} \equiv R_t^{(n)} - R_t^{(m)}$ との関係を表す2つのモデルを導出した．1つは，長期金利の変化とイールド・スプレッドとの関係を表すモデルである．仮定(Ⅱ1)，(Ⅱ2) より，(2.14)式は次のように変形できる．

$$R_t^{(n)} = \frac{m}{n}\sum_{i=0}^{k-1}E_t[R_{t+im}^{(m)}] + \overline{\omega}$$

および

$$R_{t+m}^{(n-m)} = \frac{m}{n-m}\sum_{i=0}^{k-2}E_{t+m}[R_{t+(i+1)m}^{(m)}] + \overline{\omega}$$

ここで $0 < m \leq n$，$k = n/m$（整数），$\overline{\omega}$：時間に対して一定なターム・プレミアムである．第1番目と第2番目の方程式の両辺に各々 n/m，$(n-m)/m$ を掛け，それらの差をとると

$$\frac{n}{m}R_t^{(n)} - \frac{n-m}{m}R_{t+m}^{(n-m)} + \nu_{t+m} = R_t^{(m)} + \overline{\omega} \tag{2.31}$$

ここで

$$\nu_{t+m} \equiv (R_{t+m}^{(m)} - E_t[R_{t+m}^{(m)}]) + (E_{t+m}[R_{t+2m}^{(m)}] - E_t[R_{t+2m}^{(m)}]) + \cdots$$
$$+ (E_{t+m}[R_{t+(k-1)m}^{(m)}] - E_t[R_{t+(k-1)m}^{(m)}])$$

と定義する．ν_{t+m} は，t 期から $(t+m)$ 期にかけて短期金利の期待を上方（下方）修正したことに伴う予期しないキャピタル・ロス（ゲイン）を表すことから，ホワイト・ノイズ・オーバーラッピング・エラーと解釈できる．(2.12)式より，(2.31)式左辺は残存期間 n のゼロ・クーポン債を m 期間保

有した場合の保有収益率に誤差項を加えたものであることから，(2.31)式は期待理論の形態(3)を表している．(2.31)式を変形すると

$$s_t^{(n,m)} \equiv \frac{m}{n-m} S_t^{(n,m)} = R_{t+m}^{(n-m)} - R_t^{(n)} + \frac{m}{n-m}\overline{\omega} - \frac{m}{n-m}\nu_{t+m}$$

これより，期待理論を検証するには，$\varepsilon_{1,t+m} \equiv -[m/(n-m)]\nu_{t+m}$ と定義した上で方程式

$$R_{t+m}^{(n-m)} - R_t^{(n)} = \alpha_1 s_t^{(n,m)} + \beta_1 + \varepsilon_{1,t+m} \tag{2.31}'$$

を推定し，帰無仮説

$$H_0: \alpha_1 = 1 \quad [\text{回帰テスト1}]$$

をテストすることになる．この帰無仮説は，期待理論の下で，ターム・プレミアムを調整した上で長期債と短期債の保有収益率が等しくなるように長期金利が将来変化することをイールド・カーブの傾きが予測していることを示している．

第2のモデルは，短期金利の変化とイールド・スプレッドとの関係を表すものである．前述したように，仮定(Ⅱ1), (Ⅱ2)より(2.14)式は

$$R_t^{(n)} = \frac{1}{k}\sum_{i=0}^{k-1} E_t[R_{t+im}^{(m)}] + \overline{\omega} \quad \left(0 < m \leq n, \; k = \frac{n}{m} : 整数\right) \tag{2.32}$$

と変形できる．上式の両辺から $R_t^{(m)}$ を差し引くと

$$S_t^{(n,m)} = \frac{1}{k}\sum_{i=1}^{k-1}(E_t[R_{t+im}^{(m)}] - R_t^{(m)}) + \overline{\omega}$$

$$= \sum_{i=1}^{k-1}\left\{\left(1 - \frac{i}{k}\right)(E_t[R_{t+im}^{(m)}] - E_t[R_{t+(i-1)m}^{(m)}])\right\} + \overline{\omega}$$

ここで誤差項 η_{t+im} を

$$\eta_{t+im} \equiv R_{t+im}^{(m)} - E_t[R_{t+im}^{(m)}]$$

と定義すると，上式は次のように変形できる．

$$S_t^{(n,m)} = S_t^{(n,m)*} + \overline{\omega} - \sum_{i=1}^{k-1}\left\{\left(1 - \frac{i}{k}\right)(\eta_{t+im} - \eta_{t+(i-1)m})\right\} \tag{2.33}$$

ここで

$$S_t^{(n,m)*} \equiv \sum_{i=1}^{k-1}\left(1 - \frac{i}{k}\right)\varDelta^m R_{t+im}^{(m)}, \quad \varDelta^m R_{t+im}^{(m)} \equiv R_{t+im}^{(m)} - R_{t+(i-1)m}^{(m)}$$

である．変数 $S_t^{(n,m)*}$ は (2.18) 式における S_t^* と同じ意味を持ち，将来における短期金利の変化の完全予見を表している．(2.33) 式に基づき

$$S_t^{(n,m)*} = \alpha_2 S_t^{(n,m)} + \beta_2 + \varepsilon_{2,t+(k-1)m} \qquad (2.33)'$$

を推定し，帰無仮説

$H_0 : \alpha_2 = 1$ ［回帰テスト2］

をテストすることによって期待理論を検証することができる．なお，(2.33)' 式で

$$\varepsilon_{2,t+(k-1)m} = \sum_{i=1}^{k-1}\left\{\left(1-\frac{i}{k}\right)(\eta_{t+im} - \eta_{t+(i-1)m})\right\} = \frac{1}{k}\sum_{i=1}^{k-1}\eta_{t+im}$$

であり，これは (2.31) 式の ν_{t+m} とは別の形のホワイト・ノイズ・オーバーラッピング・エラーを表している．

さらに，仮定 (II3) を考慮すると (2.33) 式は，イールド・スプレッド $S_t^{(n,m)}$ が定常系列であり，かつ $R_t^{(n)}$ と $R_t^{(m)}$ とが共和分ベクトル $(1,-1)'$ で共和分していなければならないことを含意している．したがって，定常ベクトル確率過程 $(S_t^{(n,m)}, \varDelta R_t^{(1)})$ に対して前出のモデル I と同じ VAR アプローチを適用することができる．このモデルの場合，期待理論により課される方程式間制約は次のようになる．

$$l' = h'A\left[I - \frac{m}{n}(I-A^n)(I-A^m)^{-1}\right](I-A)^{-1} \qquad ［非線形制約］$$
(2.34)

または，これを線形形式に変形すると

$$l'(I-A) = h'A\left[I - \frac{m}{n}(I-A^n)(I-A^m)^{-1}\right] \qquad ［線形制約］ \quad (2.35)$$

ここで，ベクトル l, h および行列 A はモデル I におけるベクトル，行列と同じである[13]．

さらに，方程式間制約 (2.34) から，Campbell and Shiller [1991] は理論

---

13) 本章末の付論 2 で，方程式間制約 (2.34) を証明している．なお，モデル I の場合と同様に，これらの制約を導出するに当たってターム・プレミアムを考慮していないことに注意されたい．

的スプレッド $S_t^{(n,m)\prime}$ を次のように計算した.

$$S_t^{(n,m)\prime} = h'A\left[I - \frac{m}{n}(I - A^n)(I - A^m)^{-1}\right](I - A)^{-1}Z_t \qquad (2.36)$$

ここで $Z_t' = (\varDelta R_t^{(m)}, \cdots, \varDelta R_{t-p}^{(m)}, S_t^{(n,m)}, \cdots, S_{t-p}^{(n,m)})$ である．このとき，期待理論が成立するのであれば $S_t^{(n,m)\prime} = S_t^{(n,m)}$ となるはずである．このことはモデルⅠの場合と同様に，

$$\mathrm{Cor}[S_t^{(n,m)\prime}, S_t^{(n,m)}] = 1 \quad [相関テスト] \qquad (2.37)$$

および

$$\mathrm{Var}[S_t^{(n,m)\prime}]/\mathrm{Var}[S_t^{(n,m)}] = 1 \quad [レベル分散比テスト] \qquad (2.38)$$

を含意する．

3-2-3 モデルⅢ：VECM

前項までの2モデルは，長短金利の2変数のみに着目して金利の期待理論が成立しているか否かを検証するモデルであるのに対して，Hall et al. [1992]はこれらのモデルの考え方をイールド・カーブ全体に拡張した．

Hall et al. [1992]はモデルⅡと同じ仮定を置き，(2.32)，(2.33)式を導出した．(2.32)式は，期待理論が成立するならば，残存期間が同じ債券の金利は連動して変化することを意味し，(2.33)式は $R_t^{(n)}$ と $R_t^{(m)}$ が共和分ベクトル $(1, -1)'$ で共和分しなければならないことを示唆している．この解釈から，イールド・カーブを形成する金利が $I(1)$ 系列であり，期待理論が成立する場合には，任意の金利の系列は1期債の金利の系列と共和分するはずである．つまり，1, 2, $\cdots$, n 期債の金利を考えた場合，ベクトル $X_t = (R_t^{(1)}, R_t^{(2)}, \cdots, R_t^{(n)})'$ は $[(-1, 1, 0, \cdots, 0)', (-1, 0, 1, 0, \cdots, 0)', \cdots, (-1, 0, \cdots, 0, 1)']$ で表される $(n-1)$ 個の各 n 次元スプレッド・ベクトルで共和分するはずである．これら $(n-1)$ 個のスプレッド・ベクトルは線形独立であるため，共和分空間のランクは $n-1$ となければならない．

Johansen [1988] と Johansen and Juselius [1990, 1992] は共和分空間のランクの推定および共和分ベクトルの推定，さらに共和分空間における制約

をテストする手法を提示した.この手法を用いることによって,Hall et al. [1992] は,上述の理論的考察に基づき,イールド・カーブ全体に期待理論が成立するか否かを次のような手順で検証することができるとした.まず,ベクトル $X_t = (R_t^{(1)}, R_t^{(2)}, \cdots, R_t^{(n)})'$ に対して,VAR を VECM で表した

$$\Delta X_t = \sum_{i=1}^{p-1} \Gamma_i \Delta X_{t-i} + \Pi X_{t-p} + (\mu) + \varepsilon_t \tag{2.39}$$

を推定し,この推定された(2.39)式に基づいて帰無仮説

$$H_0 : \text{Rank}(\Pi) = n-1 \qquad [\text{ランク条件}] \tag{2.40}$$

をテストする.このランク条件が棄却されなかった場合,行列 Π は次のように分解できる.

$$\Pi = \alpha \beta'$$

ここで α および β は $n \times (n-1)$ 行列であり,各々調整行列,共和分行列と呼ばれる.次に,共和分行列 β が $(n-1)$ 個の線形独立なスプレッド・ベクトルから組成されているか否か,すなわち帰無仮説

$$H_0 : \beta = \begin{bmatrix} -1 & -1 & \cdots & -1 \\ 1 & 0 & \cdots & 0 \\ 0 & 1 & \cdots & 0 \\ \vdots & \vdots & \ddots & \vdots \\ 0 & 0 & \cdots & 1 \end{bmatrix} \varphi \equiv H\varphi \qquad [\text{スプレッド制約}] \tag{2.41}$$

をテストする.ここで H は $n \times (n-1)$ 行列,φ は推定された行列である.テストの結果,スプレッド制約が棄却されなければ,金利の期待理論がイールド・カーブ全体に妥当すると推測されることとなる.

金利の期待理論の観点から,VECM(2.39)は非常に重要な経済的意味を有している.つまり,条件(2.40)および(2.41)が満たされた場合,(2.39)式は次のように表現することができる.

$$\Delta X_t = \sum_{i=1}^{k-1} \Gamma_i \Delta X_{t-i} + \alpha (S_{t-k} - S^*) + (\mu) + \varepsilon_t$$

ここで S_{t-k} は実際のイールド・スプレッド系列であり,S^* はスプレッドの長期均衡値を表す.上式は,短期的には残存期間が異なった債券の金利は

個々に変動し，そのためイールド・スプレッドも均衡スプレッド S^* から乖離するが，長期的には金利はスプレッドが均衡値 S^* に収束するように調整される，つまりイールド・カーブ上のすべての金利は連動して変化することを示している．このことは，長期的観点からまさに(2.32)式と(2.33)式がイールド・カーブ全体に成立する，すなわち金利の期待理論がイールド・カーブ全体に妥当することを意味しているのである．

4. 先行研究

前節で説明したモデルに基づいて金利の期待理論を検証した先行研究はまだ少ない．ここでは，それらの実証結果をモデルごとに整理してみよう．

4-1 モデル I

アメリカを対象にした先行研究には Campbell and Shiller [1987] と Shea [1992] の実証分析がある．データとして，前者は20年物国債金利と1カ月物TBレートの月次データ（1959-83年）を，後者はMcCulloch [1987] が推計した1カ月物および5，10，15，20，25年物の（財務省）パー・ボンド金利の月次データ（1952-87年）を用いている[14]．分析の結果，Campbell and Shiller は方程式間制約を除くすべてのテストで期待理論が支持されることを見出したが，Shea は相関テストだけがそれを支持するとしている．多くの実証テストで帰無仮説（期待理論）が棄却された理由として，Sheaはイールド・カーブがフラットであることおよび長期金利の変動が小さいという線形近似のための理論的要件をデータが満たしていないことを指摘した．Sheaはシミュレーションを行い，方程式間の線形制約に対する線形ワルド統計量が金利水準のみならず長期金利と短期金利の相対的な変化に対しても非常に大きな影響を受けることを示した．このシミュレーション結

---

14) 本章以降，「k年(カ月)物」という表現は当該債券の残存期間がk年(カ月)であることを表す．

果から,線形近似されたシステムに対して,モデルIに基づくテストは必ずしも有意な検定結果をもたらさないと結論している.

イギリスを対象とした先行研究には,MacDonald and Speight [1988], Mills [1991], Taylor [1992] の実証分析がある.MacDonald and Speight は,3カ月物TBレートと5,10,20年物国債(ギルト債)金利の四半期データ(1963-87年)を用いて分析した結果,短期金利の変化に対するイールド・スプレッドのグレンジャー因果性,方程式間の線形制約およびレベル分散比テストは期待理論を支持することを見出した.Millsは,3カ月物適格銀行手形レートとコンソル債利回り(1870-1939年)および3カ月物TBレート,3.5%戦時国債(War Loan)利回り,5年物と20年物国債金利(1952-88年)の四半期データを用いて長期的な分析を行っている.MacDonald and Speightと同様,グレンジャー因果性,方程式間の線形制約,レベル分散比テストを行い,以下のように結論している.

①第2次世界大戦以前において期待理論は支持されない.

②第2次世界大戦後の結果については,長期金利として3.5%戦時国債利回りを用いた場合には期待理論が支持されない.これは,3.5%戦時国債の取引が非常に少なく,その利回りが市場の状況を反映していないためである.一方,国債金利を長期金利に用いた場合には,期待理論が支持されるか否かは明確ではない.特にこの10年間(80年代)のデータからは,期待理論が明確に棄却されるとは判断できない.

一方,Taylorは,3カ月物TBレート,10,15,20年物国債金利の週次データ(1985-89年)を用いて,期待理論が棄却されるという実証結果を示した.すなわち,グレンジャー因果性,方程式間の非線形制約およびレベル分散比に関する諸テストを行った結果,期待理論は支持されなかったのである.さらに,Taylorは短期金利(3カ月物TBレート)に対する国債の13週(3カ月)保有収益率の超過収益率(すなわち,国債の13週保有収益率マイナス短期金利)を分析した結果,それが時間可変的なターム・プレミアムの影響は受けないが,国債の総残高に対する長期債残高の比率によって影

響を受けることを見出した．

4-2　モデルⅡ

Campbell and Shiller［1991］と Shea［1992］は，ともに McCulloch［1990］が月次ベースで推計したアメリカの 1, 2, 3, 4, 6, 9, 12, 24, 36, 48, 60, 120 カ月物ゼロ・クーポン債金利のデータ（1952-87 年）を用いて分析を行った．Campbell and Shiller は回帰テスト 1 と 2，相関テストおよびレベル分散比テストを行い，一方，Shea は方程式間制約をテストした．その結果，両者ともイールド・カーブの傾きは金利の短期的な変化よりむしろ長期的な変化に対するほうが優れた予測能力を有すること，つまりイールド・カーブのロング・エンドで期待理論が成立するという結論を示した．

イギリスに関しては，Cuthbertson［1996］が 1, 4, 13, 26, 52 週間物インターバンク・レートの週次データ（1981-92 年）を用いて次の実証結果を示した．

①回帰テスト 1 および 2 はほとんど金利の組み合わせで期待理論を支持する．

②相関テストはすべての組合せで期待理論を支持する．

③方程式間制約はショート・エンド，すなわち $(n, m) = (4, 1)$，$(13, 1)$，$(26, 1)$，$(26, 13)$ の組み合わせにおいて棄却される．

④レベル分散比テストはロング・エンド，すなわち $(n, m) = (52, 4)$，$(52, 13)$，$(52, 26)$ の組み合わせにおいて棄却される．

方程式間制約が棄却された理由として Cuthbertson（p.589）は次の点を指摘している．

「すなわち，短期的に市場関係者（訳者注：投資家）はほとんど分刻みにイールド・スプレッドと短期金利の動向を観察して市場予測を行っており，週次データに基づく予測はそうした投資家の行動を適切に捉えていない．……おそらく，そのために VAR モデルの推定においてイールド・スプレッドに与えられる「ウエイト」が小さくなり，VAR（訳者

注：方程式間）制約が棄却されるのであろう.」

このような推論から，Cuthbertson はイールド・カーブのロング・エンドでは期待理論は棄却されるが，ショート・エンドではそれがある程度支持されると結論している.

Rossi [1996] はイギリスの 1, 3, 6, 12 カ月物インターバンク・レート (1982-94年) および 6, 12, 18, 24 カ月物のゼロ・クーポン債金利の推計値 (1982-95年) の月次データを用いて，イールド・カーブのショート・エンドにおいて期待理論が成立するか否かを検証した.回帰テスト1と2を行った結果，インターバンク・レートを用いた場合には期待理論が成立するが，ゼロ・クーポン債金利を用いた場合には成立しないことを見出した.この結果から，Rossi はイールド・カーブのショート・エンドは将来の短期金利の変化を予測するための有用な情報を含んでいるが，情報の信頼性という点ではインターバンク・レートの方が国債利回りから推計されたゼロ・クーポン債金利より優れているとしている.

4-3 モデル III

Hall et al. [1992] はアメリカを対象に 1〜11 カ月物 TB レートの月次データ (1970-88年) を用いて分析した結果，11 個のデータ系列に対してランク条件は満たされたものの，共和分空間におけるスプレッド制約は棄却された.しかしながら，短期金利の組み合わせ (1〜4 カ月) を用いて，3つのサンプル期間に分割して同様の検証を行った結果，Fed が新金融調節を採用していた時期 (1979年後半から82年まで) を除いて期待理論が支持されることが示された.一方，Shea [1992] は McCulloch [1990] が月次ベースで推計したアメリカの 1, 3, 6, 36, 60, 120, 180, 240, 300 カ月物ゼロ・クーポン債金利の月次データ (1952-87年) を用いて分析を行った.その結果，スプレッド制約が 1 カ月物から 180 カ月物までの金利の組み合わせでは支持されるが，240 カ月および 300 カ月物の超長期金利を組み合わせに含めた場合にはそれが棄却されることを示した.

Cuthbertson [1996] はモデル II と同じイギリスのインターバンク・レートのデータを用いて VECM によるアプローチを適用した．その結果，ランク条件およびスプレッド制約がショート・エンド（13週以下）で期待理論を支持するものの，26週間および53週間物レートを同時に含む場合にはいずれの組み合わせでもスプレッド制約が棄却された．しかしながら，Cuthbertson は，たとえスプレッド制約が統計的に棄却されるとしてもその制約を課した方が各レートに対する VAR モデルの長期的な（26週間後の）予測能力がわずかに向上することを示している．

付論1 ゼロ・クーポン債金利で定義された期待理論の3形態の整合性

以下では，期待理論がゼロ・クーポン債金利で定義された場合に，本論の(2.14)式で表された形態と(2.15)式および(2.16)式で表された形態とが整合的であることを証明する．なお，ここでは単純化のために $m=1$ および $\omega=\Psi=\phi=0$ を仮定する．ゼロ・クーポン債金利の最終利回りはスポット・レートと等しいから，純粋（合理的）期待理論は次のように表せる．

$$(1+R_{d,t}^{(n)})^n = (1+R_{d,t}^{(1)})(1+E_t[R_{d,t+1}^{(1)}])(1+E_t[R_{d,t+2}^{(1)}])$$
$$\cdots(1+E_t[R_{d,t+n-1}^{(1)}]) \tag{A1.1}$$

この式の両辺の対数を取って線形近似したものが，期待理論(2.14)式である．

[1] (2.14) ⇔ (2.15)

フォワード・レートの定義より，

$$(1+R_{d,t}^{(i+1)})^{i+1} = (1+R_{d,t}^{(i)})^i (1+F_{d,t}^{(i,1)}), \quad (i \geq 0) \tag{A1.2}$$

一方，(A1.1)式は $n=i$, $n=i+1$ の場合でも成立するから，

$$(1+R_{d,t}^{(i)})^i = (1+R_{d,t}^{(1)})(1+E_t[R_{d,t+1}^{(1)}])(1+E_t[R_{d,t+2}^{(1)}])$$
$$\cdots(1+E_t[R_{d,t+i-1}^{(1)}]) \tag{A1.3}$$

および

$$(1+R_{d,t}^{(i+1)})^{i+1} = (1+R_{d,t}^{(1)})(1+E_t[R_{d,t+1}^{(1)}])(1+E_t[R_{d,t+2}^{(1)}])$$
$$\cdots(1+E_t[R_{d,t+i}^{(1)}]) \tag{A1.4}$$

(A1.3)式を(A1.2)に代入すると，

$$(1+R_{d,t}^{(i+1)})^{i+1} = (1+R_{d,t}^{(1)})(1+E_t[R_{d,t+1}^{(1)}])\cdots(1+E_t[R_{d,t+i-1}^{(1)}])$$
$$(1+F_{d,t}^{(i,1)}) \tag{A1.5}$$

したがって，(A1.4)式と(A1.5)式から

$$F_{d,t}^{(i,1)} = E_t[R_{d,t+i}^{(1)}]$$

これは，$m=1$, $n=i$ の場合の(2.15)式を表すから，(2.14)式⇒(2.15)式が

示された.

一方, $F_{d,t}^{(i,1)} = E_t[R_{d,t+i}^{(1)}]$ のとき, (A1.2)式と(A1.3)式から(2.15)式⇒(2.14)式 ($m=1$, $n=i$) は明らかである.

[2] (2.14) ⇔ (2.16)

ゼロ・クーポン債における保有収益率の定義(2.11)式から,

$$(1+R_{d,t}^{(n)})^n = (1+E_t[R_{d,t+1}^{(n-1)}])^{n-1}(1+H_{d,t}^{(n,1)}), \quad (n \geq 1) \quad \text{(A1.6)}$$

一方, (A1.1)式は1期後の($t+1$)期でも成立するから

$$(1+R_{d,t+1}^{(n-1)})^{n-1} = (1+R_{d,t+1}^{(1)})(1+E_{t+1}[R_{d,t+2}^{(1)}])$$
$$\cdots (1+E_{t+1}[R_{d,t+n-1}^{(1)}]) \quad \text{(A1.7)}$$

ここで $E_t[\cdot] = E_{t+1}[\cdot]$ を仮定し, (A1.6)式の左辺に(A1.1)式を, 右辺に(A1.7)式を代入すると,

$$(1+R_{d,t}^{(1)})(1+E_t[R_{d,t+1}^{(1)}])\cdots(1+E_t[R_{d,t+n-1}^{(1)}])$$
$$= (1+R_{d,t+1}^{(1)})(1+E_t[R_{d,t+2}^{(1)}])\cdots(1+E_t[R_{d,t+n-1}^{(1)}])(1+H_{d,t}^{(n,1)})$$
$$\therefore \quad (1+R_{d,t}^{(1)})(1+E_t[R_{d,t+1}^{(1)}]) = (1+R_{d,t+1}^{(1)})(1+H_{d,t}^{(n,1)})$$

上式の両辺の期待値をとると,

$$(1+R_{d,t}^{(1)})(1+E_t[R_{d,t+1}^{(1)}]) = (1+E_t[R_{d,t+1}^{(1)}])(1+E_t[H_{d,t}^{(n,1)}])$$
$$\therefore \quad E_t[H_{d,t}^{(n,1)}] = R_{d,t}^{(1)}$$

これは, $m=1$ の場合の(2.16)式を表すから, (2.14)式⇒(2.16)式が示された.

一方, $E_t[H_{d,t}^{(n,1)}] = R_{d,t}^{(1)}$ のとき, (A1.6)式と(A1.7)式から(2.16)式⇒(2.14)式 ($m=1$) は明らかである.

付論2 モデルⅠおよびⅡにおける方程式間制約の証明

[モデルⅠ]

ベクトル Z_t, l, h の定義より,

第 2 章　名目イールド・カーブの共和分分析 I

$$l'Z_t = S_t^{(\infty)} \tag{A2.1}$$

および

$$h'Z_{t+i} = \Delta R_{t+i}^{(1)} \tag{A2.2}$$

本論の (2.21) 式より

$$E_t[Z_{t+i}|H_t] = A^i Z_t$$

だから，(A2.2) 式は

$$E_t[\Delta R_{t+i}^{(1)}|H_t] = h'A^i Z_t \tag{A2.3}$$

を含意する．

　本論に示したように，制約された情報集合 H_t の下でターム・プレミアムを考慮しない純粋期待理論が成立するならば，

$$S_t^{(\infty)} = E_t\left[\sum_{i=1}^{\infty} g^i \Delta R_{t+i}^{(1)} \mid H_t\right]$$

とならなければならない．この式に (A2.1)，(A2.3) 式を代入すると

$$l'Z_t = \sum_{i=1}^{\infty} g^i h'A^i Z_t$$

$$= h'gA(I-gA)^{-1} Z_t$$

したがって，期待理論が課す方程式間制約は

$$l' = h'gA(I-gA)^{-1}$$

となる．

[モデル II]

上記と同様に

$$l'Z_t = S_t^{(n,m)}, \tag{A2.4}$$

$$h'Z_{t+i} = \Delta R_{t+i}^{(m)}, \tag{A2.5}$$

$$E_t[Z_{t+i}|H_t] = A^i Z_t \tag{A2.6}$$

(A2.5) 式と (A2.6) 式を組み合わせると

$$E_t[\Delta^m R_{t+im}^{(m)} \mid H_t] = E_t[R_{t+im}^{(m)} - R_{t+(i-1)m}^{(m)} \mid H_t]$$

$$= E_t\left[\sum_{j=0}^{m-1} \Delta R_{t+im-j}^{(m)} \mid H_t\right]$$

$$= \sum_{j=0}^{m-1} E_t [\boldsymbol{h}' \boldsymbol{Z}_{t+im-j} | H_t]$$

$$= \boldsymbol{h}' \sum_{j=0}^{m-1} \boldsymbol{A}^{im-j} \boldsymbol{Z}_t$$

$$= \boldsymbol{h}' \boldsymbol{A}^{(i-1)m+1} (\boldsymbol{I} - \boldsymbol{A}^m)(\boldsymbol{I} - \boldsymbol{A})^{-1} \boldsymbol{Z}_t$$

したがって

$$E_t \left[\sum_{i=1}^{k-1} \left(1 - \frac{i}{k}\right) \varDelta^m R_{t+im}^{(m)} | H_t \right] = \sum_{i=1}^{k-1} \left[\left(1 - \frac{i}{k}\right) \boldsymbol{h}' \boldsymbol{A}^{(i-1)m+1} (\boldsymbol{I} - \boldsymbol{A}^m) \right.$$

$$\left. (\boldsymbol{I} - \boldsymbol{A})^{-1} \boldsymbol{Z}_t \right]$$

$$= \boldsymbol{h}' \boldsymbol{A} \left[\sum_{i=1}^{k-1} \left(1 - \frac{i}{k}\right) \boldsymbol{A}^{(i-1)m} \right] (\boldsymbol{I} - \boldsymbol{A}^m)$$

$$(\boldsymbol{I} - \boldsymbol{A})^{-1} \boldsymbol{Z}_t \qquad \text{(A2.7)}$$

ここで

$$\sum_{i=1}^{k-1} \left(1 - \frac{i}{k}\right) \boldsymbol{A}^{(i-1)m} = \frac{1}{k} \sum_{i=1}^{k-1} (k-i) \boldsymbol{A}^{(i-1)m}$$

$$= \frac{1}{k} [(k-1)\boldsymbol{I} + (k-2)\boldsymbol{A}^m + (k-3)\boldsymbol{A}^{2m} + \cdots$$

$$+ \boldsymbol{A}^{(k-2)m}]$$

$$= \frac{1}{k} [k(\boldsymbol{I} - \boldsymbol{A}^m)^{-1} - (\boldsymbol{I} - \boldsymbol{A}^{km})(\boldsymbol{I} - \boldsymbol{A}^m)^{-2}]$$

$$= (\boldsymbol{I} - \boldsymbol{A}^m)^{-1} - \frac{m}{n} (\boldsymbol{I} - \boldsymbol{A}^n)(\boldsymbol{I} - \boldsymbol{A}^m)^{-2}$$

$$\left(\because \quad k = \frac{n}{m} \right) \qquad \text{(A2.8)}$$

だから，(A2.8)式を(A2.7)式に代入すると，

$$E_t \left[\sum_{i=1}^{k-1} \left(1 - \frac{i}{k}\right) \varDelta^m R_{t+im}^{(m)} | H_t \right] = \boldsymbol{h}' \boldsymbol{A} \left[(\boldsymbol{I} - \boldsymbol{A}^m)^{-1} - \frac{m}{n} (\boldsymbol{I} - \boldsymbol{A}^n) \right.$$

$$\left. (\boldsymbol{I} - \boldsymbol{A}^m)^{-2} \right] (\boldsymbol{I} - \boldsymbol{A}^m)(\boldsymbol{I} - \boldsymbol{A})^{-1} \boldsymbol{Z}_t$$

$$= \boldsymbol{h}' \boldsymbol{A} \left[\boldsymbol{I} - \frac{m}{n} (\boldsymbol{I} - \boldsymbol{A}^n)(\boldsymbol{I} - \boldsymbol{A}^m)^{-1} \right]$$

$$(\boldsymbol{I} - \boldsymbol{A})^{-1} \boldsymbol{Z}_t \qquad \text{(A2.9)}$$

本論に示したように，制約された情報集合 H_t の下でターム・プレミアムを考慮しない純粋期待理論が成立するならば，

$$S_t^{(n,m)} = E_t \left[\sum_{i=1}^{k-1} \left(1 - \frac{i}{k} \right) \Delta^m R_{t+im}^{(m)} \mid H_t \right]$$

とならなければならない．この式に(A2.4)式と(A2.9)式を代入すると

$$l'Z_t = h'A \left[I - \frac{m}{n} (I - A^n)(I - A^m)^{-1} \right] (I - A)^{-1} Z_t$$

したがって，期待理論が課す方程式間制約は次のようになる．

$$l' = h'A \left[I - \frac{m}{n} (I - A^n)(I - A^m)^{-1} \right] (I - A)^{-1}$$

第3章　名目イールド・カーブの共和分分析 II

　前章では，共和分分析の手法を取り込んだ金利の期待理論に関する3つの基本モデルを説明することによって，イールド・カーブの期間構造を分析するための理論的枠組みを提示した．

　本章では，そこで説明した基本モデルに基づき期待理論がイギリスの名目イールド・カーブ全体に成立するか否かを実証的に分析する．最初に，分析に用いるデータの特性を検証する．具体的には，金利データおよびそれから計算したイールド・スプレッドの系列の定常性について，債券価格の合理的バブルの可能性も含めて詳細に検討する．というのも，基本モデルは金利が$I(1)$系列，イールド・スプレッドが$I(0)$系列であることが前提となっているためである．

　第2節では，データ特性の前提条件が満たされたことを受けて，いよいよ期待理論の検証を行うが，本研究では金利データとしてゼロ・クーポン債の名目金利を用いるため，モデル II および III に基づいて実証分析する．分析の過程で，イールド・カーブはショート・エンドとミドル，ロング・エンドとでは異なった期間構造を有していることが示唆される．その示唆に従ってイールド・カーブを大きく2つ（厳密には3つ）のセグメントに分割し，各セグメントの期間構造およびセグメント間の関係を詳細に調べた．

　最後に実証分析の結論を総括し，本研究から得られた金利の期間構造分析に対する重要なインプリケーションを述べる．

第3章　名目イールド・カーブの共和分分析 II　　　　　　51

1. データの検証

　前章で説明したモデルはいずれも長期金利と短期金利が I(1) 系列であることを仮定しており，さらにモデル I と II ではイールド・スプレッドが I(0) 系列であることが仮定されていることから，モデルを推定する前にデータの定常性について検討しなければならない．本節では，まず利用するデータについて説明し，次いでグラフによる視覚的検討および単位根検定の両面からデータの定常性を検証する．

1-1　データ

　本研究では，金利データとして 1, 3, 6, 12 カ月物ロンドン・インターバンク中間レート（LIMEAN レート：以下，インターバンク・レート）と，イングランド銀行が推計した 5, 10, 15, 20, 25 年物ゼロ・クーポン（ギルト）債金利の月末値データを用いる[1]．データはすべて名目ベースであり，そのサンプル期間は 1982 年 2 月末から 1998 年 2 月末である．なお，以下でインターバンク債券とゼロ・クーポン（ギルト）債を総称する場合にはゼロ・クーポン債と記す．

　多くの先行研究は短期金利として TB レートを用いてきた．しかしながら，70 年代初頭以来，イングランド銀行およびイギリス短期金融市場にとって TB はその残高の点から重要性が低下し，代わって LIBOR が短期金融市場における重要な指標となっている（Mills [1991], Gowland [1991]）．また，Rossi [1996] は短期ゼロ・クーポン（ギルト）債金利に比べてインターバンク・レートのほうが将来の短期金利の変化を予測するための有意な情報を含んでいることを示した．以上の点から，インターバンク・レートの方

---

[1]　ゼロ・クーポン（ギルト）債金利の推計方法については Deacon and Derry [1994a, b, c], Breedon [1995] を参照されたい．なお，本書を通じて利用した金利データはすべてイングランド銀行より入手した．

がTBレートや短期ゼロ・クーポン（ギルト）債金利より期間構造分析に用いる短期金利として適切と判断した．

一方，長期債として利付債（パー・ボンド）ではなくゼロ・クーポン債を選んだのは金利の期間構造分析の本来的な意義（イールド・カーブに対するクーポン効果の影響を排除した上で，残存期間の異なる債券の割引率の関係を分析すること）に従ったこともあるが，主な理由は前章第3節で説明した線形近似の問題を回避するためである．後に見るように金利は1980年代末期から90年代前半にかけて大きく変動していることから，利付債を用いて分析するとShea[1992]が指摘したように線形近似の精度が大きく低下し期待理論の検証結果も妥当性を欠くものとなろう．したがって，本研究ではゼロ・クーポン債金利を用いるため，必然的にモデルIIおよびIIIに基づいて金利の期待理論を検証することとなる．

1-2　グラフによる検証
1-2-1　金　　利

各金利の原系列の推移は本章末の付図3-1に示した．図において'ir$j$m'はjカ月物インターバンク・レートを，'nzc$k$y'はk年物ゼロ・クーポン（ギルト）債金利を表す．図から次の特徴を指摘することができる．

①インターバンク・レートは88年半ばから90年半ばまで急上昇した後，93年にかけては一転して急激に低下した．その後は緩やかながら上昇基調にある．

②ゼロ・クーポン（ギルト）債金利は94年前半まである程度インターバンク・レートと同様な動きをしているが，94年後半以降はインターバンク・レートとは逆に緩やかな下降基調を示している．ただし，インターバンク・レートと違い下方にドリフトする傾向が見られる．

上記の特徴はいずれの金利も定常系列ではないことを示しているが，88年から93年にかけての金利の大きな変動にはイギリスにおける金融政策のターゲット変更が影響したことは注意する必要があろう．88年頃，イギリ

ス経済はバブル景気の様相を呈していたこともあるが,通貨当局(イングランド銀行)は主要な政策ターゲットをマネーサプライ・コントロールから為替レートの安定に変更し,金融の引締政策に転じた.イギリスは90年10月にECの為替相場機構(ERM)に加入したが,国内経済は89年からすでに成長率が鈍化していた.この景気後退を止めるために通貨当局は金融緩和を進めざるを得ず,ついに92年9月ERMからの離脱を余儀なくされたのである[2].為替レート維持の制約がはずされた結果,金利は93年にかけて一段の低下を示したが,特に90年から93年にかけての短・中期債金利の急激な低下はそれらの債券価格に合理的バブルが生じていた可能性も考えられる.

次に,付図3-2で金利の階差系列を検証してみよう.階差系列は原系列よりはるかに定常系列のように見える.さらに付図3-3のスペクトル密度関数のグラフは,原系列が非定常系列である反面,階差系列が定常系列であることを明確に示している.

1-2-2 イールド・スプレッド

本研究では1,3,6カ月物インターバンク・レートを短期金利とみなし,それらの各短期金利に対して考え得るあらゆる組み合わせのイールド・スプレッドを計算した[3].付図3-4に各イールド・スプレッドの推移を示しているが,この図において'sjkm'はjカ月物とkカ月物(k<j)のインターバンク・レート間のスプレッドを,'sjkym'はj年物ゼロ・クーポン(ギルト)債金利とkカ月物インターバンク・レートのスプレッドを表す.

付図3-4を見ると{sjkm}は定常系列のように見えるが,{sjkym}は定常か否か明確にはわからない.一方,付図3-5におけるスペクトル密度関数の

---

2) この間の状況については第9章に詳述した.
3) 具体的には,1カ月物インターバンク・レートを短期金利としたときは,3カ月物から25年物までの金利をすべて長期金利とみなしてイールド・スプレッドを計算した.また,3カ月物レート,6カ月物レートを短期金利としたときは,各々6カ月物から25年物金利,12カ月物から25年物金利を長期金利としてイールド・スプレッドを計算した.

グラフは{sjkym}のみならず{sjkm}も非定常系列であること示している.

1-3 単位根検定
1-3-1 検定上の問題

前項のグラフによる検討から,イールド・スプレッドが非定常系列であること,90年から93年までの一定期間にせよ債券価格に合理的バブルが発生していた可能性があることが示唆された.特に後者の問題は,現象的には前述した金融政策の変更により発生した可能性があるが,一方で合理的バブルの存在はデータ系列が2つの単位根を有することになるという大変重要なインプリケーションを含んでいる (Campbell and Shiller [1987]).以下,その点について詳述しよう.

合理的バブルの系列を$\{b_t\}$とおくと,その過程は次のように定義される[4].
$$b_{t+1} = g^{-1}b_t + u_t \tag{3.1}$$
ここでgは$0<g\leq1$を満たす割引ファクター,$\{u_t\}$はIID$(0, \sigma_u^2)$に従うホワイト・ノイズ過程である.(3.1)式において$g^{-1}\geq1$だから,$\{b_t\}$はI(1)系列である.この$\{b_t\}$の特性から,債券価格が合理的バブルを含んでいるとき,たとえ金利系列自体がI(1)であってもイールド・スプレッドはI(1)過程に従うことが次のように示される.

まず,短期ゼロ・クーポン債の価格に合理的バブルが含まれている場合,短期金利の系列$\{R_t^{(m)}\}$が従う過程は次のように表すことができる.
$$R_t^{(m)} = aR_{t-1}^{(m)} + b_t + \varepsilon_t \tag{3.2}$$
ここで$\{\varepsilon_t\}$はCov$[u_t, \varepsilon_t]=0$を満たすIID$(0, \sigma_\varepsilon^2)$過程である.(3.1),(3.2)式より
$$b_t = g^{-1}b_{t-1} + u_{t-1}$$
および
$$R_{t-1}^{(m)} = aR_{t-2}^{(m)} + b_{t+1} + \varepsilon_{t-1}$$

---
4) Blanchard and Fischer [1989]は資産バブルに関する理論的分析を提示し,さらにその実証研究について論じている.

だから，両式から b_{t-1} を消去すると
$$b_t = g^{-1}R_{t-1}^{(m)} - ag^{-1}R_{t-2}^{(m)} - g^{-1}\varepsilon_{t-1} + u_t \tag{3.3}$$
(3.3)式を(3.2)式に代入すると，
$$R_t^{(m)} = (a+g^{-1})R_{t-1}^{(m)} - ag^{-1}R_{t-2}^{(m)} + \varepsilon_t - g^{-1}\varepsilon_{t-1} + u_t$$
上式の自己相関(AR)部分は a と g^{-1} の2つの特性解を持つ．定義より $g^{-1} \geq 1$ だから，$a \geq 1$（これは短期金利の系列自体が I(1)であることを意味する）であれば，(3.2)式で表される $\{R_t^{(m)}\}$ は I(2)系列となる．この結果，前章の(2.33)式よりイールド・スプレッドは I(1)系列となるのである．

一方，長期ゼロ・クーポン債の価格に合理的バブルが含まれている場合，期待理論の下で長期金利の系列 $\{R_t^{(n)}\}$ は前章の(2.32)式より
$$R_t^{(n)} = \frac{1}{k}\sum_{i=0}^{k-1} E_t[R_{t+im}^{(m)}] + b_t + \overline{\omega}$$
と表され，したがってイールド・スプレッド $S_t^{(n,m)}$ は次のようになる．
$$S_t^{(n,m)} = E_t\Big[\sum_{i=1}^{k-1}\Big(1-\frac{i}{k}\Big)\varDelta^m R_{t+im}^{(m)}\Big] + b_t + \overline{\omega} \tag{3.4}$$
ここで $\varDelta^m X_t \equiv X_t - X_{t-m}$ である．$\{b_t\}$ は I(1)系列だから，(3.4)式はたとえ $\{\varDelta^m R_t^{(m)}\}$ が I(0)過程に従っても $\{S_t^{(n,m)}\}$ は I(1)系列となることを示している．

さらに，合理的バブルが存在することによって金利系列が2つの単位根を持つ場合，単位根検定に通常用いられる augmented Dickey-Fuller（ADF）検定の検定力が低くなるという問題も生じる．Dickey and Pantula [1987] はモンテカルロ実験を行い，AR過程に従うあるデータ系列が実際に2つまたは3つの単位根を持つ場合，当該系列が定常系列である（H_0）という対立仮説に対して，1つの単位根を持つ（H_1）という帰無仮説が Dickey-Fuller（DF）検定の5％水準でどの程度棄却されるかを調べた．その結果，真の単位根の数が3または2であるとき，帰無仮説 H_1 は各々9％，5.5-7.7％の確率で棄却されたのである．さらに，真の単位根の数が3であるとき，対立仮説 H_1 に対して当該系列が2つの単位根を持つ（H_2）という帰無仮説を置い

て同様のシミュレーションを行った結果，帰無仮説 H_2 は 9.2% の確率で棄却された．このモンテカルロ実験から，Dickey and Pantula はあるデータ系列が複数の単位根を持つ場合には DF 検定の検定力は低いと結論し，複数の単位根を持つ疑いのあるデータの定常性を検定する方法として後述の連続 t^* 検定法を提示した[5]．

ここで，合理的バブルの問題とは別に，イールド・スプレッドに関して単位根検定を行う際の問題点も考察しておこう．それは，イールド・スプレッドの単位根を検定する際に 2 つの方法が考えられることである．1 つは，方程式

$$R_t^{(n)} = \alpha + \beta R_t^{(m)} + \varepsilon_t$$

を推定して，ベクトル確率過程 $(R_t^{(n)}, R_t^{(m)})$ が共和分ベクトル $(1, -1)'$ で共和分しているか否かを調べる方法である．2 番目は $\{S_t^{(n,m)}\}$ の定常性を直接検定する方法である．多くの先行研究では後者の方法が採られているが，MacDonald and Speight [1988] と Cuthbertson [1996] は前者の方法を採用して $(R_t^{(n)}, R_t^{(m)})$ が共和分ベクトル $(1, -1)'$ で共和分していることを示すことができなかった．この原因として MacDonald and Speight は，共和分ベクトルが制約条件として課されている場合に比べて，それを推定する場合の方が定常性を検定する力が相対的に劣ることを指摘している．したがって，ここでは多くの先行研究に従い，イールド・スプレッドの定常性検定では後者の方法を採用する．

---

5) Dickey and Pantula [1987] は複数の単位根を持つ可能性のあるデータを検定する方法として連続 F 検定法も提示した．しかしながら，モンテカルロ実験の結果，総じて連続 t^* 検定法の方が検定力が高かったなどの理由から，連続 t^* 検定法を薦めている．両テストの統計的性質については Pantula [1989] を参照されたい．一方，Sen and Dickey [1987] は 2 つの単位根を検定する場合に，修正された Hasza の F 検定に基づいた検定法を提示した．しかし，それはデータ系列が 2 つの単位根を持つか 1 つの単位根を持つかを検定する方法であるため，本稿では Dickey and Pantula の連続 t^* 検定法を用いる．なお，連続 t^* 検定法は階差データに基づいて検定を行うため，構造変化の影響を捉えにくいという欠点を持つことに注意が必要である．

1-3-2 Dickey and Pantula [1987] の連続 t^* 検定法

以下では，Dickey and Pantula [1987] の連続 t^* 検定法を略して DPT 検定と呼ぶこととする．DPT 検定は，あるデータ系列 $\{X_t\}$ が 2 つの単位根を持つ可能性がある場合，以下に説明する 2 つのステップに基づいて当該系列の単位根数を検定する．

［ステップ 1］

最小二乗 (OLS) 法により次式を推定する．

$$\nabla^2 X_t = \theta_2 \nabla X_{t-1} + \varepsilon_t \tag{3.5}$$

ここで $\nabla X_t \equiv X_t - X_{t-1}$, $\nabla^2 X_t \equiv \nabla(X_t - X_{t-1})$ である．次に，Dickey-Fuller の臨界値 $\tilde{\tau}_{n,\alpha}$ (n：サンプル数，α：有意水準) に基づいて

$$\begin{cases} H_2 \text{（帰無仮説）}:\{X_t\} \text{ は 2 つの単位根を持つ } (\theta_2 = 0) \\ H_1 \text{（対立仮説）}:\{X_t\} \text{ は 1 つの単位根を持つ } (\theta_2 < 0) \end{cases}$$

を検定する．検定の結果，$t^*(\theta_2) \leq \tilde{\tau}_{n,\alpha}$ であれば帰無仮説 H_2 を棄却してステップ 2 に進み，逆に $t^*(\theta_2) > \tilde{\tau}_{n,\alpha}$ のときは $\{X_t\}$ が 2 つの単位根を持つと結論する．

［ステップ 2］

OLS により

$$\nabla^2 X_t = (\mu_0) + \theta_1' X_{t-1} + \theta_2' \nabla X_{t-1} + \varepsilon_t \tag{3.6}$$

を推定し，同じ臨界値 $\tilde{\tau}_{n,\alpha}$ により

$$\begin{cases} H_1 \text{（帰無仮説）}:\{X_t\} \text{ は 1 つの単位根を持つ } (\theta_1' = 0 \text{ かつ } \theta_2' < 0) \\ H_0 \text{（対立仮説）}:\{X_t\} \text{ は定常系列である } (\theta_1' < 0 \text{ かつ } \theta_2' < 0) \end{cases}$$

を検定する．検定の結果，$i = 1, 2$ について $t^*(\theta_i') \leq \tilde{\tau}_{n,\alpha}$ であれば帰無仮説 H_1 を棄却し，$\{X_t\}$ が定常系列であると結論する．

DPT 検定の結果は表 3-1 に示している．なお，本章末の付図 3-1 および 3-4 を見ると，金利は下方にドリフトする傾向が見られるのに対し，イールド・スプレッドはゼロを中心として変動している．したがって，イールド・スプレッドを検定する場合には(3.6)式で定数項 μ_0 を含めない．また，有意

表 3-1 DPT 検定の結果

変数	$t^*(\theta_2)$	(3.5)式の誤差項に関する系列相関テスト $\chi^2(12)$	$t^*(\theta_1')$	$t^*(\theta_2')$	(3.6)式の誤差項に関する系列相関テスト $\chi^2(12)$
ir1m	-12.084***	13.670[0.3223]	-1.823	-11.998***	15.796[0.2008]
ir3m	-12.418***	11.248[0.5078]	-1.785	-12.330***	14.065[0.2966]
ir6m	-13.076***	15.267[0.2272]	-1.792	-12.981***	17.615[0.1279]
ir12m	-12.436***	13.258[0.3506]	-1.911	-12.341***	15.287[0.2261]
nzc5y	-12.417***	21.931[0.0383]	-2.691*	-12.501***	18.217[0.1093]
nzc10y	-13.433***	17.294[0.1389]	-2.119	-13.415***	15.314[0.2247]
nzc15y	-13.944***	17.994[0.1159]	-1.803	-13.864***	16.173[0.1835]
nzc20y	-15.939***	10.148[0.6030]	-1.675	-15.637***	9.0044[0.7026]
nzc25y	-19.956***	20.151[0.0643]	-1.969	-18.904***	18.394[0.1043]
s31m	-19.027***	29.127[0.0038]	-5.941***	-15.306***	9.3129[0.6760]
s61m	-16.894***	24.570[0.0170]	-5.280***	-14.419***	10.252[0.5937]
s121m	-14.656***	15.627[0.2089]	-4.351***	-13.280***	7.9144[0.7918]
s51ym	-13.089***	11.637[0.4752]	-2.303*	-12.706***	10.706[0.5543]
s101ym	-12.827***	14.168[0.2901]	-2.070**	-12.505***	13.792[0.3142]
s151ym	-12.436***	18.363[0.1051]	-2.017**	-12.168***	18.419[0.1036]
s201ym	-12.937***	25.020[0.0147]	-1.966**	-12.708***	25.527[0.0125]
s251ym	-14.883***	27.363[0.0068]	-1.930*	-14.655***	28.484[0.0047]
s63m	-17.199***	28.271[0.0050]	-4.912***	-14.911***	17.062[0.1473]
s123m	-13.330***	18.469[0.1022]	-3.810***	-12.411***	14.428[0.2742]
s53ym	-12.255***	15.569[0.2118]	-2.030**	-11.974***	15.685[0.2061]
s103ym	-12.468***	14.539[0.2676]	-1.873*	-12.202***	15.166[0.2325]
s153ym	-12.382***	17.209[0.1419]	-1.877*	-12.144***	18.182[0.1103]
s203ym	-13.151***	19.438[0.0785]	-1.872*	-12.936***	20.723[0.0546]
s253ym	-15.165***	19.574[0.0756]	-1.882*	-14.941***	21.239[0.0470]
s126m	-16.917***	15.698[0.2055]	-3.257***	-15.806***	13.517[0.3326]
s56ym	-13.941***	16.979[0.1504]	-1.720*	-13.669***	18.120[0.1121]
s106ym	-13.268***	8.8955[0.7118]	-1.692*	-13.010***	10.096[0.6075]
s156ym	-12.744***	14.719[0.2572]	-1.793*	-12.512***	15.886[0.1965]
s206ym	-13.348***	17.884[0.1193]	-1.853*	-13.133***	19.173[0.0844]
s256ym	-15.245***	17.219[0.1415]	-1.905*	-15.016***	18.828[0.0928]

注：1) サンプル数は192である．
　　2) 上付き文字*，**，*** は各々10，5，1％水準でI(1)の帰無仮説が棄却されることを示す．なお，有意水準の臨界値はMacKinnon[1991]の $n=1$，$T=192$ の場合に従った．
　　3) 推定式の誤差項に関する系列相関の検定はラグランジェ乗数（LM）テストにより行い，[　]内の数値は系列相関がないという帰無仮説に対する p 値を表す．

水準の臨界値は MacKinnon [1991] の $n=1$, $T=192$ の場合に従った.
　表3-1から次の特徴が見てとれる.
① インターバンク・レート, ゼロ・クーポン (ギルト) 債金利ともに2つの単位根の存在は強く棄却された. このことは, いずれの債券価格も合理的バブルを含んでいないことを示している.
② すべての金利に関して, 系列は $I(1)$ であるという仮説に対して, それが $I(0)$ であるという仮説が 5% 水準で棄却された. ただし, 5年物ゼロ・クーポン (ギルト) 債金利については, $I(0)$ の仮説は 10% 水準で棄却されなかった.
③ イールド・スプレッドの検定において, 残存期間が相対的に短い長短金利の組み合わせでは 1% ないし 5% 水準で $I(0)$ の仮説は棄却されなかった. しかし, 短期債と長期債いずれかの残存期間が長い長短金利の組み合わせ (s251ym, s103ym−s253ym, s56ym−s256ym) になると, かろうじて 10% 水準で $I(0)$ の仮説は棄却されなかった.
④ 総じて, LMテストによる誤差項の系列相関は棄却された.
　以上の結果より, すべての金利は $I(1)$ 系列, イールド・スプレッドのは $I(0)$ 系列と判断して分析を進めていく[6].

---

6) Fama and Bliss [1987] および Evans et al. [1994] は金利データが非定常系列であることを実証したが, Shea [1992] は Fama and Bliss と同様の分析手法を彼らと異なる金利データに適用して反対の実証結果を示した. さらに, Anderson et al. [1996, p. 206] は, 「ほとんどの検定は, 金利データが定常と非定常の境にあることを示している. …(訳者注:にもかかわらず) 実際には, ほとんどの研究は金利データが非定常系列であると仮定して, 金利の変化に (訳者注:分析を) 集中してきた」と主張している. 本研究ではこの主張に従い, 5年物金利と一部のイールド・スプレッドに疑いはあるものの, すべての金利とイールド・スプレッドのデータは各々 $I(1)$ 過程と $I(0)$ 過程に従うと判断した.

2. 期待理論の検証1

本節および次節では金利の期待理論の検証を行う．本節では，前章で説明したモデルIIに基づいて，まず(2.31)′式と(2.33)′式による回帰テスト1，2を行い，次いでBVARシステムを推定して方程式間制約をテストする．

2-1 回帰テスト
2-1-1 推定上の問題
Anderdon et al. [1996] は，金利の期待理論の検証において考慮すべき5つの推定上の問題を挙げた．

①ゼロ・クーポン債金利で定義されている期待理論に対して，（利付債のデータしか利用できない場合）利付債の金利を用いてどのように期待理論を検証するか．

②非定常な金利データをどのように取り扱うか．

③長期にわたる予想において生じるデータのオーバーラッピング・エラーをどのように処理するか．

④データに測定誤差の可能性がある場合，それをどのように処理するか．

⑤ターム・プレミアムの時間可変性をどのように取り扱うか．

これらの問題点のうち最初の2つについては，利用するモデルIIおよびモデルIIIは非定常なゼロ・クーポン債金利の系列を前提としたモデルであり，しかも用いる金利データの非定常性は前節で検証した．また，本研究は時間に対して一定なプレミアムを有する期待理論がイールド・カーブ全体で成立するか否かを検証することが目的であるため，最後の問題は考えない．したがって，ここでは第3，第4の問題，すなわちオーバーラッピング・エラーとデータの測定誤差の可能性をどう処理するか検討する．

第3章 名目イールド・カーブの共和分分析 II

(1) オーバーラッピング・エラー

前章の(2.31), (2.33)式で示したように, 長期債の残存期間 n と短期債の残存期間 m との差がデータの単位期間（ここでは1ヵ月）より大きい場合, 推定した(2.31)′式と(2.33)′式の誤差項は移動平均過程に従うため, オーバーラッピング・エラーが生じる. このことは, 長期金利の各観測値が相関した短期金利の予測誤差のために独立ではなく, そのため各観測値に含まれる情報量が相対的に少なくなることを含意している.

この問題に対する解決法としては, 一般化積率法（GMM）による頑健推定量を適用することが考えられる. これは, 大標本において, オーバーラッピング・エラーを修正した標準誤差を与える. したがって, 本研究では Newey-West [1987] の頑健推定法を用いるが, この方法は誤差項に系列相関および分散不均一性がある場合でも頑健推定が得られるという利点がある.

(2) 測定誤差

Mankiw [1986] は, 長期金利のデータに測定誤差がある場合, (2.31)′, (2.33)′式で推定されたイールド・スプレッドに係る係数（以下, 傾き係数と記す）に下方バイアスが生じることを示した. 一方, Hardouvelis [1994] は測定誤差が市場の誤りによるかまたは単純に推計上の測定誤差によって生じうることを指摘した. 本研究の場合, 後者の原因による測定誤差が生じている可能性が高い. というのも, ゼロ・クーポン（ギルト）債金利の系列は実際に観測されたものではなく, イングランド銀行が推計した系列のためである.

計測された長期金利にホワイト・ノイズ過程に従う誤差項 ξ_t がある場合,

$$R_t^{(n)} = R_t^{(n)*} + \xi_t$$

と表せる. ここで $R^{(n)*}$ は観測されない長期金利の理論値である. この場合, (2.31)′式, (2.33)′式で推定された傾き係数 $\hat{a}_1$ と $\hat{a}_2$ に含まれるバイアスは次のように表せる.

$$\tilde{a}_1 : -\left(\frac{n-m}{m} + \tilde{a}_1^*\right)\frac{\sigma_\xi^2}{\sigma_S^2}$$

$$\tilde{a}_2 : -\tilde{a}_2^* \frac{\sigma_\xi^2}{\sigma_S^2}$$

ここで，σ_ξ^2 と σ_S^2 は各々誤差項 ξ_t とイールド・スプレッド S の分散，$\tilde{a}_i^*$ ($i=1$, 2) は長期金利に測定誤差がなかった場合に得られる真の傾き係数の推定値である．

この問題は操作変数（IV）法によって容易に解決することができる．以下では，上述した Newey-West の手法により推定値の標準誤差に修正を施した OLS および IV 法によって (2.31)′ 式と (2.33)′ 式を推定し，それらの結果を比較する．なお，IV 法において，イールド・スプレッドにゼロ・クーポン（ギルト）債利回りが含まれる場合の操作変数には，$S_t^{(n,m)}$ の 1 期ラグおよび $\mathit{\Delta} R_t^{(m)}$ の 1 期ラグを用いる．一方，インターバンク・レートは実際に観測される系列のため測定誤差を含む可能性は少ないが，イールド・スプレッドの長期金利としてインターバンク・レートを用いる場合にも，定数項および $S_t^{(n,m)}$ の 1, 2, 3 期ラグを操作変数とする IV 法により方程式を推計し，OLS の結果と比較する．

2-1-2 (2.31)′式に基づく回帰テスト1の結果

(2.31)′ 式を推定するためには $\{R_t^{(n-m)}\}$ のデータが必要だが，入手できたデータの制約から，他の先行研究に従いここでは $R_t^{(n-m)} = R_t^{(n)}$ と仮定する[7]．

表 3-2 は OLS および IV 法による (2.31)′ 式の推定結果を示している．OLS 推定において，インターバンク・レートを長期金利として扱っている

---

7) 年と月の混乱を避けるため，短期債と長期債の残存期間を表す m, n の数値はすべて月ベースに換算して表記する．なお，1-2-2 節で述べたように，本研究では 1, 3, 6 カ月物インターバンク・レートを短期金利とみなし，それらの各短期金利に対して考え得るあらゆる組み合わせのイールド・スプレッドを計算するため，m と n の取り得る数値は，$m=1$, 3, 6, $n=3$, 6, 12, 60, 120, 180, 240, 300 となる．

表 3-2 (2.31)′ 式に基づく傾き係数 a_1 の推定結果

	OLS 推定			IV 法推定		
		m			m	
n	1	3	6	1	3	6
3	1.021**	—	—	1.364*	—	—
	(0.401)			(0.712)		
	[0.958]			[0.609]		
6	0.924**	0.520	—	1.234**	0.538	—
	(0.397)	(0.329)		(0.607)	(0.398)	
	[0.849]	[0.144]		[0.700]	[0.245]	
12	1.371***	1.227**	0.768*	0.976*	1.128**	0.724
	(0.465)	(0.488)	(0.401)	(0.572)	(0.523)	(0.457)
	[0.424]	[0.641]	[0.562]	[0.967]	[0.806]	[0.546]
60	0.607	0.108	−0.062	5.393	3.658	2.851
	(1.008)	(0.999)	(0.954)	(11.409)	(5.438)	(3.524)
	[0.697]	[0.372]	[0.265]	[0.700]	[0.625]	[0.599]
120	−0.309	−1.002	−0.910	3.627	1.484	0.873
	(0.756)	(1.275)	(1.270)	(10.266)	(6.230)	(3.733)
	[0.083]	[0.116]	[0.133]	[0.798]	[0.938]	[0.973]
180	−1.368*	−2.209*	−2.105	3.958	0.883	−0.424
	(0.741)	(1.319)	(1.386)	(6.577)	(5.122)	(3.501)
	[0.001]	[0.015]	[0.025]	[0.653]	[0.982]	[0.684]
240	−3.225***	−3.537***	−3.513***	3.307	1.243	−2.033
	(0.770)	(1.093)	(1.321)	(4.781)	(5.482)	(3.319)
	[0.000]	[0.000]	[0.001]	[0.629]	[0.965]	[0.361]
300	−7.402***	−5.717***	−5.340***	1.628	3.172	−3.613
	(2.191)	(1.312)	(1.447)	(4.368)	(8.850)	(3.272)
	[0.000]	[0.000]	[0.000]	[0.886]	[0.806]	[0.159]

注：1) 表には示していないが，式の推定において定数項を含んでいる．
2) 各推定期間は，1982年2月～1998年2月の間で推定可能な最長期間をとった．
3) ( )内の数値は Newey-West [1987] の手法により修正を施した推定値の標準誤差を表す．
4) 上付き文字*，**，*** は各々 10，5，1% 水準で $a_1=0$ の帰無仮説が棄却されることを示す．
5) [ ]内の数値は $a_1=1$ の帰無仮説に対する p 値を表す．

場合 $(n=3, 6, 12)$ には，いずれの組み合わせも推定された傾き係数は正であり，期待理論によって課される $a_1=1$ の制約も 5% の有意水準で棄却されない．一方，ゼロ・クーポン（ギルト）債金利を含む組み合わせでは，$(n, m)=(60, 1), (60, 3)$ の組み合わせを除いて傾き係数は負と推定され，

さらに $n \geq 180$ の場合には $a_1 = 1$ の制約が強く棄却された．

一方，IV 法による推定結果を見ると，インターバンク・レートのみの組み合わせに関する結果は OLS による結果と同様である．一方，ゼロ・クーポン（ギルト）債金利を長期金利とした場合の結果は大きく変化した．まず，$(n, m) = (180, 6)$，$(240, 6)$，$(300, 6)$ の組み合わせを除いて，傾き係数はすべて正で推定された．このことは，ゼロ・クーポン（ギルト）債金利に測定誤差が含まれていることを示唆していよう．第 2 に，期待理論によって課される $a_1 = 1$ の制約はいずれの組み合わせでも 5% 水準で棄却されなかった．ただし，この制約が棄却されなかった要因は，推定値の標準誤差が大きいためと考えられ，したがってこのテスト結果は信頼性に欠ける．標準誤差が大きく現れた原因としては，ゼロ・クーポン（ギルト）債金利を長期金利とした場合に OLS と IV 法とで標準誤差の差が急に大きくなったことから次の3つが考えられる．

①ゼロ・クーポン（ギルト）債金利を長期金利に用いたとき，推計式(2.31)′式の独立変数と従属変数の両方に測定誤差が入り込んでしまい，IV 法でも測定誤差の影響を除去できなかった．

②インターバンク・レートの場合に比べて，ゼロ・クーポン（ギルト）債金利に関して $R_t^{(n-m)} = R_t^{(n)}$ の仮定が不適切あった．

③ゼロ・クーポン（ギルト）債金利を含む場合のイールド・スプレッドの操作変数が不適切であった．

2-1-3 (2.33)′式に基づく回帰テスト 2 の結果

(2.33)′式を推定するためには，次の式で定義される完全予見スプレッド $S_t^{(n,m)*}$ を計算しなければならない．

$$S_t^{(n,m)*} \equiv \sum_{i=1}^{k-1}\left(1-\frac{i}{k}\right) \Delta^m R_{t+im}^{(m)}$$

ここで，$k \equiv n/m$，$\Delta^m R_{t+im}^{(m)} \equiv R_{t+im}^{(m)} - R_{t+(i-1)m}^{(m)}$ である．k の定義より，n が大きくなれば k も大きくなるため，得られたデータ期間の制約から $n = 240$,

第3章 名目イールド・カーブの共和分分析 II

表 3-3 (2.33)′式に基づく傾き係数 α_2 の推定結果

	OLS 推定			IV 法推定		
		m			m	
n	1	3	6	1	3	6
3	0.899***	—	—	0.731***	—	—
	(0.158)			(0.280)		
	[0.526]			[0.336]		
6	0.813***	0.760***	—	0.798***	0.769***	—
	(0.133)	(0.164)		(0.189)	(0.199)	
	[0.158]	[0.144]		[0.285]	[0.245]	
12	0.916***	0.899***	0.884***	0.768***	0.834***	0.862***
	(0.173)	(0.184)	(0.200)	(0.157)	(0.198)	(0.229)
	[0.628]	[0.582]	[0.562]	[0.140]	[0.403]	[0.546]
60	1.214***	1.182***	1.145***	1.070***	1.071***	1.020**
	(0.256)	(0.224)	(0.208)	(0.268)	(0.386)	(0.400)
	[0.404]	[0.416]	[0.485]	[0.794]	[0.854]	[0.960]
120	0.937***	0.953***	0.945***	0.936***	0.950**	0.929
	(0.036)	(0.069)	(0.097)	(0.225)	(0.429)	(0.869)
	[0.084]	[0.499]	[0.570]	[0.774]	[0.907]	[0.935]

注:1) 表には示していないが,式の推定において定数項を含んでいる.
2) 各推定期間は,1982年2月〜1998年2月の間で推定可能な最長期間をとった.
3) ( )内の数値は Newey-West [1987] の手法により修正を施した推定値の標準誤差を表す.
4) 上付き文字*, **, *** は各々10, 5, 1% 水準で $\alpha_2=0$ の帰無仮説が棄却されることを示す.
5) [ ]内の数値は $\alpha_2=1$ の帰無仮説に対する p 値を表す.

300 の場合には $S_t^{(n,m)*}$ を計算することができなかった.また,$n=180$ の場合にも $S_t^{(n,m)*}$ のサンプル数が非常に少なくなり (2.33)′式の推定結果に信頼がおけなくなるため除外した[8].したがって,以下では $n=3, 6, 12, 60, 120$ の場合のみ (2.33)′式を推定する.

表 3-3 は OLS および IV 法による推定結果を示している.両推定法による結果は非常に類似している.すなわち,すべての組み合わせにおいて傾き係数の推定値は正であり,しかも IV 法による $(n, m)=(120, 6)$ の組み合わせを除いて 5% 水準でゼロと異なっている.さらに,いずれの組み合わせで

---

8) Sola and Driffill [1994] と Driffill et al. [1997] は,小標本では IV 法による推定値にバイアスがかかることを指摘している.

も $\alpha_2=1$ の制約は棄却されず，期待理論は回帰テスト2によって強く支持される．OLSとIV法による回帰結果の唯一の相違は，10年物ゼロ・クーポン（ギルト）債金利（$n=120$）を含んだ組み合わせにおいて，傾き係数の推定値は同じような値を示しているものの，その標準誤差がOLSで推定した場合よりもIV法による場合のほうがかなり大きくなるということである．しかしながら，IV法による推定結果だけを見ると10年物金利を含んだ組み合わせの標準誤差が他の長短金利の組み合わせにおける標準誤差と大きく乖離しているわけではないことから，IV法に基づく回帰テスト2の結果は信頼できよう．なお，この表3-3の結果から，表3-2のIV法推定においてゼロ・クーポン（ギルト）債金利を組み合せた場合に推定値の標準誤差が急に大きくなったのは，操作変数の選択が不適切だったことよりむしろ前述した第1番目または第2番目の原因によるものであろう．

2-2 BVARモデルに基づくテスト
2-2-1 テストに伴う問題

ここでは，前章の3-2-1節で説明した制約のないBVARモデルを推定する．このシステムにおいて，すべての変数はサンプル平均からの乖離で定義する．これは，方程式間制約が定数項を含まないVAR（コンパニオン・フォーム）から導出されているためである．さらに，すべての組み合わせにおいて，システムのラグの長さは赤池の情報量基準（AIC）に基づき4に設定した[9]．

上記の設定によりBVARモデルを推定する前に，このモデルに基づくテストに関する問題点を考察しておこう．1つは方程式間制約に関連した問題である．前章の(2.34)，(2.35)式が示すように，パラメータに関する制約は非線形で非常に複雑である．そのため，nおよびmが大きな値のときはそ

---

9) $AIC = T \times \ln(rss) + 2n/T$ で計算される．ここで T はサンプル数，rssは残差平方和，n はパラメータ数である．

の制約をパラメータ行列の要素で明示的に表わすことができない[10]．したがって，ここでは有限の m に対して $n=\infty$ と仮定することによって方程式間制約を以下のようにパラメータ行列の要素で表したものをテストする．

$$\begin{cases} a_i + c_i = 0 & (i=1, \cdots, 4) \\ b_1 + d_1 = 1 \\ b_i + d_i = 0 & (i=2, \cdots, 4) \end{cases} \tag{3.8}$$

なお，制約式(3.8)に関するワルド検定は n/m の値が非常に大きいときに有効であることに注意する必要がある．

　第2の問題点は，ゼロ・クーポン（ギルト）債金利における測定誤差である．Sola and Driffill [1994] は，長期金利に測定誤差があるか否かにかかわらず方程式間制約は有効であることを示したが，相関テストおよびレベル分散比テストの結果はその影響を受けるであろう．しかしながら，前章の3-2-2節で示したように，これらのテストは期待理論が成立するならば $S^{(n,m)} = S^{(n,m)}$ となるはずであるという前提から導かれたものである[11]．したがって，この問題点の解決法として，ゼロ・クーポン（ギルト）債金利を含む組み合わせに対してIV法を用いて

$$S_t^{(n,m)\prime} = \alpha_3 S_t^{(n,m)} + \beta_3 + \varepsilon_{3,t} \tag{3.9}$$

を推計し，複合仮説

$$H_0 : \begin{cases} \alpha_3 = 1 \\ \beta_3 = 0 \end{cases} \quad [回帰テスト3]$$

をテストすることとする．

2-2-2　テスト結果

表3-4は期待理論によって課せられる単純化された修正方程式間制約

---

10)　Sola and Driffill [1994] は $n=6$ カ月，$m=3$ カ月の場合について，方程式間制約をパラメータ行列の要素で明示的に表している．
11)　イールド・スプレッド $S_t^{(n,m)}$ とその理論値はともにサンプル平均からの乖離で計っている．

表 3-4　修正方程式間制約に関するワルド検定の結果

n	m		
	1	3	6
3	24.889[0.002]	—	—
6	11.780[0.161]	9.2700[0.320]	—
12	10.551[0.229]	11.576[0.171]	14.727[0.065]
60	10.912[0.207]	11.862[0.158]	8.4056[0.395]
120	17.674[0.024]	16.328[0.038]	13.025[0.111]
180	23.090[0.003]	19.735[0.011]	16.953[0.031]
240	10.491[0.232]	8.1941[0.415]	7.3144[0.503]
300	32.202[0.000]	31.947[0.000]	31.690[0.000]

注：1) BVAR モデルの推定において，ラグの長さは赤池の情報量基準（AIC）に基づき4に設定した．また，推定期間は 1982 年 6 月～1998 年 2 月である．
　　2) 検定統計量は自由度 8 の χ^2 分布に従う．なお，検定において White [1980] の手法により分散不均一を修正した統計量を用いている．
　　3) [　]内の数値は，修正方程式間制約が成立する，すなわち期待理論が成立するという帰無仮説に対する p 値を表す．

(3.8)に関するワルド検定の結果を示している．この制約の下では，検定統計量は自由度 8 の χ^2 分布に従う．

インターバンク・レートのみの組み合わせでは，$m=1$ と $n=3$ の組み合わせだけが 5% 水準で制約が棄却される．しかしながら，この組み合わせは n/m の値が 3 と小さいため結果の信頼性が低い．一方，ゼロ・クーポン（ギルト）債金利を組み合わせに含む場合には結果の信頼性が高いが，その結果は複雑である．すなわち，25 年物ゼロ・クーポン（ギルト）債金利（$n=300$）を含む組み合わせでは期待理論は強く棄却されるが，5 年物（$n=60$）または 20 年物（$n=240$）金利を含む場合にはそれが強く支持される．一方，10 年物（$n=120$）または 15 年物（$n=180$）金利を含む組み合わせでは結果は分かれるが，総じて言えば期待理論はかろうじて 1% 水準で支持されると言えよう．

表 3-5 は回帰テスト 3 の結果を示している．(3.9)式を推定するにあたり，長期金利にインターバンク・レートを用いた場合には OLS で推定したが，ゼロ・クーポン（ギルト）債金利を用いた場合には，前述したように測定誤差の可能性を考慮して IV 法で推定した．ここで操作変数には定数項および

第3章 名目イールド・カーブの共和分分析 II

表 3-5 (3.9)式に基づく傾き係数 α_3 の推定結果

n	m=1		m=3		m=6	
3	1.933***	$R^2=0.3073$	—		—	
	(0.319)	[0.014]				
6	1.656***	$R^2=0.4830$	2.857***	$R^2=0.5151$	—	
	(0.191)	[0.003]	(0.312)	[0.000]		
12	1.440***	$R^2=0.4479$	2.209***	$R^2=0.7785$	3.153***	$R^2=0.7340$
	(0.140)	[0.006]	(0.110)	[0.000]	(0.156)	[0.000]
60	0.922***	$R^2=0.8876$	0.969***	$R^2=0.9050$	0.923***	$R^2=0.9068$
	(0.033)	[0.035]	(0.057)	[0.857]	(0.042)	[0.187]
120	0.771***	$R^2=0.9209$	0.746***	$R^2=0.9376$	0.756***	$R^2=0.9371$
	(0.018)	[0.000]	(0.037)	[0.000]	(0.027)	[0.000]
180	0.648***	$R^2=0.9310$	0.612***	$R^2=0.9406$	0.624***	$R^2=0.9397$
	(0.013)	[0.000]	(0.038)	[0.000]	(0.030)	[0.000]
240	0.499***	$R^2=0.9255$	0.507***	$R^2=0.9279$	0.519***	$R^2=0.9356$
	(0.011)	[0.000]	(0.046)	[0.000]	(0.037)	[0.000]
300	0.429***	$R^2=0.9214$	0.456***	$R^2=0.9086$	0.469***	$R^2=0.9212$
	(0.010)	[0.000]	(0.071)	[0.000]	(0.057)	[0.000]

注：1) インターバンク・レートのみの組み合わせは OLS で(3.9)式を推定し，ゼロ・クーポン（ギルト）債金利を含む組み合わせでは定数項およびサンプル平均からの乖離で計った $S_t^{(n,m)}$ の1期ラグを操作変数とした IV 法により推定した．
2) 表には示していないが，式の推定において定数項を含んでいる．
3) 推計期間は 1982 年 6 月～1998 年 2 月である．
4) （ ）内の数値は Newey-West [1987] の手法により修正を施した推定値の標準誤差を表す．
5) 上付き文字 *, **, *** は各々 10, 5, 1％ 水準で $\alpha_3=0$ の帰無仮説が棄却されることを示す．
6) R^2 は決定係数を表す．
7) [ ] 内の数値は $\alpha_3=1$ および $\beta=0$ の複合帰無仮説に対する p 値を表す．なお，この複合仮説はワルド検定によりテストしており，その際の検定統計量は自由度2の χ^2 分布に従う．

サンプル平均からの乖離で計った $S_t^{(n,m)}$ の1期ラグを用いている．表 3-5 に示した結果は非常に明快である．つまり，推定された傾き係数はすべて正であり，かつ有意にゼロと異なっているが，期待理論によって課せられる制約 $\alpha_3=1$ かつ $\beta_3=0$ はほとんどの組み合わせで強く棄却された．この制約が支持されたのは，5% 水準で $(n, m)=(60, 3)$，$(60, 6)$ の2ケース，1% 水準で $(3, 1)$，$(60, 1)$ の2ケースだけである．

この結果は修正方程式間制約に関するワルド検定の結果と整合しない．表

3-5 を見ると，より残存期間が長いゼロ・クーポン（ギルト）債の金利が含まれる組み合わせでは傾き係数が小さくなる一方，決定係数 R^2 は高くなるという特徴を見出すことができる．このことは分散比 $\mathrm{Var}[S_t^{(n,m)\prime}]/\mathrm{Var}[S_t^{(n,m)}]$ がショート・エンドからロング・エンドに行くほど小さくなることを含意している．この特徴に関して2つの説明が考えられる．第1に，時間可変的なターム・プレミアムがイールド・スプレッドの予測能力を低下させ，この影響がロング・エンドに行くほど強くなるということである．第2に，現時点の短期金利もしくは将来の期待短期金利の変化に対して長期金利が過大または過小に反応するために，このような現象が生じたということである．これら2つの説明のうち，後者のほうがより現実的であろう．推定された傾き係数および決定係数は，組み合わせがインターバンク・レートのみで構成されているときは分散比が1より大きく，組み合わせにゼロ・クーポン（ギルト）債金利が含まれると1より小さくなることを示唆している．Hordouvelis [1994] は，分散比が1より小さいということは将来の期待短期金利の変化に対する長期金利の過小反応を含意し，分散比が1より大きいということは長期金利の過大反応を含意することを示した．一方，期間構造が時間可変的なターム・プレミアムを含んでいるのであれば，長期金利の過大反応がゼロ・クーポン（ギルト）債金利を含む組み合わせにも現れるであろう．

以上，モデル II から導かれたいくつかのテストに基づいて期待理論を検証してきた．総じて言えば，それらのテスト結果は期待理論がショート・エンドでは成立するが，ミドル・エンドからロング・エンドにかけては成立しないことを示している．しかしながら，モデル II に基づく分析からはイギリスにおけるイールド・カーブ全体の構造については明らかになっていない．とりわけ，回帰テスト1と回帰テスト3の結果は，インターバンク・レートのみで構成される部分的な期間構造が，ゼロ・クーポン（ギルト）債金利のみで構成されるそれと異質なのではないかということを示唆している．そこで，次節では，前章の3-2-3節で説明したモデル III (VECM) に基づいて

イールド・カーブ全体を分析し，この推測を精密に検証してみよう．

3. 期待理論の検証 2

本節では，まずすべてのインターバンク・レートおよびゼロ・クーポン（ギルト）債金利を内生変数として含む制約されない VAR モデル（VECM）を推定する．次いで，推定された VECM から前章の 3-2-3 節で説明した手順に従って期待理論がイールド・カーブ全体に成立するか否かを検証する．実際に VAR モデルを推定する前に，モデルの設定について考察しよう．

3-1 モデルの設定

VAR モデルを推定するために，モデルにトレンド項を含めるか否かとモデルのラグ次数を決定しなければならない．最初の点については，付図 3-1 で各金利の原系列の推移を見ると 5, 10, 15 年物ゼロ・クーポン（ギルト）債金利には下降トレンドがあるように見えるが，付図 3-2 でそれらの階差系列を見ると，ゼロを挟んで変動しているため，モデルにトレンド項を含める必要はないと判断した．また，付図 3-2 から，定数項は共和分空間にのみ含み，短期の誤差修正部分には含まないとする．したがって，モデルのラグ次数を p とすると，推定すべき VAR モデルは次のように定式化できる．

$$X_t = \mu + \sum_{i=1}^{p} A_i X_{t-i} + \varepsilon_t, \quad t = 1982:3 \sim 1998:2$$

これを VECM で表すと

$$\Delta X_t = \sum_{i=1}^{p-1} \Gamma_i \Delta X_{t-i} + \Pi X_{t-p}^* + \varepsilon_t$$

となる．なお，上記の 2 式において，$X_t = (\text{ir1m}_t, \text{ir3m}_t, \text{ir6m}_t, \text{ir12m}_t, \text{nzc5y}_t, \text{nzc10y}_t, \text{nzc15y}_t, \text{nzc20y}_t, \text{nzc25y}_t)'$, $X_t^* = (X_t, 1)'$, $\Delta X_t \equiv X_t - X_{t-1}$ であり，ε_t は $\text{NID}(0, \Sigma)$ に従う誤差項である．

一方，ラグ次数の決定は複雑である．Johansen の共和分分析の手法に関して次の問題点が指摘されている．

①小標本の場合，ラグ次数が小さすぎても大きすぎても共和分空間のランクに関する尤度比（LR）テストの検定力が低い．

②ラグ次数が大きくなるほど，パラメータの推定にかかるバイアスが大きくなる．

これらの問題点を解決するために，Ho and Sorensen [1996] は次のことを示唆した．

①モンテカルロ実験の結果，ラグ次数の決定に対しては AIC よりベイズの情報量基準（BIC）の方が検定力がかなり高い[12]．

②高次元システムに関しては，サンプル数が推定すべきパラメータ数の少なくとも5倍以上あるときのみ，推定値に信頼がおけるようである．

Ho and Sorensen の指摘に従い，ラグ次数 $p=1, 2, 3, 4$ の中から BIC に基づいてラグ次数を選択した結果，$p=1$ が選ばれた[13]．次に，$p=1$ として VAR モデルを推定し，個々の方程式の誤差項に対して系列相関，分散不均一，ARCH および正規性に関するテストを行い，さらに1次ラグの変数に係る係数の有意性についてテストした．その結果，すべての方程式で系列相関は強く棄却されたものの，多くの方程式で他の条件に深刻な問題が見られた．そこで，次に，$p=2, 3$ と設定して VAR モデルを推定し同様のテストを繰り返した．$p=2$ の場合，分散不均一および ARCH について改善が見られ，さらに3カ月物インターバンク・レートの方程式を除き，2次のラグ付変数の係数は F テストから5%水準で有意にゼロと異なった．一方，$p=3$ の場合，分散不均一と ARCH はさらに改善したが，1, 3, 6カ月物インターバンク・レートの方程式を除いて，3次のラグ付変数の係数は F テス

---

12) $BIC = T \times \ln(rss) + n \times \ln(T)/T$ で計算される．ここで T はサンプル数，rss は残差平方和，n はパラメータ数である．

13) AIC では $p=4$ が選ばれた．Ho and Sorensen [1996] は AIC のほうが BIC より大きいラグ次数を選択する傾向があると指摘している．

トの結果有意にゼロと異なるという仮説が5%水準で棄却された．以上の考察の結果，VARモデルの推定に当たり，ラグ次数pは2に設定した．

3-2 ランク条件とサブシステム

VARモデルの設定を決めたところで，前章の3-2-3節で説明した手順に従ってイールド・カーブ全体に金利の期待理論が成立するか否かを検証しよう．ここでは，イールド・カーブが1カ月物から25年物までの9つの金利系列で構成されるとしていることから，まず，VECMで共和分空間のランクが8であるか否かを調べる必要がある．前章の(2.40)式に従えば，この仮説は

$$H_0 : \mathrm{Rank}(\boldsymbol{\Pi}) = 8 \quad [ランク条件] \quad (3.10)$$

と表せる．共和分空間のランクを調べるには2つのLRテスト，すなわちλ-maxテストとトレース・テストがある．各テストにおいて，帰無仮説および対立仮説は次のようになる．

① λ-maxテスト　　　　　　② トレース・テスト
$H_0 : \mathrm{Rank}(\boldsymbol{\Pi}) = r$ 　　　　$H_0 : \mathrm{Rank}(\boldsymbol{\Pi}) = r$
$H_1 : \mathrm{Rank}(\boldsymbol{\Pi}) = r+1$ 　　$H_1 : \mathrm{Rank}(\boldsymbol{\Pi}) > r$

ここでは，$r=1, 2, \cdots, 8$である．

テスト結果は表3-6に示した．この表から，λ-maxテストは5%水準で$r=5$を示しているのに対して，トレース・テストは$r=6$を示している．したがって，共和分空間のランクは明らかではないが，少なくともランク条

表3-6 ランク条件のテスト

帰無仮説のランク数	λ-maxテスト統計量	5%臨界値	トレース・テスト統計量	5%臨界値
$r \leq 4$	45.45	34.4	98.57	76.1
$r \leq 5$	23.90	28.1	53.12	53.1
$r \leq 6$	16.59	22.0	29.22	34.9

注：1) VARモデルのラグ次数は2に設定した．
　　2) 推定期間は1982年3月～1998年2月である．
　　3) 臨界値はOsterwald-Lenum [1992] に従った．

件(3.10)が5%水準で棄却されたことは明らかであろう．ランク条件が棄却された理由の1つとして，Shea [1992] は高次元システムに対してLRテストの検定力が低いことを指摘している．しかしながら，Hall et al. [1992] は11のTBレートの月次データを用いてランク条件が満たされることを見出している．SheaとHall et al.の研究を比較すると，前者は残存期間1カ月から25年までのショート・エンドからロング・エンドにわたる金利データを用いて分析しているのに対して，後者はショート・エンドのみ分析の対象としている．したがって，先にランク条件が棄却された原因として，Sheaと同様にイールド・カーブ全体のデータを用いたことが考えられる．そこで，次に，1カ月物インターバンク・レートを起点として順次ロング・エンドに拡張していくサブシステムを考え，それらの各サブシステムでランク条件が満たされるか否かを検証してみよう．なお，サブシステムが n 個の金利から構成されるとき，そのランク条件は

$$H_0 : \text{Rank}(\mathit{\Pi}) = n-1$$

と表せる．また，各サブシステムを推定する場合のラグ次数は，前述と同様の手続きを踏んだ結果，すべて2に設定した．

7つのサブシステム（ir1m, ir3m），（ir1m, ir3m, ir6m），…，（ir1m, ir3m, …, nzc20y）に対して，ランク条件を5%および1%の有意水準でテストした．結果は表3-7に示したとおりである．この表から，明らかにインターバンク・レートのみで構成されるサブシステムはすべて5%水準でランク条件が満たされるのに対して，ゼロ・クーポン（ギルト）債金利がサブシステムに含まれるとそれが満たされなくなることがわかる．この結果に基づき，フルシステムとしてのイールド・カーブ全体を2つのサブシステム，すなわち，インターバンク・レートのみで構成されるサブシステム1とゼロ・クーポン（ギルト）債金利のみで構成されるサブシステム2に分けて，サブシステム2内でランク条件が満たされるか否かを検証してみよう．なお，サブシステム2では5年物金利を短期金利とみなす．

表3-8はサブシステム2内のランク数を示している．この表から，最後の

第3章 名目イールド・カーブの共和分分析 II

表3-7 1カ月物レートを起点とするサブシステムに関するランク数

サブシステム	変数の数	λ-max テスト		トレース・テスト	
		5% 水準	1% 水準	5% 水準	1% 水準
ir1m～ir3m	2	1	1	1	1
ir1m～ir6m	3	2	2	2	2
ir1m～ir12m	4	3	2	3	2
ir1m～nzc5y	5	2	2	2	2
ir1m～nzc10y	6	3	3	3	3
ir1m～nzc15y	7	4	3	4	4
ir1m～nzc20y	8	4	4	5	4
ir1m～nzc25y	9	5	5	6	5

注：1) すべてのサブシステムにおいて VAR モデルのラグ次数は2に設定した．
2) 推定期間は1982年3月～1998年2月である．
3) 臨界値は Osterwald-Lenum [1992] に従った．
4) サブシステム（ir1m～nzc25y）はフルシステム（イールド・カーブ全体）である．

表3-8 サブシステム2におけるランク数

サブシステ2内のサブセット	変数の数	λ-max テスト		トレース・テスト	
		5% 水準	1% 水準	5% 水準	1% 水準
nzc5y～nzc10y	2	1	2	1	1
nzc5y～nzc15y	3	2	1	2	2
nzc5y～nzc20y	4	3	2	3	3
nzc5y～nzc25y	5	2	2	3	2

注：1) すべてのサブセットにおいて VAR モデルのラグ次数は2に設定した．
2) 推計期間は1982年3月～1998年2月である．
3) 臨界値は Osterwald-Lenum [1992] に従った．
4) サブセット（nzc5y～nzc25y）はサブシステム2である．

組み合わせを除き，5%水準でランク条件が満たされていることは明らかであり，したがってサブシステム2はさらに（nzc5y, nzc10y, nzc15y, nzc20y）で構成されるサブシステム2-1と nzc25y のみで構成されるサブシステム2-2に分けることができる．

以上の結果より，イギリスのイールド・カーブがサブシステム1，2-1および2-2の3つのサブシステムから構成されると仮定して，期待理論により共和分空間に課されるスプレッド制約のテストに進もう．

3-3 スプレッド制約のテスト

ここで検証すべき仮説は共和分空間のスプレッド制約，つまりランク条件が満たされることを所与として共和分行列が $n-1$ の線形独立なスプレッド・ベクトルから構成されるか否かである．この仮説を Johansen and Juselius [1990] が提示した LR テストによって検証する．

表3-7 および 3-8 はサブシステム 1 とサブシステム 2-1 の共和分空間のランクがともに3であることを示しており，両サブシステムのランク条件は満たされる．そこで，この条件の下で，各サブシステムにおける考え得るすべての組み合わせに対してスプレッド制約をテストした．その結果は表3-9 のとおりである．サブシステム 1 内においては，明確なパターンが見出された．すなわち，12カ月物インターバンク・レートが組み合わせに含まれる場合はいずれもテストに係る p 値が低くなる．Cuthbertson [1996] も，6カ月物と12カ月物インターバンク・レートが組み合わせに含まれる場合にはいずれもスプレッド制約が強く棄却されるという同様のパターンを見出している．ただし，表3-9 では，サブシステム1全体におけるスプレッド制約のテスト結果は，1% 水準ではあるが，期待理論を支持している．

一方，サブシステム 2-1 およびサブシステム 2 全体については，スプレッド制約は棄却された．サブシステム 2-1 内では，(nzc5y, nzc10y)，(nzc5y, nzc15y)，(nzc5y, nzc20y)，(nzc10y, nzc15y) の4つのサブセットにおいて 1% 水準でその制約が支持されたに過ぎない．しかしながら，この分析では，サブシステム 2（および 2-1）はサブシステム 1 と独立である，すなわちインターバンク・レートの変動はサブシステム 2（および 2-1）に影響を与えないことが暗黙裡に仮定されている．その意味においてサブシステム 2（および 2-1）は不完全なシステムと言えよう．そこで，次に，サブシステム1をサブシステム 2（および 2-1）に組み込んだ形で，サブシステム 2-1 およびサブシステム 2 に対して同様の分析を行ってみよう．

本章末の付図 3-1 から，各金利の変動は同時ではなく，何らかのタイム・ラグがあるように見える．すなわち，より長期の金利は短期金利の変動に対

表 3-9 スプレッド制約のテスト

サブシステム	テスト統計量	DF	p 値
ir(1, 3)m	1.460	1	0.227
ir(1, 6)m	2.279	1	0.131
ir(1, 12)m	3.658	1	0.056
ir(3, 6)m	2.841	1	0.092
ir(3, 12)m	4.290	1	0.038
ir(6, 12)m	5.266	1	0.022
ir(1, 3, 6)m	5.067	2	0.079
ir(1, 3, 12)m	9.326	2	0.009
ir(1, 6, 12)m	10.51	2	0.005
ir(3, 6, 12)m	10.13	2	0.006
ir(1～12)m（サブシステム 1）	10.53	3	0.015
nzc(5, 10)y	0.006	1	0.940
nzc(5, 15)y	1.580	1	0.209
nzc(5, 20)y	3.769	1	0.052
nzc(10, 15)y	5.825	1	0.016
nzc(10, 20)y	7.237	1	0.007
nzc(15, 20)y	8.443	1	0.004
nzc(5, 10, 15)y	14.32	2	0.001
nzc(5, 10, 20)y	14.41	2	0.001
nzc(5, 15, 20)y	14.51	2	0.001
nzc(10, 15, 20)y	14.43	2	0.001
nzc(5～20)y（サブシステム 2-1）	14.53	3	0.002
nzc(5～25)y（サブシステム 2）	19.03	4	0.001

注：1) ir(j, k)m は j カ月物と k カ月物インターバンク・レートの組み合わせを，nzc(j, k)y は j 年物と k 年物ゼロ・クーポン（ギルト）債金利の組み合わせを表す．
2) DF は自由度を表す．
3) すべてのサブセットにおいて VAR モデルのラグ次数を 2 に設定した．
4) 推定期間は 1982 年 3 月～1998 年 2 月である．
5) テストはサブシステム 1 および 2-1 のランク条件（ランク=3），サブシステム 2 のランク条件（ランク=4）が満たされるという前提の下で行った．
6) テスト統計量は自由度 DF の χ^2 分布に従う．

して数カ月の遅れを伴って追随する傾向がある．このことを統計的に確認するために，まずフルシステムにおける個々のインターバンク・レートの弱外生性をテストした．仮に，すべてのインターバンク・レートがフルシステムにおいて弱外生的であることが示されれば，サブシステム 1 がフルシステムの共和分空間の推定に影響しないという意味で，フルシステムはサブシステ

ム2に還元できることを含意する．弱外生性のテストにはJohansen and Juselius [1990] が提示したLRテストを用いた．その結果，フルシステムにおいてランク条件が満たされるという制約の下で，1カ月物と3カ月物インターバンク・レートに関しては弱外生性の仮説が棄却されたものの，6カ月物および12カ月物レートについて弱外生性の帰無仮説が5％水準で支持された（表3-10)[14]．この結果からは，サブシステム1全体で見たときにフルシステムに対して弱外生的であるともないとも判断できない．しかしながら，すべてのインターバンク・レートで弱外生的であるという仮説が棄却されなかったことから，サブシステム1はフルシステムに対して弱外生的であるとみなして分析を進めることとする．

次に，サブシステム1からサブシステム2にどのぐらいのタイム・ラグを伴って情報が伝達されるかを見るために，t時点での各ゼロ・クーポン（ギルト）債金利と，t時点および過去のインターバンク・レートとの相関を調べてみよう．付図3-1から，インターバンク・レートのラグは$t-1$から

表3-10 各金利の弱外生性に対するテスト

金利	テスト統計量	DF	p値
ir1m	39.439	8	0.0000
ir3m	22.863	8	0.0035
ir6m	15.460	8	0.0508
ir12m	13.363	8	0.0900
nzc5y	15.955	8	0.0430
nzc10y	21.057	8	0.0070
nzc15y	23.748	8	0.0025
nzc20y	20.161	8	0.0097
nzc25y	20.559	8	0.0084

注：1) DFは自由度を表す．
2) 推定期間は1982年3月～1998年2月である．
3) テストはフルシステムのランク条件（ランク＝8）が満たされるという前提の下で行った．
4) テスト統計量は自由度DFのχ^2分布に従う．

[14] フルシステムにおけるゼロ・クーポン（ギルト）債金利の弱外生性については，すべての金利に対して5％水準で棄却された．

$t-4$ とした．表 3-11 は金利間の相関係数を示している．この表から，5 年物と 10 年物のゼロ・クーポン（ギルト）債金利はラグのない（t 時点での）インターバンク・レートと最も高い相関関係を示しているものの，他のゼロ・クーポン（ギルト）債金利は 4 カ月のラグを伴ったインターバンク・レートと最も強く相関している．ここで，ラグのない 12 カ月物インターバンク・レートと 5 年物ゼロ・クーポン（ギルト）債金利の相関係数（0.8824）が最も高いことに注意しよう．このことは，サブシステム 1 の状態は，12 カ月物インターバンク・レートから 5 年物ゼロ・クーポン（ギルト）債金利を通じてサブシステム 2 に伝達されるであろうことを示している．

表 3-11 ゼロ・クーポン(ギルト)債金利とインターバンク・レートの相関係数

	$nzc5y_t$	$nzc10y_t$	$nzc15y_t$	$nzc20y_t$	$nzc25y_t$
$ir1m_t$	0.8239	0.7263	0.6795	0.6319	0.5286
$ir1m_{t-1}$	0.7958	0.7144	0.6798	0.6440	0.5530
$ir1m_{t-2}$	0.7720	0.7070	0.6857	0.6621	0.5813
$ir1m_{t-3}$	0.7572	0.7081	0.6993	0.6872	0.6157
$ir1m_{t-4}$	0.7462	0.7116	0.7133	0.7111	0.6487
$ir3m_t$	0.8415	0.7361	0.6812	0.6250	0.5128
$ir3m_{t-1}$	0.8129	0.7251	0.6838	0.6402	0.5408
$ir3m_{t-2}$	0.7876	0.7169	0.6893	0.6580	0.5689
$ir3m_{t-3}$	0.7687	0.7136	0.6989	0.6805	0.6031
$ir3m_{t-4}$	0.7561	0.7161	0.7130	0.7052	0.6371
$ir6m_t$	0.8589	0.7493	0.6878	0.6232	0.5017
$ir6m_{t-1}$	0.8324	0.7402	0.6921	0.6401	0.5312
$ir6m_{t-2}$	0.8061	0.7312	0.6972	0.6579	0.5599
$ir6m_{t-3}$	0.7832	0.7244	0.7042	0.6789	0.5939
$ir6m_{t-4}$	0.7693	0.7264	0.7185	0.7043	0.6287
$ir12m_t$	0.8824	0.7696	0.7014	0.6278	0.4955
$ir12m_{t-1}$	0.8557	0.7606	0.7067	0.6472	0.5286
$ir12m_{t-2}$	0.8266	0.7492	0.7099	0.6634	0.5561
$ir12m_{t-3}$	0.8025	0.7410	0.7155	0.6828	0.5889
$ir12m_{t-4}$	0.7862	0.7414	0.7291	0.7083	0.6244

注：相関係数の計算期間は 1982 年 2 月～1998 年 2 月の範囲内で計算可能な最大期間をとった．

以上の検証により，ラグを伴ったインターバンク・レートはサブシステム2における外生変数とみなしてもよさそうであり，その場合，サブシステム2はVECMで次のように書き換えることができる．

$$\Delta X_{2,t} = \Gamma_2 \Delta X_{2,t-1} + \Pi X^{*}_{2,t-2} + \varepsilon_{2,t}$$

ここで，$X_{2,t} = (\text{nzc5y}_t, \text{nzc10y}_t, \text{nzc15y}_t, \text{nzc20y}_t, \text{nzc25y}_t)'$，$X_{2,t}^{*} = (X_{2,t}, \text{ir1m}_{t-i}, \text{ir3m}_{t-i}, \text{ir6m}_{t-i}, \text{ir12m}_{t-i}, 1)'$（$i$はラグを表す），$\Delta X_{2,t} = X_{2,t} - X_{2,t-1}$であり，$\varepsilon_{2,t}$は$\text{NID}(\mathbf{0}, \Sigma_2)$に従う誤差項である[15]．しかしながら，外生変数としてのインターバンク・レートに適用するラグiは表3-11の結果からははっきりしない．そこで，$i=1, 2, 3, 4$の各ケースについて，サブシステム2におけるランク条件およびスプレッド制約のテストを行った[16]．

分析結果は表3-12のとおりである．λ-maxテストでもトレース・テストでも正確なランク数は明らかではないものの，ラグを伴ったサブシステム1を外生的システムとして組み込んだ場合には，いずれのケースでもそれを組み込まなかった場合（表3-8）よりサブシステム2の共和分空間は高ランクとなることを示している．トレース・テストのほうがλ-maxテストより信頼性が高いというCheung and Lai [1993] の指摘に従えば，ランク数は5%水準でいずれのケースも5，1%水準では5（$i=3$のケース），4（$i=1, 2$のケース），3（$i=4$のケース）となる．しかしながら，ここでの共和分空間は多くの外生変数を含んでいることから，通常の臨界値を用いたλ-maxテストの検定力は低いと考えられる．そこで，いずれのケースでもランク条件が満たされる，すなわちランクの値は4であると仮定して，スプレッド制約をテストしてみた．その結果，$i=1, 2, 4$の場合，その制約は強く棄却されたが，$i=3$の場合はわずか1%水準ながらそれが支持された．

---

[15] 前出のモデルと同様の手続きを適用することによって，VARモデルのラグ次数は2とした．

[16] ここでは，修正されたサブシステム2は外生システムとしてタイム・ラグを伴ったサブシステム1を含むと仮定しているため，$i=0$の場合は考慮しなかった．

表 3-12　修正されたサブシステム 2 の期待理論に関するテスト

[1] $i = 1$　(1982: 3〜98: 2)
（a）ランク条件

λ-max テスト		トレース・テスト	
5% 水準	1% 水準	5% 水準	1% 水準
5	3	5	4

（b）スプレッド制約

テスト統計量	自由度	p 値
23.021	4	0.0001

[2] $i = 2$　(1982: 3〜98: 2)
（a）ランク条件

λ-max テスト		トレース・テスト	
5% 水準	1% 水準	5% 水準	1% 水準
5	4	5	4

（b）スプレッド制約

テスト統計量	自由度	p 値
13.486	4	0.0091

[3] $i = 3$　(1982: 4〜98: 2)
（a）ランク条件

λ-max テスト		トレース・テスト	
5% 水準	1% 水準	5% 水準	1% 水準
5	5	5	5

（b）スプレッド制約

テスト統計量	自由度	p 値
12.043	4	0.0170

[4] $i = 4$　(1982: 5〜98: 2)
（a）ランク条件

λ-max テスト		トレース・テスト	
5% 水準	1% 水準	5% 水準	1% 水準
3	2	5	3

（b）スプレッド制約

テスト統計量	自由度	p 値
14.747	4	0.0051

注：1）　すべてのケースで VAR モデルのラグ次数は 2 に設定した。
　　2）　推定期間は（　）内に示している。
　　3）　ランク条件のテストにおける臨界値は Osterwald-Lenum [1992] に従った。
　　4）　スプレッド制約のテストはランク条件（ランク=4）が満たされているという前提の下に行った。また、テスト統計量は表に示した自由度の χ^2 分布に従う。

以上，VECMに基づく分析から全体的な結論として以下のことが言えよう．

① イギリスの名目イールド・カーブ全体（フルシステム）は概して2つのサブシステムに分けることができる．1つはインターバンク・レートで構成され（サブシステム1），もう1つはゼロ・クーポン（ギルト）債金利（サブシステム2）である．ただし，サブシステム2において，25年物金利は他の5～20年物金利と弱く結びついていると推測される[17]．

② イールド・カーブ全体（フルシステム）において，サブシステム1はサブシステム2に対して弱外生的であると推測される．概して，サブシステム2はサブシステム1に対して数カ月のラグを伴って結びついているが，サブシステム1の状態は12カ月物インターバンク・レートから5年物ゼロ・クーポン（ギルト）債金利の経路を通じてサブシステム2に伝達される．

③ 金利の期待理論はサブシステム1で支持され，サブシステム2でも3カ月前のサブシステム1の状態を所与とした場合にかろうじて支持される．しかしながら，後者の結果は，ロング・エンドの金利形成がショート・エンドの過去の状態に依存していることを含意している．その意味で前章で定義した純粋な意味での期待理論はサブシステム2では支持されず，結果として名目イールド・カーブ全体に対しても支持されない．

4. 結　　　論

第2章と第3章を通じて，Campbell and Shiller [1991] と Hall et al. [1992] が提示したモデルに基づいて金利の期待理論がイギリスの名目イールド・カーブ全体に成立するか否かを検討してきた．

Campbell and Shiller [1991] によれば，期待理論は次の3つを同時に含

---

17) Taylor [1992] もイギリスの国債（ギルト債）市場が分断されているという実証結果を示した．

意している．

①残存期間が n 期ある長期債の金利が将来 m 期にわたって上昇することが予想されるなら，現在の長期金利は将来の m 期間の期待保有収益率が残存期間 m 期の短期金利と等しくなるように，短期金利より高くなるはずである．（モデル II の回帰テスト 1 のインプリケーション）

②将来の短期金利（残存期間 m 期）について完全に予見できるとしたとき，短期金利が長期債の残存期間（n 期）にわたって上昇するのなら，長期債を満期まで保有した場合の保有収益率と短期債を更新して得られる収益率とが等しくなるように，現在の長期金利は短期金利より高くなる必要がある．（モデル II の回帰テスト 2 のインプリケーション）

③イールド・スプレッドと短期金利の 1 階差を変数とする BVAR を推定した場合，期待理論の制約が課された VAR（コンパニオン・フォーム）から計算される理論的スプレッドは実際のスプレッドと等しくなるはずである．

上記 3 つの期待理論による含意を検証した結果，オーバーラッピング・エラーおよびゼロ・クーポン（ギルト）債金利の測定誤差を修正後，前二者に関するテスト結果は残存期間が 1 年以下のショート・エンドにおける期待理論の成立を支持したが，最後の含意に対するテスト（回帰テスト 3）はショート・エンドでさえそれを支持しなかった．しかしながら，最後の含意に対するテスト結果から，インターバンク・レートの組み合わせでは，将来の期待短期金利の変化に対して長期金利が過大反応する一方，ゼロ・クーポン（ギルト）債金利を長期金利として組み合せるとそれが過小反応するという興味深い特徴が見出された．このことは，イギリスのイールド・カーブにおいてインターバンク・レートで構成されるセグメントはゼロ・クーポン（ギルト）債金利で構成されるセグメントと異なった期間構造を有していることを示唆していよう．この推測を精密に調べるため，イールド・カーブ全体の期間構造を Hall et al. [1992] のモデルに基づいて分析した．

イールド・カーブ全体に関する共和分空間を分析した結果，期間構造的に

システマティックなセグメンテーションが見出された．つまり，予想されたように，イールド・カーブ全体（フルシステム）は，インターバンク・レートのみで構成されるサブシステム1とゼロ・クーポン（ギルト）債金利で構成されるサブシステム2に分けられることが見出されたのである．ただし，サブシステム2において25年物金利は5～20年物金利と緩やかに結びついている．見出されたサブシステムに対して期待理論によって共和分空間に課される制約をテストしたところ，サブシステム1では期待理論が支持されたものの，サブシステム2ではそれが棄却された．そこで次に3カ月のラグを付したサブシステム1をサブシステム2に組み込んだところ，テスト結果は大きく変化し，この修正システムにおいては期待理論がわずかながら支持されたのである．しかしながら，この結果はロング・エンドの金利形成がショート・エンドの過去の状態に依存することを含意しており，したがって，前章で定義した純粋な意味での期待理論はイギリスの名目イールド・カーブ全体に対して成立しないと結論できよう．

　本研究の重要なインプリケーションは，金利の期間構造を分析する場合にはイールド・カーブにおけるセグメント間の関係に注目すべきことを示唆した点である．これまでの期間構造の研究では，イールド・カーブにおける個々の金利は市場環境の変化に対して同時に反応するということを暗黙裡に仮定した上で，イールド・カーブの形状を変化させる市場の力は何かを探求してきた（特にモデル3のVECMの長期均衡を表す項はそれを示している）．しかしながら，現実の債券（金融）市場では，環境変化の影響はタイム・ラグを伴って個々の金利に伝播する．このことは，投資家は，ショート・エンドとロング・エンドとでは異なった金利に注目して，さらにそれらの金利の将来予想に基づいてショート・エンドとロング・エンドにおける金利予想を形成するということを含意している．本研究の分析から，80年代から90年代のイギリスでは各セグメントにおける金利予想は次のように形成されていたことが見出された．ショート・エンドでは，投資家は超短期債（1カ月物）の金利に注目して期待理論に従って短期金利の予想を合理的に

形成していた．一方，ロング・エンドでは，ショート・エンドの動向を最も反映する中期債（5年物）の金利に注目して期待理論を援用して長期金利を予想するが，その際に過去のショート・エンドの動きも情報として利用した上で予想を形成していたものと推測される．

付図3-1 金利の推移（原系列）

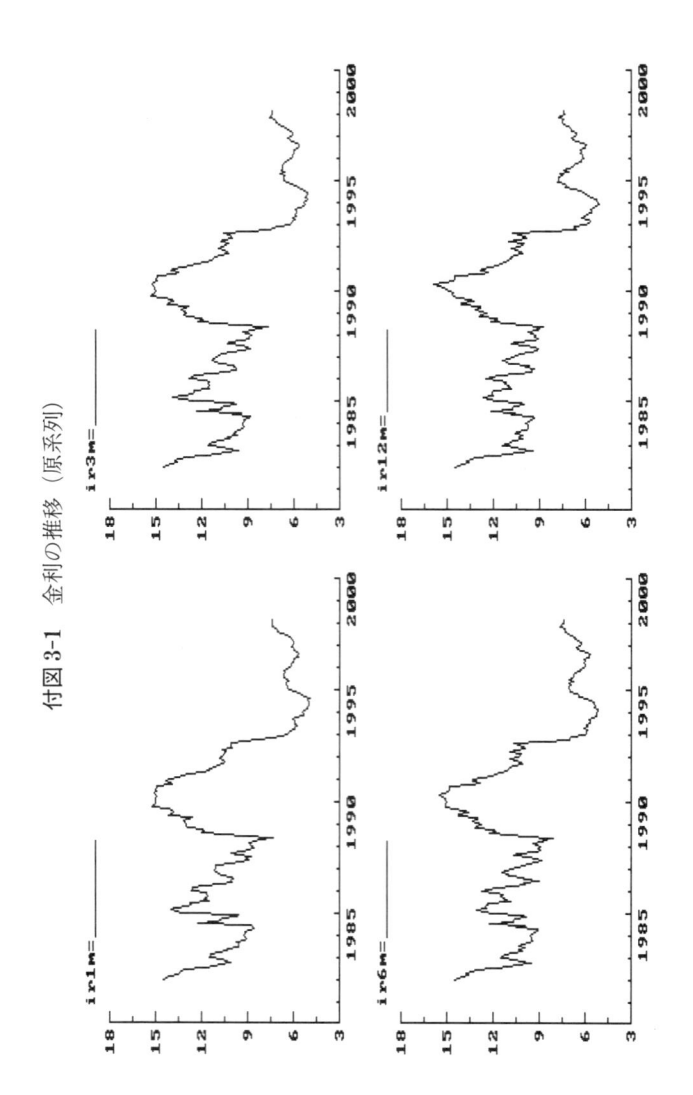

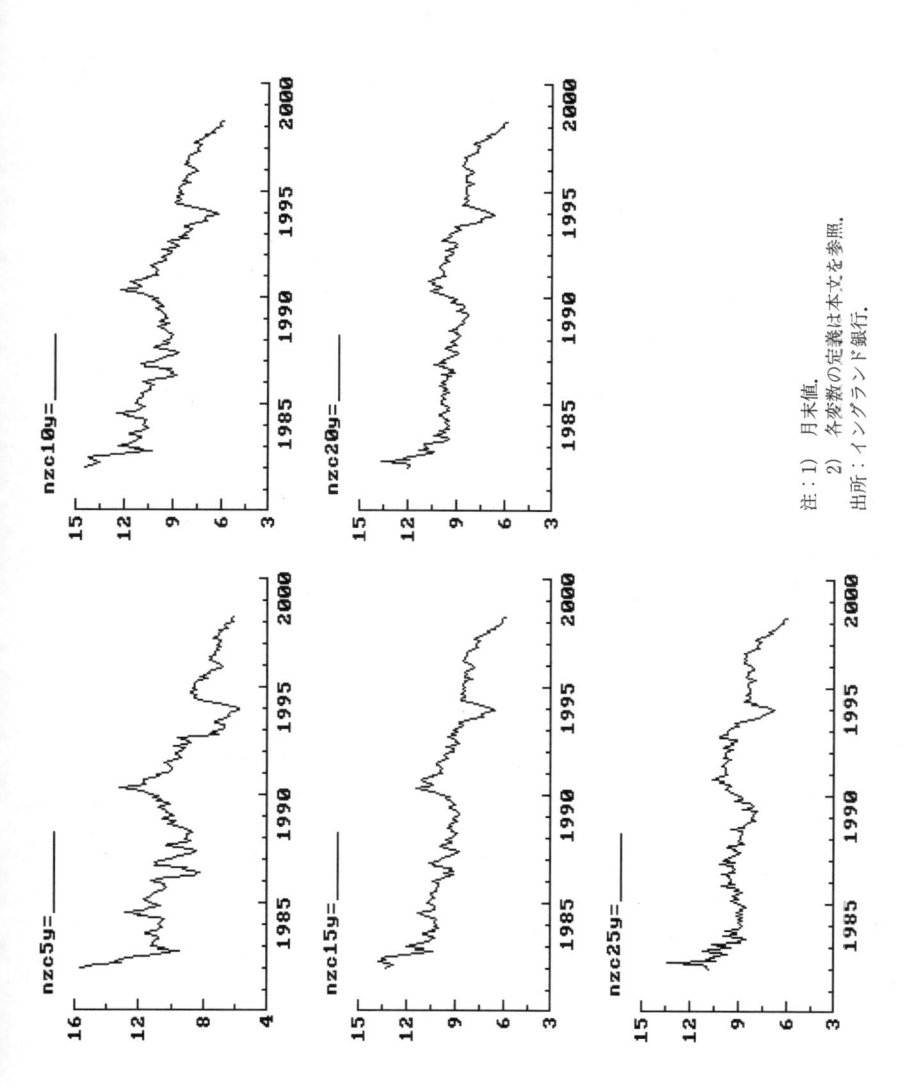

第3章　名目イールド・カーブの共和分分析 II

注：1) 月末値．
　　2) 各変数の定義は本文を参照．
出所：イングランド銀行．

付図 3-2　金利の推移（階差系列）

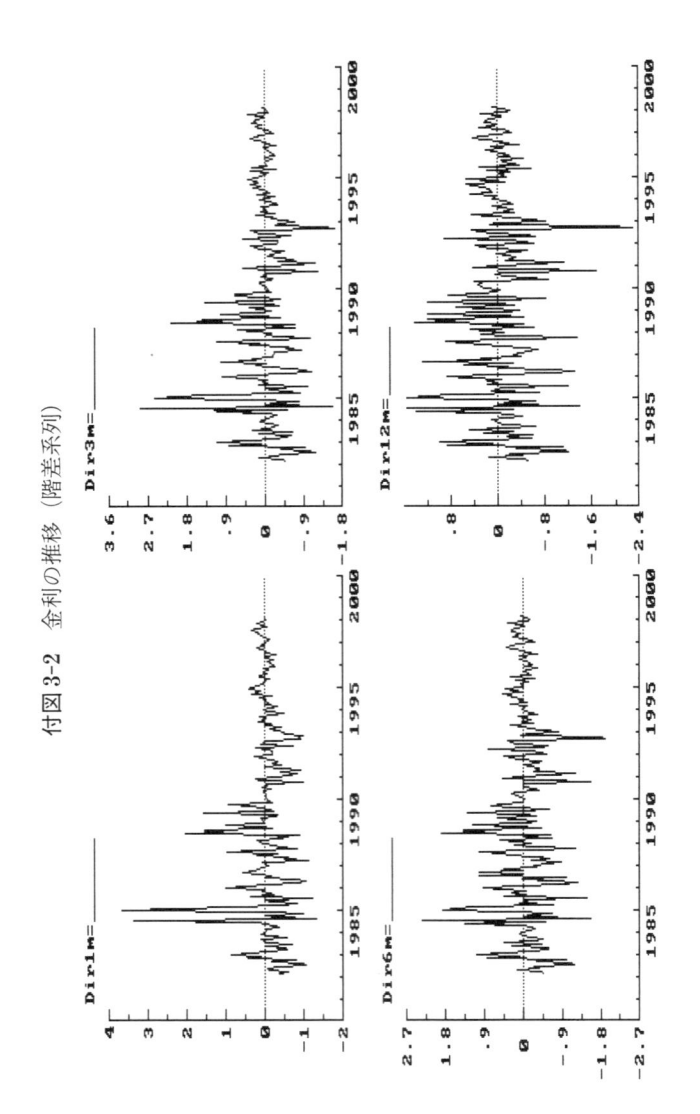

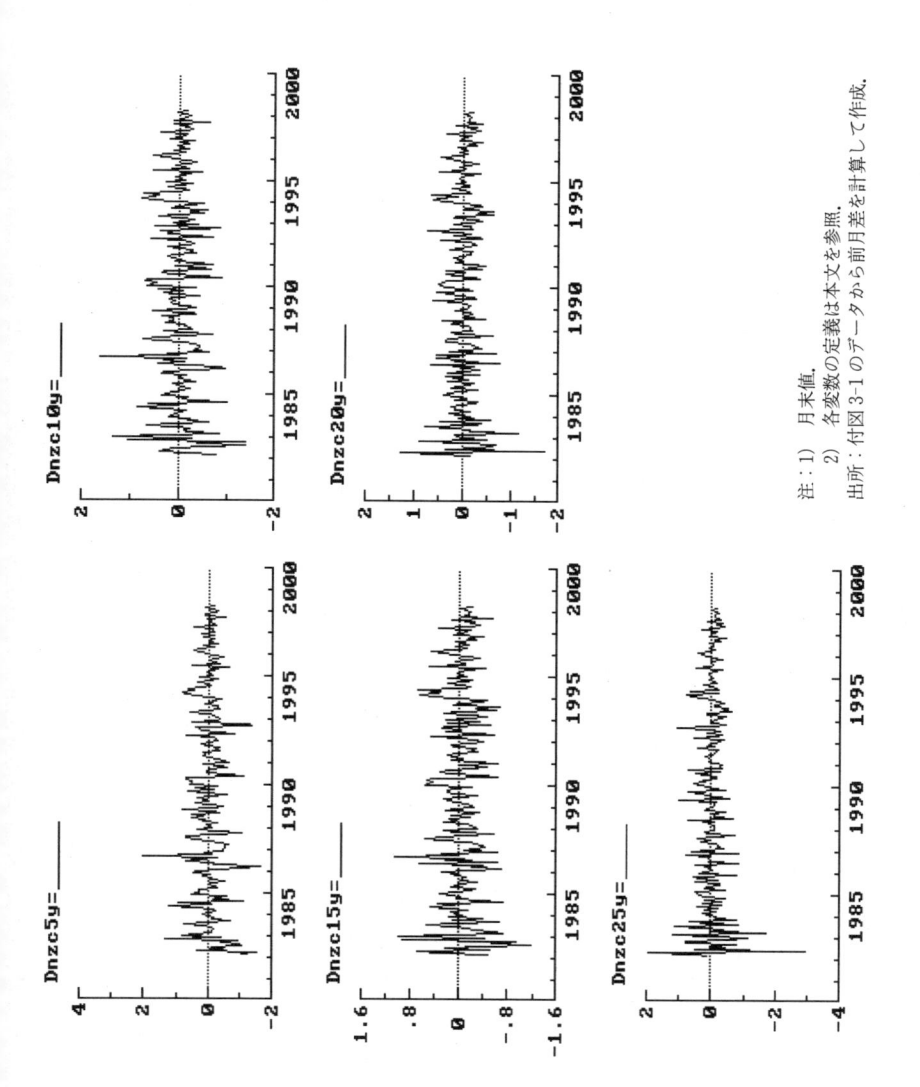

第3章　名目イールド・カーブの共和分分析 II

注：1) 月末値.
　　2) 各変数の定義は本文を参照.
出所：付図3-1のデータから前月差を計算して作成.

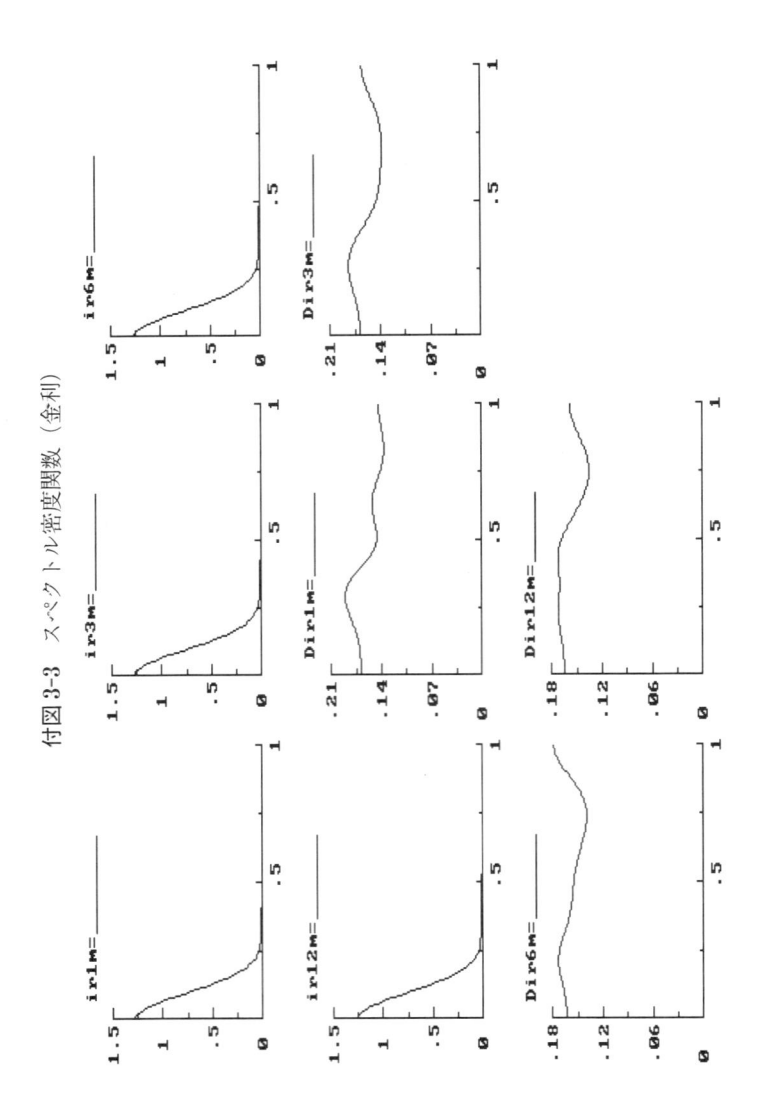

付図 3-3　スペクトル密度関数（金利）

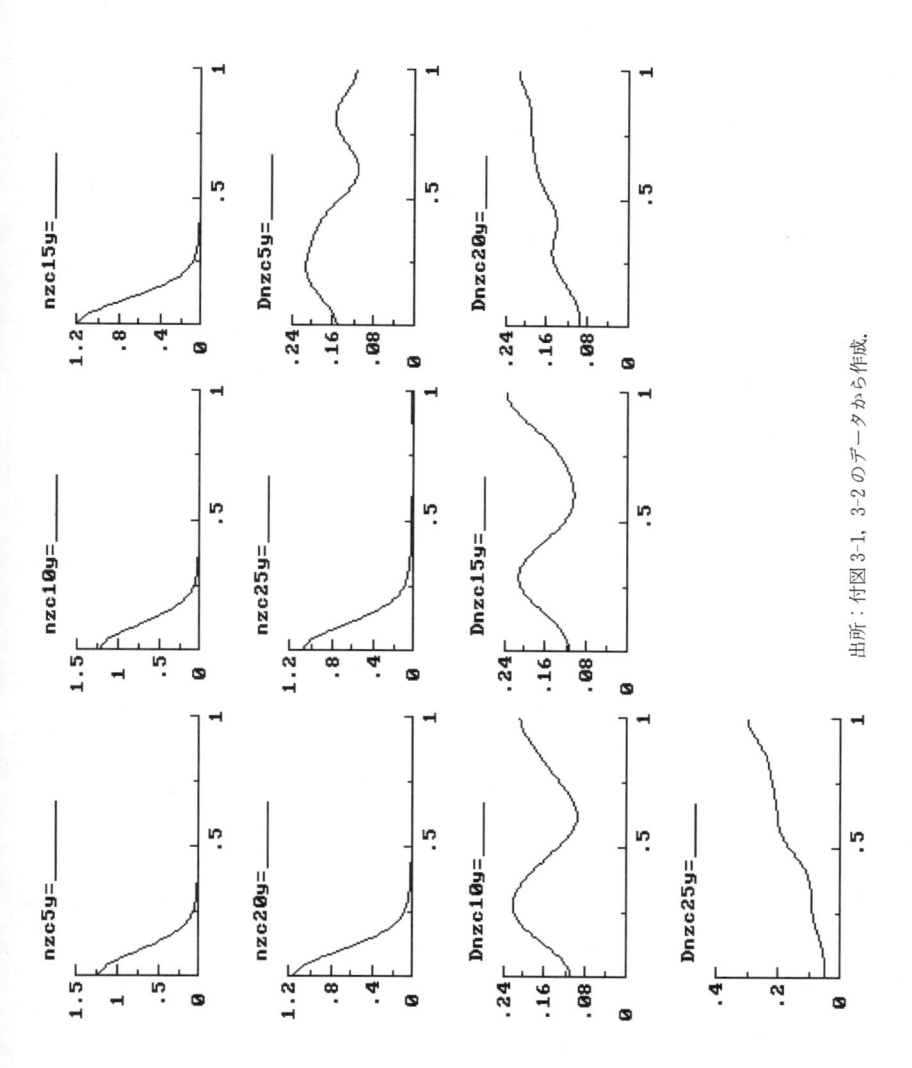

第3章　名目イールド・カーブの共和分分析 II

出所：付図 3-1, 3-2 のデータから作成.

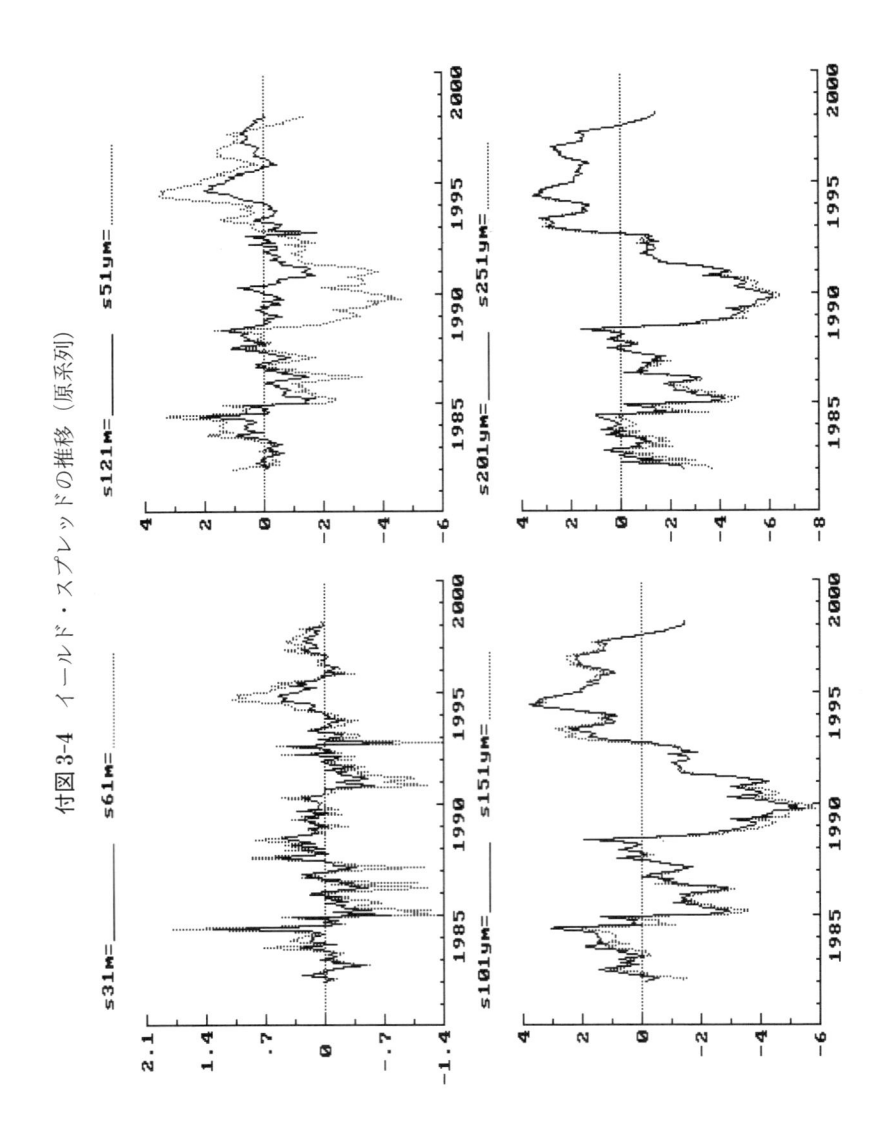

付図3-4 イールド・スプレッドの推移（原系列）

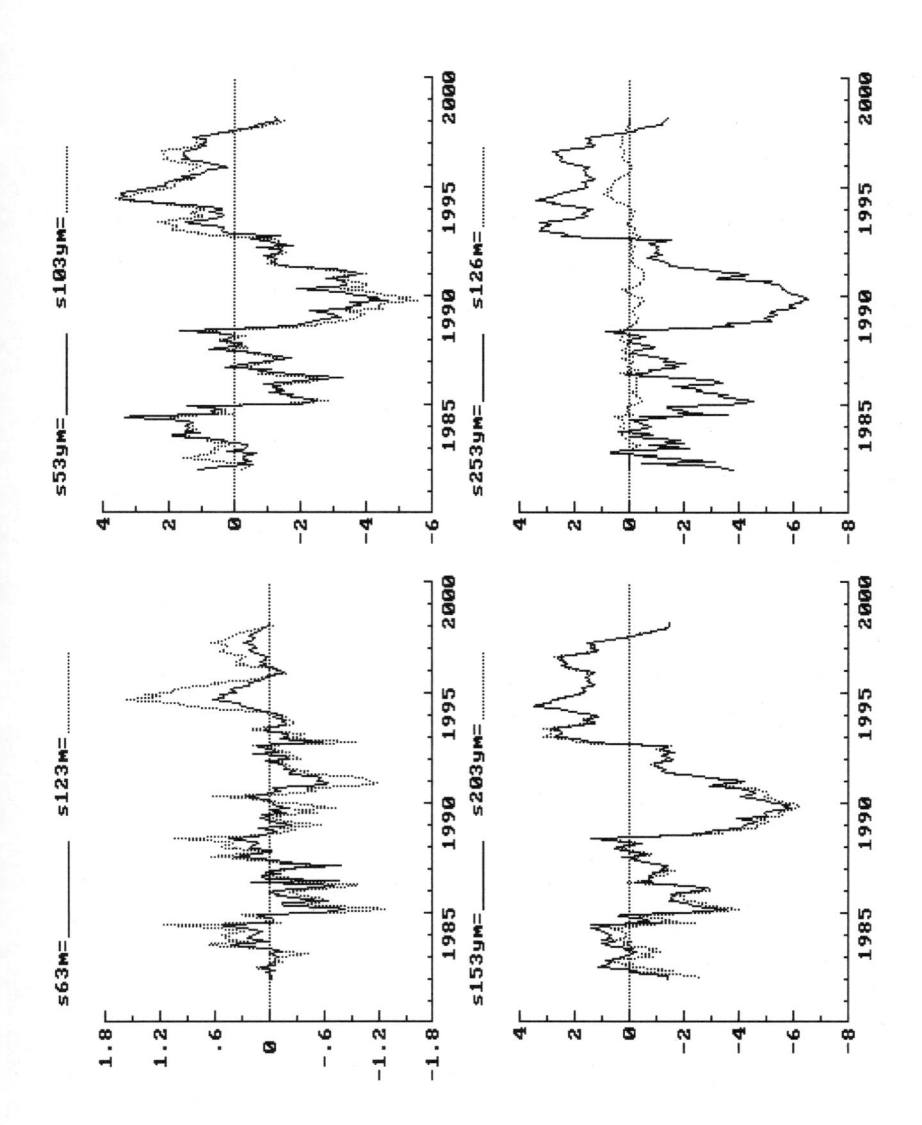

第3章 名目イールド・カーブの共和分分析 II

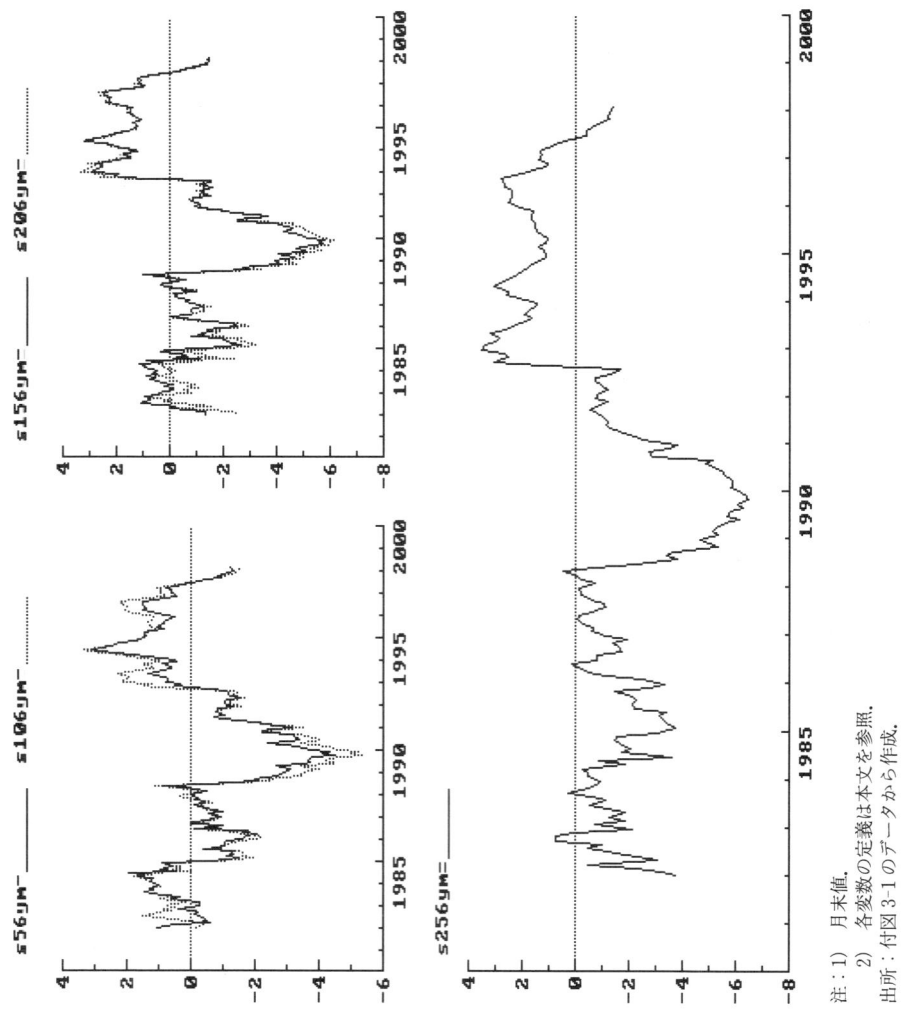

注：1) 月末値.
　　2) 各変数の定義は本文を参照.
出所：付図3-1のデータから作成.

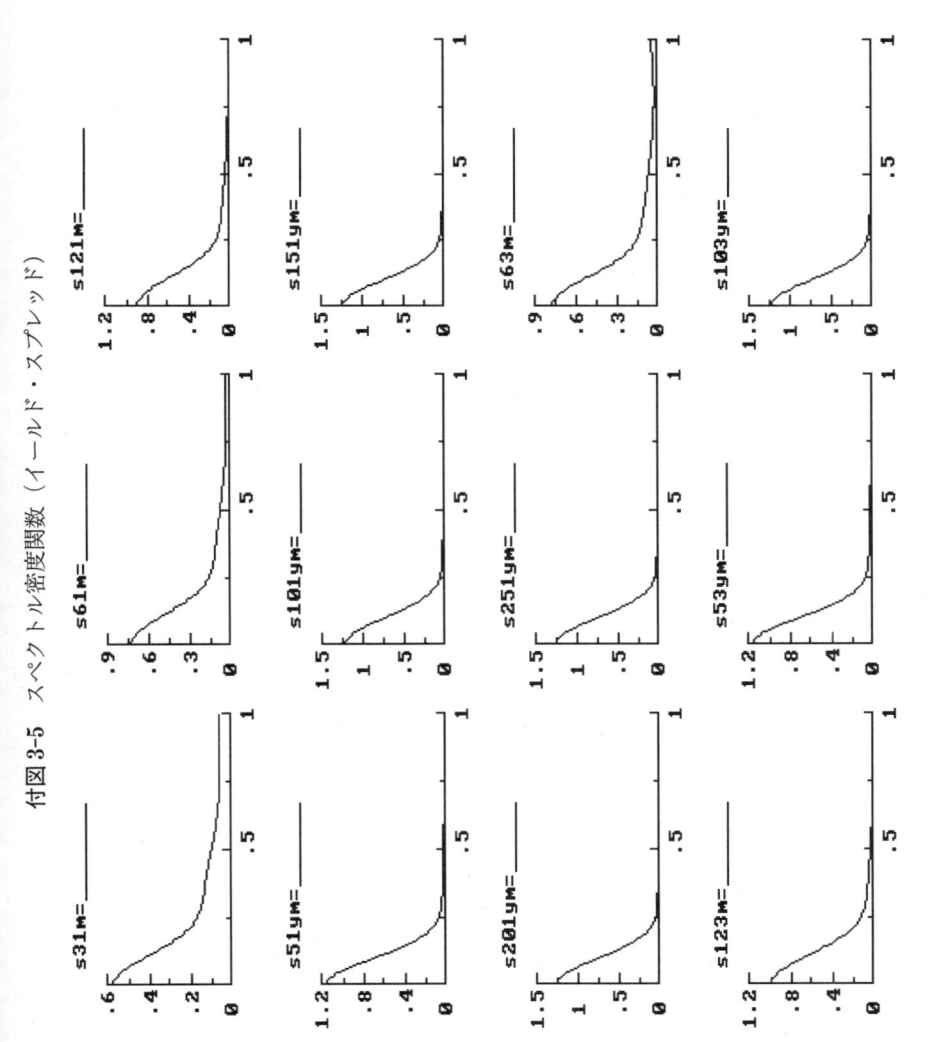

第3章 名目イールド・カーブの共和分分析 II　　　　　　95

付図 3-5　スペクトル密度関数（イールド・スプレッド）

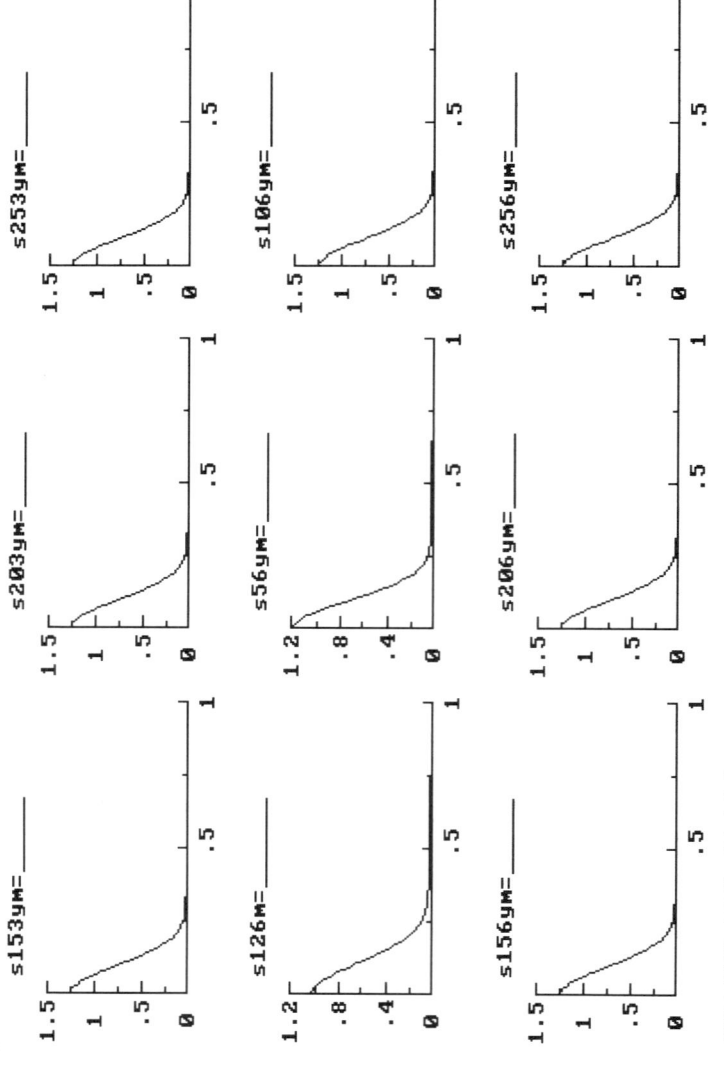

出所：付図 3-4 のデータから作成．

第4章 実質金利の期間構造

1. はじめに

　イールド・カーブは効率的に形成されているのだろうか．この問題に答えるために，多くの研究者が期待理論の検証を中心に金利の期間構造分析を積み重ねてきた[1]．特に，1980年代後半からは，共和分分析の手法を期待理論のフレームワークに組み込んだ Campbell and Shiller [1987, 1991], Hall et al. [1992] のモデルに基づき，Taylor [1992], Shea [1992], Cuthbertson [1996] 等によって期待理論がテストされてきた．第3章でもこれらのモデルを用いてイギリスの名目イールド・カーブ全体に期待理論が成立するか否かを検証したが，結論は他の先行研究と同様にこの理論に否定的である．
　期待理論が棄却される原因として，長期金利に対するターム・プレミアムが時間とともに大きく変動することが示唆されており，そこで，近年ではターム・プレミアムの時間可変性とも整合的な消費資産価格モデル（以下，資産価格モデル）を適用することによって金利の期間構造分析が試みられている．資産価格モデルは代表的家計（投資家）の動学的最適化行動から導出されるモデルであることから，このモデルにより期間構造が説明できれば，たとえターム・プレミアムが時間と共に変動していても，イールド・カーブは家計の最適行動と整合するという意味で効率的に形成されていると言える．

---

[1] 金利の期待理論ならびに期間構造分析のサーベイとしては，Shiller [1990], Anderson et al. [1996] を参照されたい．

なお，危険回避的な消費者を仮定した資産価格モデルから導かれるターム・プレミアムはリスク・プレミアムである．したがって，以下ではターム・プレミアムではなくリスク・プレミアムという用語を用いる．

資産価格モデル（もしくは C-CAPM）に基づいた期間構造の先行研究には，理論分析のほかに実証分析で日本およびアメリカを対象としたものがいくつか見られる．それらの研究は検証している仮説によって，概ね次の3つに分類される．

① データから資産価格モデルを推計し，パラメータが満たすべき条件およびモデルの妥当性を検証する．(Lee [1989]，福田 [1993] など)

② リスク・プレミアムの時間可変性を前提とした場合にモデルが満たすべき条件を理論的に導出し，モデルのパラメータを人為的に設定したうえで，実際のデータがその条件を満足しているかをシミュレーションする．(LeRoy [1984], Campbell [1986b], 白川 [1987], Backus et al. [1989], Salyer [1990] など)[2]

③ C-CAPM と伝統的な CAPM との整合性を利用して，C-CAPM から導出されたリスク・プレミアムと CAPM のいわゆるベータとの関係を潜在変数モデルで表し，そのモデルが実際のデータで説明されるかを検証する．(Campbell [1987], 釜江 [1998] など)

本章では第1の仮説を分析する．この仮説に関する主要な先行研究としてアメリカを対象にした Lee [1989] と日本を対象にした福田 [1993] があるが，資産価格モデルの妥当性について前者は肯定的な結論を下す一方，後者は否定した．しかしながら，これらの研究には以下のような問題点がある．第1に，構造上，資産価格モデルの分析対象は金融資産に関する実質ベースでの保有期間収益率であるが，両研究とも実際のインフレ率を用いて実質化している．しかし，投資家が将来の実質収益率を予想して金融資産を購入す

---

[2] 白川 [1987] は資産価格モデルと分散制約テストとを組み合わせることによって，リスク・プレミアムの時間可変性をテストしており，他の研究とメソドロジーが少し異なる．

るのであれば，その保有収益率は市場の期待インフレ率で割り引かれるべきである[3]．第2に，Leeはイールド・カーブの中でも残存期間3カ月から5年のショート・エンドを，一方，福田は6年から9.5年のロング・エンドを対象にしており，イールド・カーブ全体を分析していない．第3に，福田は短期金利と個々の長期金利とを個別に組み合わせて資産価格モデルを推定している．これは，すべての金利を同時に用いていないという意味で，ロング・エンドの内でも部分的な分析にとどまっている．

　本章では，これらの問題点を踏まえたうえで，資産価格モデルに基づいてイギリスにおける実質金利のイールド・カーブを分析する．この研究の目的は2つある．第1に，イングランド銀行から得られた期待インフレ率を考慮したゼロ・クーポン（ギルト）債の実質金利を用いて，実質イールド・カーブ全体の効率性ならびにリスク・プレミアムの時間可変性を検証することである．第2のより重要な目的は，それらの結果から名目イールド・カーブ全体の効率性（期待理論の成立）を阻害している要因を明らかにすることである．幸いにも，イングランド銀行から得たデータにより，第3章とほぼ同じサンプル期間および残存期間にわたる実質イールド・カーブを分析することができる．したがって，実質イールド・カーブの分析結果と名目イールド・カーブの分析結果とを比較することにより，効率的な名目イールド・カーブの形成を阻害している要因が実質金利の形成自体にあるのか，それとも期待インフレの形成にあるのかを明らかにすることができる．つまり，本章の分析から導かれる政策的インプリケーションとして，前者が阻害要因となっているのであれば，債券の取引制度，市場参加者の非合理的な取引などをいかにして改善，もしくは矯正するかが課題となろう．一方，前者が要因ではなく，したがって後者に問題があると推測される場合には，期待インフレ率を安定化させるための金融政策上の処方が問われることとなる．

---

[3]　この点については章末付論2の(A2.2)式を参照されたい．なお，市場の期待インフレ率とはインフレ率の期待値という意味ではなく，市場がt時点で形成する将来のインフレ率に対する予想値のことであり，したがって確率変数である．

本章は以下のように構成される．まず，第2節で，資産価格モデルから得られる確率的オイラー方程式と，それに基づいた保有リスク・プレミアムの決定式を示す．第3節では，推定に用いるデータを説明した後，それら変数の単位根検定を行う．第4節で，確率的オイラー方程式が推定され，イギリスの実質イールド・カーブ全体について資産価格モデルを棄却できないという結果が得られる．したがって，前述した意味で実質イールド・カーブは効率的に形成されていると言えるが，リスク・プレミアムが時間に対して可変的か否かの問題は残る．そこで，第5節でこの問題を検証する．第6節では，それまでの分析結果を踏まえて，名目イールド・カーブにおいて期待理論が妥当しなかった原因とその金融政策へのインプリケーションを考察し，最後に今後の課題に言及する．

2. 理論モデル

ここでは，Lucas [1978] および Breeden [1979] によって定式化された資産価格モデルに基づいて，代表的家計の期待効用（以下，効用）最大化行動と整合的な金利の期間構造モデルを導出する．ただし，資産価格モデルは金利の期間構造モデルと違い，株式および債券を含めた一般的資産市場を想定しているが，本研究で想定しているのは金融資産として債券だけが存在する特殊な経済社会である．そこで，最初に一般的な資産価格モデルのフレームワークを提示したうえで，その資産価格モデルをどのように解釈すれば金利の期間構造モデルと整合しうるのかを示す．

まず，仮定として，代表的家計は現在（$t=0$ 期）から将来にかけての消費から得られる効用の割引現在価値が最大となるように，消費と N 種類の資産の最適な選択を行うとする．さらに，家計の効用関数は時間に関して加法分離的で，かつ，その家計は子孫まで考えて永久に存続すると仮定すると，家計の最大化問題は次のように定式化される．

第4章 実質金利の期間構造

$$\underset{\{C_t, Q_{k,t}\}_{t=0}^{\infty}}{\text{Max}} E_0\left[\sum_{t=0}^{\infty} \beta^t u(C_t)\right] \tag{4.1}$$

$$\text{s.t.} \sum_{k=1}^{N} q_{k,t} Q_{k,t} + C_t \leq \sum_{k=1}^{N} (q_{k,t} + i_{k,t}) Q_{k,t-1} + Y_t \quad \forall t \tag{4.2}$$

ここで,

$E_t[\cdot]$：t 期において利用可能な情報に基づく条件付き期待値演算子

β：主観的割引率 $(0<\beta<1)$[4]

$u(\cdot)$：効用関数

C_t：t 期における実質消費支出

$q_{k,t}$：t 期における第 k 資産の消費者物価で測った価格 $(k=1, \cdots, N)$

$i_{k,t}$：t 期における第 k 資産の消費者物価で測ったインカム・ゲイン $(k=1, \cdots, N)$

$Q_{k,t}$：t 期末における第 k 資産の保有量 $(k=1, \cdots, N)$

Y_t：t 期における税引後の実質非資産所得

である．予算制約式(4.2)の左辺は各期の総支出，右辺は各期の総収入を表しているが，流れとしては，家計は $(t-1)$ 期末に保有していた資産を t 期初にインカム・ゲインを受け取ると同時に売却し，t 期に改めて N 種類の資産保有量を選択するものと仮定されている．ただし，0 期初の資産保有量はゼロとする．

上記(4.1)，(4.2)式で表される動学的最適化問題を解くと，1 階の条件として

$$E_t\left[\beta \frac{u'(C_{t+1})}{u'(C_t)} \frac{q_{k,t+1} + i_{k,t+1}}{q_{k,t}} - 1\right] = 0 \quad (k=1, \cdots, N) \tag{4.3}$$

という N 個の確率的オイラー方程式（以下，オイラー方程式）が得られる．ここで，$u'(C_t) = du(C_t)/dC_t$ である．この(4.3)式において，第 k 資産

---

[4] Kocherlakota [1990a] は成長経済においては主観的割引率が1を超えても均衡が存在する可能性を示唆しているが，その場合，均衡実質成長率が資産の収益率を上回る必要がある．したがって，先進国を対象とする場合は，主観的割引率が1未満という仮定を置くことが妥当と判断した．

（債券のように満期がある場合は，その残存期間を n_k 期とする）を1期保有したときの実質保有収益率を以下のように定義する．

$$rH_t^{(n_k,1)} \equiv \frac{q_{k,t+1}+i_{k,t+1}}{q_{k,t}} - 1 \qquad (k=1, \cdots, N) \tag{4.4}$$

さらに資産価格モデルの妥当性を検証するために効用関数を特定する必要があるが，ここでは，多くの実証研究で用いられている次のような相対的危険回避度一定（CRRA）型の効用関数を仮定する．

$$u(C_t) = \frac{(C_t)^{1-\gamma}-1}{1-\gamma} \qquad (\gamma>0) \tag{4.5}$$

ここで，パラメータ γ は相対的危険回避度の大きさを表す[5]．このCRRA型の効用関数は対数型（$u=\ln(C_t)$：$\gamma=1$）と危険中立型（$u=C_t$：$\gamma=0$）のケースを特殊ケースとして含む一般的な関数型であり，かつ相対的危険回避度の値が消費単位に依存しないという利点を持つ．

(4.4)と(4.5)式を(4.3)式に代入して整理すると，N 個のオイラー方程式は

$$E_t\left[\beta\left(\frac{C_{t+1}}{C_t}\right)^{-\gamma}(1+rH_t^{(n_k,1)})-1\right] = 0 \qquad (k=1, \cdots, N) \tag{4.6}$$

の形に整理できる．この(4.6)（ないし(4.3)）式は，消費経路が，消費を犠牲にして資産を購入した場合に失う今期の消費に係る限界効用が，資産保有によって得られる来期の限界効用の割引現在価値に等しくなるように決められることを示しており，この関係は，均衡においては消費経路および資産の供給経路を所与とした場合，均衡資産収益率の決定式とみなされる．なお，(4.6)式より，消費（および資産供給）が一定となる長期均衡において，すべての資産の均衡収益率 rH^* は $(1/\beta)-1$ と表せ，$0<\beta<1$ が成立するな

---

[5] (4.5)式の関数型の下では，パラメータ γ の逆数は異時点間の代替の弾力性を表すため，相対的危険回避度と異時点間の代替の弾力性とが1対1の関係に制約される．この制約を回避するためにKreps and Porteus [1978] 型の選好関係をモデルに導入する方法があるが，その場合マーケット・ポートフォリオの収益率をモデルに明示する必要がある．本章で扱う資産は債券のみであり，債券のみで構成されるマーケット・ポートフォリオの収益率を計算することがデータの制約により困難であることから，ここではCRRA型の効用関数を用いた．

らば均衡収益率は正となる．

　では，上記の一般的資産市場での資産価格モデルは，債券しか対象としない金利の期間構造モデルとどのように整合するのだろうか．価格変動のある資産を満期の有無によって安全資産と危険資産に分類すれば，債券など満期のあるものは安全資産（満期まで保有した場合），株式など満期のないものは危険資産となろう．しかし，上記モデルのように保有期間を1期間に限定した場合には，満期がある資産でも価格変動がある以上，満期までの残存期間が1期の資産は安全資産，2期以上の資産は危険資産と分類することができる．さらに，消費経路および資産の供給経路が所与の下で，資産間の保有収益率に裁定が働けば，債券以外の危険資産の収益率は債券の収益率で近似することができよう．このように解釈すれば，一般的資産市場の均衡を表す(4.6)式は家計の効用最大化行動に基づいた金利の期間構造モデルとみなすことができる．そこで本章では，実際の N 個の債券（金利）データを用いて N 個の方程式から成るシステム(4.6)を推定した結果，

$$0 < \beta < 1, \quad \gamma > 0$$

を満たすパラメータが有意に計測されれば，家計の効用最大化行動と整合的という意味で債券市場は効率的に形成されていると解釈する．

　ここで，資産価格モデルが金利のリスク・プレミアムに対して持つ含意を考察しておく．いま，残存期間1期の債券（安全資産）と残存期間 n 期（$n \geq 2$）の債券（危険資産）を考えると，(4.6)式より，安全資産と危険資産に関して各々

$$E_t\left[\beta\left(\frac{C_{t+1}}{C_t}\right)^{-\gamma}(1+rH_t^{(1,1)})-1\right] = 0$$

$$E_t\left[\beta\left(\frac{C_{t+1}}{C_t}\right)^{-\gamma}(1+rH_t^{(n,1)})-1\right] = 0$$

が成立する．これらの式を組み合わせて変形すると

$$E_t\left[\beta\left(\frac{C_{t+1}}{C_t}\right)^{-\gamma}(rH_t^{(n,1)}-rH_t^{(1,1)})\right] = 0$$

となり，左辺を展開していくと最終的に次の関係が得られる．

$$E_t[rH_t^{(n,1)}] - E_t[rH_t^{(1,1)}] = -\frac{\mathrm{Cov}_t\left[\beta\left(\frac{C_{t+1}}{C_t}\right)^{-\gamma},\ rH_t^{(n,1)} - rH_t^{(1,1)}\right]}{E_t\left[\beta\left(\frac{C_{t+1}}{C_t}\right)^{-\gamma}\right]}$$

(4.7)

一方,残存期間1期の債券の実質保有収益率は実質金利に等しく,かつ,t時点でそれは確定しているから,

$$E_t[rH_t^{(1,1)}] = rR_t^{(1)}$$

となる.ここで,$rR_t^{(n)}$ は残存期間が n 期ある債券の t 時点での実質金利を表す.これを(4.7)式に代入すると

$$\begin{aligned}E_t[rH_t^{(n,1)}] - rR_t^{(1)} &= -\frac{\mathrm{Cov}_t\left[\beta\left(\frac{C_{t+1}}{C_t}\right)^{-\gamma},\ rH_t^{(n,1)} - rR_t^{(1)}\right]}{E_t\left[\beta\left(\frac{C_{t+1}}{C_t}\right)^{-\gamma}\right]} \\ &= -\frac{\mathrm{Cov}_t\left[\beta\left(\frac{C_{t+1}}{C_t}\right)^{-\gamma},\ rH_t^{(n,1)}\right]}{E_t\left[\beta\left(\frac{C_{t+1}}{C_t}\right)^{-\gamma}\right]}\end{aligned}$$

(4.8)

(4.8)式は,消費に係る限界効用の比と実質保有収益率との共分散(絶対値)が大きいほど,または限界効用の比の期待値(絶対値)が小さいほど,実質ベースでの保有リスク・プレミアム(以下,特に断らない限り保有リスク・プレミアムはすべて実質ベースである)の絶対値が大きくなることを示している.さらに,$E_t[\cdot]$ と $\mathrm{Cov}_t[\cdot]$ は t 期において利用可能な情報に基づく条件付き演算子であるため,このリスク・プレミアムは時間によって変動する可能性があり,このことは金利の期間構造分析の中心的理論である期待理論に対して重要な含意を持つ[6].つまり,期待理論の観点からは,リスク・プレミアムが時間とともに変動するか否かは金利の期間構造が効率的に形成されているかどうかの重要なポイントであった.しかしながら,資産価格モデルの

---

[6] (4.8)式の右辺で表されるリスク・プレミアムが時間に対して一定ならば,コンスタント・リスク・プレミアムを持つ期待理論が実質金利ベースで成立することになる.

フレームワークの中では，たとえそれが時間可変的であっても，前述した意味で金利の期間構造は効率的に形成されていると言えるのである．ただ，実証分析の結果が資産価格モデルを支持したとしても，リスク・プレミアムが時間可変的かどうかは重要な問題であるので，別途検証することとする．

3. データの検証

3-1 データ

本章では，得られたデータの制約とオイラー方程式の推計に小標本バイアスが生じないサンプル数を考慮して，月次ベース（1期＝1カ月）のデータを用いる．利用する金利および消費のデータ期間は1982年3月から1998年1月までである．前節で導いたモデルから，計測に必要なデータは債券を1期保有した場合の実質収益率と1人当り実質消費支出（以下，実質消費）であり，以下にこれらを得るための計算方法を説明する．

3-1-1 債券の実質保有収益率

収益率計算のベースとなる金利データは，1カ月，3カ月，6カ月，12カ月物のロンドン・インターバンク中間レート（名目ベース）と，5年，10年，15年，20年，25年物のゼロ・クーポン（ギルト）債金利（実質ベース）を用いた[7]．金利データはいずれも年間利回り（単位：％）で表示された月末値であり，イングランド銀行より直接入手した．ここで利付債ではなくゼロ・クーポン債を用いたのは，前章でも述べたように，クーポン効果の影響を排除し，残存期間の異なる債券の割引率の関係を分析するという金利の期間構造分析の本来的な意義に従ったためである．また，短期金利としてTB

---

7) 実質ベースのゼロ・クーポン（ギルト）債金利はイングランド銀行がインデックス債のデータより独自の方法を用いて推計しているが，その詳しい推計方法については，Deacon and Derry [1994a, b, c], Breedon [1995] を参照されたい．なお，実質化するにあたって，期待インフレ率が用いられている．

レートではなくインターバンク・レートを用いた理由も前章で説明したとおりである. なお, 以下では混乱のない限り, インターバンク債券, ゼロ・クーポン (ギルト) 債を総称する場合にはゼロ・クーポン債と記す.

金利データから実質保有収益率 (1カ月保有, 年間利回りベース) への変換だが, まず, ゼロ・クーポン (ギルト) 債金利は元のデータが実質ベースのため以下のように計算される.

$$rH_t^{(n,1)} = \left\{\frac{(1+rR_t^{(n)}/1200)^n}{(1+rR_{t+1}^{(n-1)}/1200)^{n-1}}-1\right\}\times 12 \quad (4.9)$$

ここで

$rH_t^{(n,1)}$: t 期の実質保有収益率

$rR_t^{(n)}$: t 期における残存 n カ月の債券の実質スポット・レート

$n=60$ (5年), 120 (10年), 180 (15年), 240 (20年), 300 (25年)

である. ただし, 実際の計算では $rR_t^{(n-1)} \approx rR_t^{(n)}$ を仮定した.

一方, インターバンク・レートは名目ベースのため, まず実質ベースに直す必要がある. 幸いにも, 金利データは年間利回り (単位: %) で与えられており, かつ, イングランド銀行から2年物のゼロ・クーポン・インフレ率 (inflation zero coupon rates: izc2) とインプライド・フォワード・インフレ率 (inflation implied forward rates: ifc2) のデータが提供されているので, t 時点での1年後の期待インフレ率 (π_{t+12}^e) を

$$\pi_{t+12}^e = \left\{\frac{(1+\text{izc2}/100)^2}{1+\text{ifc2}/100}-1\right\}$$

と計算し, これから実質インターバンク・レートを次のように求めた[8].

$$rR_t^{(n)} = \left(\frac{1+R_t^{(n)}/100}{1+\pi_{t+12}^e}-1\right)\times 100$$

---

8) ゼロ・クーポン・インフレ率 (izc$n$) とは将来 n 年間の市場の平均期待インフレ率, インプライド・フォワード・インフレ率 (ifc$n$) とは将来 n 年後の市場の期待インフレ率を意味し, これらのデータはゼロ・クーポン債の名目および実質イールド・カーブ (実質カーブはインデックス債のデータに基づき推計) からフィッシャー方程式と整合するように計算されている.

ここで,

$R_t^{(n)}$: t 期における n カ月物の名目インターバンク・レート

$n = 1, 3, 6, 12$

である．さらに，(4.9)式を用いて実質インターバンク・レートから実質保有収益率を計算した．ただし，$n=1$ のときは $rH_t^{(1,1)} = rR_t^{(1)}/100$ が成立するため，$n = 3, 6, 12$ の場合のみ(4.9)式を適用する．

3-1-2　1人当り実質消費

　理論モデルに対応する消費は家計が各期ごとに効用を受ける消費量であり，その点で耐久消費財はその支出額とそれから得られるサービスとの間に時間的なずれが生じるため，分析に用いる消費データとしては耐久消費財を除いたベースが望ましい．その意味で，国民経済計算統計の構成別家計最終消費から耐久消費財を除いた実質最終消費支出を用いることが適切だが，このデータは四半期ベースでしか得られない．そこで，月次ベースで取れる実質消費の代理変数として，イギリス統計局（Office for National Statistics (ONS), *Economic Trends*）が公表している数量ベースでの小売売上高指数（1990年平均＝100，季調値，北アイルランドを除く）を用いた．これは，小売売上高指数と耐久消費財を除いた実質最終消費支出（1995年価格，季調値）との相関係数（1982年第1四半期から1998年第2四半期まで）が0.996と高く，前者は後者の代理変数として適切と判断したためである[9]．

　1人当り消費に直すための人口として，イギリス統計局の資料（ONS, *Monthly Digest of Statistics*）から北アイルランドを除くベースでの人口統計を得た．ただし，人口統計は年央値しか得られなかったため，前年央から今年央にかけて毎月平均的に人口が増減すると仮定して，月次ベースでの人

---

9) 小売売上高指数と国民経済計算ベースの実質最終消費支出とでは，前者が北アイルランドを除き，後者がそれを含むという点でカバーする（サンプル）範囲が異なっているが，本文で説明した人口統計を用いて1人当りベースに変換した後で相関係数を計算しても，0.995と高い値を示している．

口を推計した．

3-2 単位根検定

本章では，後述するようにオイラー方程式(4.6)の推定に一般化積率法（GMM）を適用し，また，保有リスク・プレミアムの時間可変性の検定には分散制約テストを行う（これらの推定法と検定法については第4節，第5節を参照）．これらの推定法と検定法において各変数は定常でなければならない．そこで，前項で定義した各ゼロ・クーポン債の実質保有収益率と1人当り実質消費の前月比について単位根検定を行うが，その方法としてDickey and Pantula [1987] の連続 t^* 検定法を用いる．これは，債券価格に合理的バブルが含まれている場合その債券の保有収益率の系列はI(2)となる可能性があり，高次の単位根検出においては連続 t^* 検定法の方が，よく用いられる augmented Dickey-Fuller（ADF）法よりも検出力が高いことが示されているためである．また，この検定に適用される臨界値は ADF 法と同じであるため MacKinnon [1991] の臨界値を使う．

ここで，実際の検定を行う前に，I(2)およびI(1)の検定に用いる推定式の形を特定しなければならない．まず，各変数のグラフによる検証から，トレンド項と定数項は次のように特定した．

	I(2)の検定	I(1)の検定
トレンド項	含まず	含まず
定数項	含まず	含む

また，正確な検定結果を得るためには推定式から得られた残差が系列相関しないことが重要である．したがって，最初にラグ付の被説明変数を説明変数に加えずに推計してこの条件が満たされない場合には，ラグ付の被説明変数を説明変数として加え，ラグランジェ乗数（LM）テストで p 値が5%以上を示すまでラグを1期ずつ増やしていった．

連続 t^* 検定の結果，実質保有収益率が I(2) であるという仮説はいずれのゼロ・クーポン債についても，被説明変数のラグ項なしで系列相関の条件を

第4章 実質金利の期間構造

表 4-1 単位根検定の結果

変　　数	$t^*(\theta_2)$	$t^*(\theta_1')$	$t^*(\theta_2')$	サンプル数 (T)	LMテスト $\chi^2(12)$統計量
実質保有収益率					
1カ月物	-14.620^{**}	-3.576^{**}	-13.571^{**}	188	12.536[0.4037]
3カ月物	-21.990^{**}	-6.929^{**}	-15.731^{**}	188	17.264[0.1398]
6カ月物	-23.004^{**}	-9.417^{**}	-13.568^{**}	188	10.113[0.6061]
12カ月物	-23.072^{**}	-10.510^{**}	-12.610^{**}	188	9.224[0.6837]
5年物	-20.993^{**}	-10.984^{**}	-11.712^{**}	188	17.584[0.1289]
10年物	-21.257^{**}	-10.760^{**}	-12.000^{**}	188	14.892[0.2474]
15年物	-21.940^{**}	-10.774^{**}	-12.230^{**}	188	13.474[0.3356]
20年物	-22.304^{**}	-10.973^{**}	-12.230^{**}	188	13.504[0.3335]
25年物	-22.465^{**}	-11.224^{**}	-12.142^{**}	188	13.741[0.3176]
1人当り実質消費 (前月比)	—	-4.105^{**}	-4.532^{**}	184	10.344[0.5858]

注：1) Dickey and Pantula [1987] の連続 t^* 検定法については第3章1-3-2節を参照されたい．
　　2) ** は有意水準1％で帰無仮説（I(2)系列またはI(1)系列）を棄却することを表す．
　　3) 1人当り実質消費の検定では，1期から4期までのラグ付被説明変数を説明変数として加えた．
　　4) LMテストの[ ]は p 値を表す．

満たした上で，1％の有意水準で強く棄却された（表4-1）．また，実質消費の前月比を含めたすべての変数について，I(1)かI(0)かの検定結果も同表に示されているが，この表から明らかなように，いずれの変数も1％の有意水準でI(1)の仮説は棄却され，定常性を保持している．

4. 資産価格モデルの実証結果

4-1　推定・検定方法

資産価格モデルに基づいて導出されたオイラー方程式(4.6)の推定には，Hansen [1982] の提唱した GMM を適用する[10]．GMM には，理論的整合性を保ちつつ直接にオイラー方程式を推定することができる，推定にあたっ

---

10) GMMに関する邦語の解説書としては，伴 [1991]，畠中 [1996]，羽森 [1996]，Green [2000] が詳しい．

て誤差項の構造に先験的な仮定を置く必要がないなどの利点がある反面，小標本の場合にはパラメータの推定にバイアスを生じる[11]．操作変数の選択について確定的な基準がなく，さらに推定結果が選択された操作変数によって左右される可能性があるといった短所も持つ．この操作変数の選択に関して，以下の理由から，実質インターバンク・レートから求めた実質保有収益率と一人当り実質消費成長率のともに1期ラグを用いる．

①ゼロ・クーポン（ギルト）債の実質金利は実績値ではなく，イングランド銀行による推計値のため，測定誤差を含んでいる可能性がある．

② Tauchen [1986], Kocherlakota [1990b] によれば，操作変数のラグ次数を長く取ると GMM 推定量にバイアスをもたらす．このことから，たとえラグは短くとも，操作変数が多くなれば同様にバイアスが生じる可能性がある．

モデルが正しく定式化されているかどうかの検定には Hansen [1982] の過剰識別制約の検定（J テスト）を用いる[12]．J 統計量は，モデルが正しく定式化されている場合には［オイラー方程式の数×操作変数の数－推定するパラメータの数］の自由度を持つカイ2乗分布に従い，小標本の場合でも漸近分布を良好に近似するという特性を持つ（Tauchen [1986]）．反面，羽森 [1996] は，小標本の場合，J テストは時間や政策レジームの変化（構造変化）に伴うパラメータのシフトに対して検出力が弱いという欠点を指摘している[13]．そこで，補足的な検定として，Hansen and Jagannathan [1991]

---

11) 伴 [1991] は，簡単な合理的期待形成モデルに基づいてモンテカルロ実験（標本数40）を行い，GMM によっても小標本バイアスが解決できない可能性があることを示した．また，Ferson and Foerster [1994] は，資産価格理論に基づく同様のシミュレーションにより，少ない操作変数を用いて少数のオイラー方程式を GMM 推定する場合には小標本でもバイアスが生じないが，より複雑なモデルを推計する場合には小標本バイアスが生じる可能性を示唆している．

12) J テストに関しては羽森 [1996]，経済企画庁 [1997] を参照されたい．

13) 羽森 [1996] の第4章では，モンテカルロ実験により J テストの小標本特性に関する分析を行い，「J テストはパラメータがシフトしているにもかかわらず，

のバウンド・テストも併せて行う．これは，オイラー方程式(4.6)を確率的割引率 $\beta(C_{t+1}/C_t)^{-\gamma}$ の関数とみなしたうえで，所与の資産収益率に対して，一定の条件の下で確率的割引率の分散の理論的下限値を計算し，それと実際の分散値とを比較することによってモデルの妥当性を検証しようというものである．検証に用いる不等式の導出は章末の付論1に譲り，ここでは結果だけ簡単に説明しておこう．

オイラー方程式(4.6)の両辺に対して無条件期待値を取り，期間を1期ずらしたものをベクトル表記すると

$$\mathbf{1} = E[(\mathbf{1}+\boldsymbol{rH}_{t-1}^{(n,1)})M_t]$$

ここで，$\mathbf{1}=(1,\cdots,1)'$（$N\times1$ ベクトル），$\boldsymbol{rH}_{t-1}^{(n,1)} = (rH_{1,t-1}^{(n,1)}, rH_{2,t-1}^{(n,1)}, \cdots, rH_{N,t-1}^{(n,1)})'$（$N\times1$ ベクトル），$M_t \equiv \beta(C_t/C_{t-1})^{-\gamma}$ である．次に，

$$E[M_t] = E[M_t^*]$$

を満たすある確率的割引率 M_t^* が実質保有収益率の線形結合で表されると仮定する．このとき

$$\mathbf{1} = E[(\mathbf{1}+\boldsymbol{rH}_{t-1}^{(n,1)})M_t^*]$$

が成立することから，M_t^* の分散は，実質保有収益率の無条件分散・共分散行列 $\boldsymbol{\Omega}$ を用いて

$$\mathrm{Var}[M_t^*] = (\mathbf{1}-E[M_t]E[\mathbf{1}+\boldsymbol{rH}_{t-1}^{(n,1)}])'\boldsymbol{\Omega}^{-1}$$
$$\times (\mathbf{1}-E[M_t]E[\mathbf{1}+\boldsymbol{rH}_{t-1}^{(n,1)}])$$

と計算され，理論的に

$$\mathrm{Var}[M_t] \geq \mathrm{Var}[M_t^*] \tag{4.10}$$

が満たされるべきことが示される．ただし，このバウンド・テストは，理論的な分散下限値を決める確率的割引率が実質保有収益率の線形結合で表されることを仮定している，厳密な統計的検定となっていないなどの制約があることから，あくまで補助テストとして用いることとする．

モデルを採択する方向へバイアスを持ち，したがってモデルの構造変化を発見できない傾向を持つ」(94頁)と結論している．

4-2 GMM による実証結果

GMM により推定すべきパラメータは，主観的割引率 β と相対的危険回避度 γ であり，これらのパラメータは次の符号条件を満たす必要がある．

$$0 < \beta < 1 \tag{4.11}$$
$$0 < \gamma \tag{4.12}$$

ここでは，まずイールド・カーブ全体において資産価格モデルが妥当するかを調べるために，すべてのゼロ・クーポン債に関する実質保有収益率を同時に用いてオイラー方程式(4.6)を推定した．次いで，イールド・カーブにおける部分的な妥当性も検討するために，イールド・カーブの最長残存期間を20年，15年，…，3カ月と縮めていったサブセットを7つ定義し，その各サブセットについても同様にオイラー方程式を推定した．なお，操作変数は前項で述べたように実質インターバンク・レートから計算した実質保有収益率と1人当り実質消費成長率の各々1期ラグを用いるが，各推定での具体的な組み合わせはオイラー方程式の推定結果とともに表4-2に示してある．

表4-2で，イールド・カーブ全体の推定結果を見ると，β と γ の推定値は各々 0.973, 4.103 となっている．これらは符号条件(4.11)，(4.12)を共に満たしており，しかも標準偏差が非常に小さいことから，安定した推定値となっている．相対的危険回避度の合理的な範囲は通常1から10の間とされており，さらに，同じくイギリスのデータを用いた Attanasio and Weber [1993] と Lund and Engsted [1996] の推定結果も各々 2.63-3.45, 10.81 となっていることから，ここで得られた推定値 4.103 は妥当なものと言えよう[14]．また，モデルの当てはまりを検定するJ統計量から求められた p 値は 0.066 となっており，5%の有意水準でモデルは棄却されない．さらに，Hansen and Jagannathan のバウンド・テストでも不等式(4.10)が満たされ，Jテストの結果とも整合的である．

---

14) ただし，推定に用いられた金融資産は債券ではなく，Attanasio and Weber [1993] は住宅金融組合（Building Society）への貯蓄，Lund and Engsted [1996] はイギリスの株式を対象にしている．

表 4-2　GMM による推定結果

推定に含まれる債券の範囲	β (S.E.)	γ (S.E.)	J 統計量 [p 値]	自由度	VAR[M_t] ($\times 10^{-4}$)	VAR[M_t^*] ($\times 10^{-4}$)	GMM の操作変数
1 カ月～25 年	0.9732 (0.0033)	4.1027 (0.8043)	57.6864 [0.0665]	43	19.20	0.61	1, 3, 6, 12 カ月物の実質保有収益率および1人当り実質消費成長率の1期ラグの値
～20 年	0.9726 (0.0031)	3.7086 (0.7638)	55.9141 [0.0305]	38	15.70	0.58	
～15 年	0.9721 (0.0028)	3.1211 (0.6864)	53.7073 [0.0128]	33	11.10	0.43	
～10 年	0.9679 (0.0023)	2.1891 (0.5373)	41.7236 [0.0460]	28	5.45	0.40	
～5 年	0.9667 (0.0022)	1.9687 (0.5167)	39.3861 [0.0180]	23	4.40	0.30	
～12 カ月	0.9659 (0.0021)	1.6584 (0.4872)	33.1011 [0.0162]	18	3.12	0.29	
～6 カ月	0.9693 (0.0033)	3.2539 (0.8951)	15.1440 [0.1269]	10	12.00	0.29	1, 3, 6 カ月物の実質保有収益率および1人当り実質消費成長率の1期ラグの値
～3 カ月	0.9742 (0.0057)	5.4939 (2.1109)	6.5657 [0.1607]	4	34.50	0.05	1, 3 カ月物の実質保有収益率および1人当り実質消費成長率の1期ラグの値

注：1)　～X 年（カ月）は残存期間が1カ月から X 年（カ月）までのすべてのゼロ・クーポン債を含むサブ・セットを表す．
　　2)　推定期間は 1982 年 4 月～1997 年 12 月である．

一方，各サブセットの推定では，γ が 1.658 から 5.494 の間でばらつきが見られるものの，β は 0.966 から 0.974 の範囲で安定している．ただし，いずれのパラメータも標準偏差から判断して推定の精度は良好で，しかもパラメータの符号条件も満たしている．次に，J テストの p 値を見ると，(1 カ月物～3 カ月物) と (1 カ月物～6 カ月物) のサブセットを除いて，資産価格モデルの妥当性は，1％ 水準で支持されるものの5％ 水準で棄却される結果となった．しかしながら，バウンド・テストの結果から判断すると，いずれのサブセットでも不等式(4.10)を満たしており，モデルの妥当性が支持され

る.

　以上の結果から，イギリスにおける実質金利の期間構造は，イールド・カーブ全体として資産価格モデルと整合的であると結論される．つまり，家計の効用最大化行動と整合的という意味で，実質ベースでのイールド・カーブは効率的に形成されていると言えよう．この結論は，第2節で説明したように，長期債を短期間保有することによって生じる保有リスク・プレミアムが時間に対して可変的か否かにかかわらず妥当するが，不変である方が期間構造の安定性および金利予測の正確性の観点から望ましいことは言うまでもない[15]．そこで，次に保有リスク・プレミアムが時間とともに変化しているかどうかを検証しよう．

5. 保有リスク・プレミアムの時間可変性に関する検証

　従来，金利のリスク・プレミアムに関する実証研究では，Engle et al. [1987] によって確立された ARCH-M モデルが用いられてきた．このモデルは誤差項の条件付分散によって表されるリスクの大きさがリスク・プレミアムを決めるという考え方に基づいている．しかし，羽森［1996］はシミュレーションにより資産価格モデルから導かれるリスク・プレミアムと ARCH-M モデルとの考え方は整合的ではないことを示した．そこで，本章では，資産価格モデルのフレームワークの中で保有リスク・プレミアムの時間可変性を論じた先行研究（白川［1987］，福田［1993］）と同様の分散制約テストによって保有リスク・プレミアムの時間可変性を検証する．

　ここで用いる分散制約テストとは，保有リスク・プレミアムの分散に理論上の下限値を設け，それと現実のリスク・プレミアムの分散とを比較することによって現実のリスク・プレミアムがボラタイルな変動をしているか否か

---

15)　さらに言えば，保有リスク・プレミアムが時間に対して変動しなければ，資産価格モデルの妥当性は金利の期待理論の成立を含意する．

を検証するものである[16]．テストに用いる不等式の導出は章末の付論2に譲り，結果だけ示せば次のようになる．

$$\frac{2n-1}{n^2\rho'^2}\mathrm{Var}[rH_t^{(n,1)}]-\mathrm{Var}[rR_t^{(1)}]\leq\mathrm{Var}[\phi_t^{(n,1)}] \qquad(4.13)$$

ここで，$\phi_t^{(n,1)}$ はゼロ・クーポン債（残存期間 n 期）を1期保有したときのリスク・プレミアム，ρ' は $rR_t^{(1)}$ と $rR_t^{(n)}$ の相関係数である．分散制約式(4.13)の左辺は保有リスク・プレミアムの時間可変性を仮定したときの理論上の最小分散値を表すことから，この不等式が成立すればリスク・プレミアムは時間に対して可変的と推測され，反面，不成立なら時間に対して不変と推測される．

分散制約テストを行う際に考慮すべき問題が2つある．第1は保有リスク・プレミアムをどのように定義すべきかという点だ．分散制約式の導出過程からすれば，保有収益率の実現値を用いて

$$\phi_t^{(n,1)}\equiv rH_t^{(n,1)}-rR_t^{(1)} \qquad(4.14)$$

と定義すべきであろう．しかし，ここでは資産価格モデルから導かれる保有リスク・プレミアム（(4.8)式右辺）が時間可変的であるか否かも検証したい．この場合，保有リスク・プレミアムは

---

[16] 本章で用いている分散制約テストを福田 [1993] は Shiller [1979] の分散制約テストと呼んでいるが，これは厳密に言えば誤りである．Cochrane [1991] は第4節で示したオイラー方程式のテストと Shiller の分散制約テストとが同値であることを示すと同時に，Shiller の分散制約テストは資産収益率に関して予測不可能な部分のサイズについては何も語っていないと述べている．本章（および白川，福田）の分散制約テストは，章末付論2で示したその導出過程からも分かるように，まさに資産収益率の予測不可能な部分（時間に対して変動するリスク・プレミアム）に関するテストであり，したがって厳密には Shiller の分散制約テストと同じものではない．また，白川 [1987] と福田 [1993] は分散制約テストの結果を資産価格モデルの妥当性の問題と結び付けて論じているが，分散制約テストの導出過程を見ても分かるように，保有リスク・プレミアムに資産価格モデルの推定結果に基づいたものを用いる必然性はない．さらに，資産価格モデルから導かれる(4.8)式右辺は保有リスク・プレミアムが時間に対して変動する可能性を示唆しているだけであって，$\mathrm{Cov}_t[\cdot]$ がゼロのケースまたは $\mathrm{Cov}_t[\cdot]/E_t[\cdot]$ が一定のケースを排除しているわけではない．

$$\phi_t^{(n,1)} \equiv -\frac{\mathrm{Cov}_t\left[\beta\left(\frac{C_{t+1}}{C_t}\right)^{-\gamma}, rH_t^{(n,1)}\right]}{E_t\left[\beta\left(\frac{C_{t+1}}{C_t}\right)^{-\gamma}\right]}$$

$$= E_t[1+rH_t^{(n,1)}] - \frac{E_t\left[\beta\left(\frac{C_{t+1}}{C_t}\right)^{-\gamma}(1+rH_t^{(n,1)})\right]}{E_t\left[\beta\left(\frac{C_{t+1}}{C_t}\right)^{-\gamma}\right]}$$

と定義される．これに，すべてのゼロ・クーポン債のデータから得られた資産価格モデルのパラメータ推定値

$$\beta = 0.973, \quad \gamma = 4.103$$

を代入し，さらに各期の実現値が条件付期待値と一致していると仮定すると，リスク・プレミアムは

$$\phi_t^{(n,1)} = (1+rH_t^{(n,1)}) - \frac{1}{0.973\left(\frac{C_{t+1}}{C_t}\right)^{-4.103}} \tag{4.15}$$

と計算される[17]．ここでは，上記2通りの結果を比較するために，保有リスク・プレミアムが(4.14)式で定義される場合をケース1，(4.15)式で定義される場合をケース2として分散制約テストを行う．

　第2の問題点は，分散制約テストが有効であるためには次の2つの条件を満たさなければならないことである．

　①理論的な下限値を規定する確率変数が定常性を満たすこと．

　②標本数が大きいこと．小標本の場合，計算された下限値にバイアスが生じる．

最初の点については，第3節ですべての実質保有収益率につき定常性が確認されている．また，後者の点については，ケース1，2とも標本は1982年4月から1997年12月までの189サンプルが確保できることから，標本数としては問題ないだろう．

---

17) (4.8)式の左辺と比べてもわかるように，(4.15)式右辺の第2項は $(1+rR_t^{(1)})$ の推定値，つまり理論値と推定誤差とを合わせたものとなっていることに注意すべきである．

第4章 実質金利の期間構造　　117

表 4-3 分散制約テストの結果

残存期間	理論上の最小分散値	保有リスク・プレミアムの分散値	
		ケース1	ケース2
3ヵ月	3.610×10^{-4}	3.033×10^{-4}	32.5×10^{-4}
6ヵ月	0.0022	0.0019	0.0055
12ヵ月	0.0093	0.0094	0.0139
5年	0.0254	0.0275	0.0310
10年	0.0998	0.0571	0.0600
15年	0.4232	0.0972	0.0998
20年	2.0528	0.1480	0.1507
25年	17.169	0.2114	0.2144

注：1) ケース1では実際の保有リスク・プレミアムを使用し，ケース2では資産価格モデルの推定結果から計算された保有リスク・プレミアムを用いた．
　　2) 分散値の計算に用いたデータのサンプル数は1982年4月～1997年12月の189である．

　ケース別の分散制約テストの結果は表4-3のとおり．本来ならば，(4.13)式右辺に表れる分散の分布型を特定し，信頼限界値と比較することによって検定を行う必要があるが，分布型を特定する根拠がないため，ここでは点推定値を用いた．保有収益率の実現値を用いたケース1では，12ヵ月物と5年物のゼロ・クーポン債に関してリスク・プレミアムの分散が理論上の最小値をわずかに上回るものの，他のゼロ・クーポン債については最小値を下回る結果となった．したがって，ケース1の結果からは，イールド・カーブの一部に時間可変的なリスク・プレミアムが存在するものの，全体としてみればそれは時間に対してコンスタントであると言えよう．

　一方，資産価格モデルの推定結果から計算されるリスク・プレミアムを用いたケース2では，分散制約テストの結果に以下のような明確な特徴が見られる．

①残存期間が10年以上の場合にはリスク・プレミアムの分散が理論上の最小値を下回り，時間に対してそれがコンスタントであることが示される反面，残存期間が5年以下になると逆にリスク・プレミアムが時間可変的になってしまう．

②残存10年以上では実績に基づいたケース1の数値と大きくかい離しな

表 4-4 保有粗収益率の平均と分散

残存期間	平均	分散
1 カ月	1.0367	0.0003
（推定値）	(1.0385)	(0.0022)
3 カ月	1.0373	0.0008
6 カ月	1.0374	0.0026
12 カ月	1.0384	0.0105
5 年	1.0349	0.0283
10 年	1.0351	0.0576
15 年	1.0350	0.0976
20 年	1.0353	0.1484
25 年	1.0360	0.2119

注：1) 推定値は $(0.973)^{-1}(C_{t+1}/C_t)^{4.103}$ より計算した.
2) 平均と分散の計算期間は 1982 年 3 月～1997 年 12 月（推定値は，1982 年 4 月～1997 年 12 月）である.

いものの，5 年以下になるとかい離が急に大きくなる．

最初の結果だけ見れば，金融政策の変更など債券市場の環境変化に対して，イールド・カーブのショート・エンドでは価格が過剰反応するためにリスク・プレミアムがボラタイルになってしまうと解釈できるが，この解釈では後者の結果が説明できない．そこで，次に考えられる解釈は，1 カ月物ゼロ・クーポン債の粗収益率の推定値として計算した $(1+rR_t^{(1)})^* = (0.973)^{-1}$ $(C_{t+1}/C_t)^{4.103}$ が実績値と大きくかい離してしまう，つまり大きな推定誤差を含んでいるということである．実際，表 4-4 で確認すると，その粗収益率の平均と分散はともに推定値の方が実績値よりもかなり大きくなっている．これは，パラメータの推定値がすべてのゼロ・クーポン債を用いて推定されたものであって，1 カ月物のデータのみから得られたものではないために生じたと推測される．しかも，各ゼロ・クーポン債の粗収益率の分散は，ロング・エンドでは 1 カ月物の推定値に比べてもかなり大きいのに対して，残存期間が短くなるにつれて急速に小さくなっている．このため，リスク・プレミアムの分散を計算したとき，ロング・エンドでは推定値と実績値の分散のかい離があまり影響しなかった反面，ショート・エンドではその影響が大きく出てしまったと解釈すれば，上述した 2 つの特徴が整合的に説明できる．

以上の考察から，推定誤差を含むデータを用いて検証したケース2よりも実現値を用いたケース1の結果の方が信憑性が高いと判断され，分散制約テストの結論として，保有リスク・プレミアムはイールド・カーブ全体で見て時間に対して不変であったと推測される．

6. 結　　論

本章では，80年代から90年代にかけてのイギリスを対象に，まず資産価格モデルが実質ベースでのイールド・カーブ全体に妥当するかを検証した．その結果，オイラー方程式のパラメータ条件，モデルの特定化に関する検証のいずれの観点からも資産価格モデルは支持され，このことから，家計の効用最大化行動と整合的という意味で実質ベースでのイールド・カーブは効率的に形成されていたと結論される．次いで，残存期間3カ月以上のゼロ・クーポン債を1カ月間保有した場合の保有リスク・プレミアムが時間に対して可変的か否かを検証すると，リスク・プレミアムの計算に租収益率の実績値を用いたときには概ねすべてのゼロ・クーポン債でリスク・プレミアムは時間に対してコンスタントという結果が得られた．これらの実証結果は，実質ベースでのイールド・カーブ全体でコンスタント・リスク・プレミアムを持つ金利の期待理論が成立していたことを示唆する．

一方，第3章では，ほぼ同期間の名目ゼロ・クーポン債金利のデータを用いて金利の期待理論を検証したところ，イールド・カーブ全体では支持されなかった．この結果を本章の結果と対比すると，名目ベースでのイールド・カーブにおいて期待理論を歪めている原因は期待インフレ率の不安定性ということが推測される．

ここで，80年代から90年代にかけてのインフレ率の動向を振り返ってみよう．図4-1で小売物価指数（住宅金利支払いを控除したベース：PRIX）の前年同月比の推移をみると，サッチャー政権の強力なマネーサプライ管理によってインフレ率は80年代半ばに落ち着いたものの，資産インフレを受

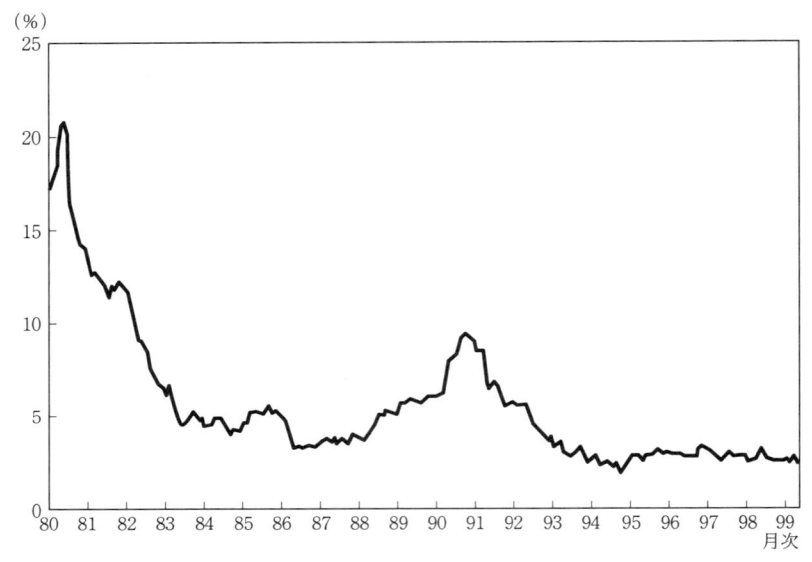

注：住宅金利支払いを控除したベース．
出所：Office for National Statistics (http://www.statistics.gov.uk/).

図 4-1　小売物価指数の前年同月比

けて80年代後半から上昇基調に転じ，真にインフレ率が安定したと言えるのは94年以降である．このインフレ率変動の背景には，第2次石油危機の影響，金融制度改革による金融市場自由化，ECの為替相場機構（ERM）への参加（90年）と離脱（92年）など事前にイギリス経済への影響が予測できない外生的，制度的要因があり，それらがインフレ率の見通しを困難にしていたことは事実だが，さらには，この時期の金融政策のターゲットがマネーサプライ管理から為替安定，そして直接に物価安定へと二転三転したことが人々の金融政策への不信と期待インフレ率の不安定性を増幅させたものと思われる．

　では，今後期待インフレ率は安定していくのだろうか．イギリス政府は92年9月のERM離脱後，金融政策の目標を直接物価安定に置くことを表明し，さらに，97年5月に発足したブレア政権は一層の物価安定をはかる

ために,間をおかずしてイングランド銀行の独立性強化策を打ち出した[18].具体的には,イングランド銀行に対する政策金利決定権限の大蔵省からの移譲と外国為替への介入権限付与である.これらの権限強化に伴い,政府が定めるインフレ率の目標値から上下1%以内に収まらない場合には,イングランド銀行はその原因と目標値の範囲に復帰する時期などについて大蔵大臣に説明する義務を負うことになっており,物価安定の経済目標は90年代前半までと比べて一段と重要な位置づけとなっている.したがって,この物価安定策に対してイングランド銀行の信頼性が増せば期待インフレ率も落ち着き,結果として名目ベースでのイールド・カーブもより効率的なものに矯正されていくだろう[19].

最後に今後の課題について触れておこう.第5節の保有リスク・プレミアムの検証で,資産価格モデルの推計結果に基づいた $(1+rR_t^{(1)})$ の推定値を用いたとき,ショート・エンドでのリスク・プレミアムの変動が説明できなかった.さらに表4-4を見ると,ショート・エンドにおけるリスク・プレミアムの平均は実績値ベースでは正となるにもかかわらず,推定値を用いた場合には負となってしまう.これらの結果は第4節で示した資産価格モデルの妥当性とどう整合するのだろうか.Backus et al. [1989] と Salyer [1990] は CRRA 型の効用関数が仮定され,かつ,異時点間の限界代替率が正の自己相関を持つとき,資産価格モデルに基づき計算されるフォワード・リスク・プレミアムは常に負となることを理論的に示した.これは,金利の期間構造における「ターム・プレミアム・パズル」の1つとして知られている.本章のデータでも,異時点間の限界代替率は正の自己相関を持つことが確認されることから,負のリスク(ターム)・プレミアムは仮定した効用関数の

---

18) イギリスに関するインフレ・ターゲット政策の概要と問題点については Haldane [1997] と Allen [1999] を参照されたい.

19) Lowe and Kent [1997] は理論的分析に基づいて,また,Allen [1999] は80年代後半以降の日本の例を出して,インフレ・ターゲット政策にとって資産価格の動向に注意することの重要性を強調している.

型に起因しているのであって，資産価格モデルの妥当性を否定するものではない．しかしながら，先のプレミアム・パズルは重要な問題であり，そのためには効用関数のモデルを再考する必要がある．その一案として，金融資産の保有量を効用関数に組み込むよう拡張することが考えられる．つまり，家計（投資家）が消費財と金融資産との間で最適な選択をしているのであれば，金融資産の保有量も効用に影響を与えるはずである．このような方向への効用関数の拡張は現実に国債取引の主体となっている機関投資家の投資行動を反映するものであり，その意味でも，拡張された効用関数を用いたときプレミアム・パズルが解消できるかどうかを検討することは重要な意義を持つであろう．

付論1　Hansen and Jagannathan [1991] のバウンド・テストに用いる不等式の導出

N 個の資産収益率 $\boldsymbol{R}_{t+1}=(R_{1t+1}, R_{2t+1}, \cdots, R_{Nt+1})'$ と確率的割引率 M_{t+1} に対して，無条件期待値を取り，期間を1期ずらしたオイラー方程式（ベクトル表示）は

$$1 = E[(\boldsymbol{1}+\boldsymbol{R}_t)M_t] \tag{A1.1}$$

となる．ここで

$$\bar{M} = E[M_t] = E[M_t^*]$$

を満たすある確率的割引率 M_t^* が資産収益率の線形結合で表されると仮定すると，M_t^* はマーケット・ポートフォリオの収益率ともみなせるから，資産価格決定理論を援用することによって

$$M_t^* = \bar{M} + (\boldsymbol{R}_t - E[\boldsymbol{R}_t])'\boldsymbol{\beta}_\mathrm{M}$$

と書ける．このとき，M_t^* はオイラー方程式(A1.1)を満たすはずだから，

$$1 = E[(\boldsymbol{1}+\boldsymbol{R}_t)M_t^*] \tag{A1.2}$$

(A1.2)式を展開していくと，

$$\begin{aligned}1 &= \bar{M}E[\boldsymbol{1}+\boldsymbol{R}_t] + \mathrm{Cov}[\boldsymbol{R}_t, M_t^*] \\ &= \bar{M}E[\boldsymbol{1}+\boldsymbol{R}_t] + E[(\boldsymbol{R}_t - E[\boldsymbol{R}_t])(M_t^* - \bar{M})] \\ &= \bar{M}E[\boldsymbol{1}+\boldsymbol{R}_t] + E[(\boldsymbol{R}_t - E[\boldsymbol{R}_t])(\boldsymbol{R}_t - E[\boldsymbol{R}_t])'\boldsymbol{\beta}_\mathrm{M}] \\ &= \bar{M}E[\boldsymbol{1}+\boldsymbol{R}_t] + \boldsymbol{\Omega}\boldsymbol{\beta}_\mathrm{M} \end{aligned} \tag{A1.3}$$

ここで，$\boldsymbol{\Omega}$ は資産収益率の無条件分散・共分散行列である．
(A1.3)式より

$$\boldsymbol{\beta}_\mathrm{M} = \boldsymbol{\Omega}^{-1}(\boldsymbol{1} - \bar{M}E[\boldsymbol{1}+\boldsymbol{R}_t])$$

であり，これを用いると

$$\begin{aligned}\mathrm{Var}[M_t^*] &= \boldsymbol{\beta}_\mathrm{M}'\boldsymbol{\Omega}\boldsymbol{\beta}_\mathrm{M} \\ &= (\boldsymbol{1} - \bar{M}E[\boldsymbol{1}+\boldsymbol{R}_t])'\boldsymbol{\Omega}^{-1}(\boldsymbol{1} - \bar{M}E[\boldsymbol{1}+\boldsymbol{R}_t]) \end{aligned} \tag{A1.4}$$

となる．

一方，(A1.1)と(A1.2)式より
$$E[(1+\boldsymbol{R}_t)(M_t-M_t^*)] = E[1+\boldsymbol{R}_t]E[M_t-M_t^*]$$
$$+\text{Cov}[1+\boldsymbol{R}_t, M_t-M_t^*]$$
$$= \text{Cov}[\boldsymbol{R}_t, M_t-M_t^*] = 0 \quad (A1.5)$$

M_t^* は資産収益率の線形結合だから，(A1.5)式は
$$\text{Cov}[M_t^*, M_t-M_t^*] = 0$$
を含意する．このとき，
$$\text{Var}[M_t] = \text{Var}[M_t^*]+\text{Var}[M_t-M_t^*]+\text{Cov}[M_t^*, M_t-M_t^*]$$
$$= \text{Var}[M_t^*]+\text{Var}[M_t-M_t^*]$$
$$\geq \text{Var}[M_t^*]$$

となり，(A1.4)式で計算される分散が確率的割引率の分散の理論的下限値であることが示される．

付論2 分散制約テストで用いる制約式の導出

変数を以下のように定義する．

$q_{n,t}$：ゼロ・クーポン債（残存期間 n 期）の名目価格

$R_t^{(n)}$：ゼロ・クーポン債（残存期間 n 期）の名目金利

$H_t^{(n,k)}$：ゼロ・クーポン債（残存期間 n 期）を k 期保有したときの名目保有収益率

$\phi_t^{(n,k)}$：ゼロ・クーポン債（残存期間 n 期）を k 期保有したときの保有リスク・プレミアム（$\equiv E_t[H_t^{(n,k)}]-R_t^{(k)}$）

rX_t：変数 X の実質値

P_t：物価水準

π_t：物価の変化率（インフレ率）

$\pi_{t,t+k}^e$：t 期における $(t+k)$ 期の期待（予想）インフレ率

このとき，実質保有収益率と実質金利は次のように表せる．まず，実質保有

第4章　実質金利の期間構造

収益率は，定義より，

$$rH_t^{(n,k)} = \left[\frac{q_{n-k,t+k}/P_{t+k}}{q_{n,t}/P_t}\right]^{\frac{1}{k}} - 1 = (H_t^{(n,k)}+1)\left[\prod_{i=1}^{k}(\pi_{t,t+i}^e+1)\right]^{-\frac{1}{k}} - 1$$

$$\therefore \quad (H_t^{(n,k)}+1)^k = (rH_t^{(n,k)}+1)^k \left[\prod_{i=0}^{k}(\pi_{t,t+i}^e+1)\right]$$

この式を線形近似すると

$$H_t^{(n,k)} \approx rH_t^{(n,k)} + (k)^{-1}\sum_{i=1}^{k}\pi_{t,t+i}^e \tag{A2.1}$$

一方，ゼロ・クーポン債の名目償還価格を1とすると，その名目価格と実質価格に関して，

$$q_{n,t} = \frac{1}{(1+R_t^{(n)})^n}$$

$$rq_{n,t} = \frac{q_{n,t}}{P_t} = \frac{(1/P_{t+n})}{(1+rR_t^{(n)})^n}$$

が成立するから，これらを組み合わせると

$$\frac{1}{(1+R_t^{(n)})^n} = \frac{1}{(1+rR_t^{(n)})^n}\frac{P_t}{P_{t+n}} = \frac{1}{(1+rR_t^{(n)})^n}\left[\prod_{i=1}^{n}(\pi_{t,t+i}^e+1)\right]^{-1}$$

この式を線形近似すると，

$$R_t^{(n)} \approx rR_t^{(n)} + (n)^{-1}\sum_{i=1}^{n}\pi_{t,t+i}^e \tag{A2.2}$$

保有期間を1期としたとき，名目保有収益率は近似的に

$$h_t^{(n,1)} = nR_t^{(n)} - (n-1)R_{t+1}^{(n-1)}$$

が成立するから，これに(A2.1)と(A2.2)式を代入し，さらに $\pi_{t,t+k}^e = \pi_{t+1,t+k}^e$ を仮定すると

$$rH_t^{(n,1)} + \pi_{t,t+1}^e = nrR_t^{(n)} - (n-1)rR_{t+1}^{(n+1)} + \pi_{t,t+1}^e$$

$$\therefore \quad rH_t^{(n,1)} = nrR_t^{(n)} - (n-1)rR_{t+1}^{(n-1)} \tag{A2.3}$$

また，名目保有収益率を用いた場合，金利の期待理論は

$$E_t[h_t^{(n,1)}] = R_t^{(1)} + \phi_t^{(n,1)}$$

と表せるから，これに(A2.1)と(A2.2)式を代入すると

$$E_t[rH_t^{(n,1)}] + \pi_{t,t+1}^e = rR_t^{(1)} + \pi_{t,t+1}^e + \phi_t^{(n,1)}$$

したがって，実質ベースでの期待理論も

$$E_t[rH_t^{(n,1)}] = rR_t^{(1)} + \phi_t^{(n,1)} \tag{A2.4}$$

と表せる．ここで，実質ベースにおいても保有リスク・プレミアムは名目ベースと変わらないことに注意すべきである．(A2.3)と(A2.4)式から

$$\begin{aligned}\varepsilon_{t+1} &= rH_t^{(n,1)} - rR_t^{(1)} - \phi_t^{(n,1)} \\ &= nrR_t^{(n)} - (n-1)rR_{t+1}^{(n-1)} - rR_t^{(1)} - \phi_t^{(n,1)}\end{aligned} \tag{A2.5}$$

仮に，t 期の実質長期金利が t 期に利用可能なすべての情報を使って合理的に決められているのなら，

$$\mathrm{Cov}[\varepsilon_{t+1}, rR_t^{(n)}] = 0$$

が成立するはずだから，これに(A2.5)式を代入して整理すると，

$$\begin{aligned}&n\mathrm{Var}[rR_t^{(n)}] - (n-1)\mathrm{Cov}[rR_t^{(n)}, rR_{t+1}^{(n-1)}] \\ &- \mathrm{Cov}[rR_t^{(1)} + \phi_t^{(n,1)}, rR_t^{(n)}] = 0\end{aligned} \tag{A2.6}$$

一方，(A2.3)式より

$$\begin{aligned}\mathrm{Var}[rH_t^{(n,1)}] &= n^2\mathrm{Var}[rR_t^{(n)}] + (n-1)^2\mathrm{Var}[rR_{t+1}^{(n-1)}] - 2n(n-1) \\ &\quad \times \mathrm{Cov}[rR_t^{(n)}, rR_{t+1}^{(n-1)}]\end{aligned} \tag{A2.7}$$

(A2.6)式を用いて(A2.7)式から $(n-1)\mathrm{Cov}[rR_t^{(n)}, rR_{t+1}^{(n-1)}]$ を消去し，整理すると

$$\begin{aligned}\mathrm{Var}[rH_t^{(n,1)}] &= (n-1)^2\mathrm{Var}[rR_{t+1}^{(n-1)}] - n^2\mathrm{Var}[rR_t^{(n)}] \\ &\quad + 2n\rho(\mathrm{Var}[rR_t^{(1)} + \phi_t^{(n,1)}])^{\frac{1}{2}}(\mathrm{Var}[rR_t^{(n)}])^{\frac{1}{2}}\end{aligned}$$

ここで，ρ は $(rR_t^{(1)} + \phi_t^{(n,1)})$ と $rR_t^{(n)}$ の相関係数である．この式は，系列 $\{rR_t^{(n)}\}$ が定常性を満たしていれば，

$$\mathrm{Var}[rR_{t+1}^{(n-1)}] \approx \mathrm{Var}[rR_t^{(n)}]$$

と仮定することによって

$$\begin{aligned}\mathrm{Var}[rH_t^{(n,1)}] &= (1-2n)\mathrm{Var}[rR_t^{(n)}] + 2n\rho(\mathrm{Var}[rR_t^{(1)} + \phi_t^{(n,1)}])^{\frac{1}{2}} \\ &\quad \times (\mathrm{Var}[rR_t^{(n)}])^{\frac{1}{2}} \\ &= -(2n-1)\Big[(\mathrm{Var}[rR_t^{(n)}])^{\frac{1}{2}} - \frac{n\rho}{2n-1}(\mathrm{Var}[rR_t^{(1)}}\end{aligned}$$

$$+\phi_t^{(n,1)}])^{\frac{1}{2}}\Big]^2+\frac{n^2\rho^2}{2n-1}\text{Var}[rR_t^{(1)}+\phi_t^{(n,1)}]$$

と変形できる．n は明らかに2よりも大きな整数だから，

$$\text{Var}[rH_t^{(n,1)}] \leq \frac{n^2\rho^2}{2n-1}\text{Var}[rR_t^{(1)}+\phi_t^{(n,1)}] \tag{A2.8}$$

さらに，$\{rR_t^{(1)}\}$ と $\{\phi_t^{(n,1)}\}$，$\{rR_t^{(n)}\}$ と $\{\phi_t^{(n,1)}\}$ が互いに独立な系列であると仮定すると，(A2.8)式は次のようになる．

$$\frac{2n-1}{n^2\rho'^2}\text{Var}[rH_t^{(n,1)}] - \text{Var}[rR_t^{(1)}] \leq \text{Var}[\phi_t^{(n,1)}] \tag{A2.9}$$

ここで，ρ' は $rR_t^{(1)}$ と $rR_t^{(n)}$ の相関係数である．

　不等式(A2.9)が分散制約式であり，その左辺が保有リスク・プレミアムの時間可変性を仮定したときの理論上の最小分散値を表す．したがって，(A2.9)式が成立すれば保有リスク・プレミアムは時間に対して可変的と推測され，反面，不成立なら時間に対して不変と推測される．

第5章 ターム・プレミアム・パズルの理論的考察

1. はじめに

　消費資産価格モデル（以下，資産価格モデル）は理論としての包括性から資産価格理論の規範的モデルの1つとなっているが，実証分析では必ずしも支持されず，いくつかの「パズル」を提示してきた．その中で最も有名なものは Mehra and Prescott [1985] が示した「エクイティ・プレミアム・パズル」であろう．Mehra and Prescott はカリブレーション法を用いてアメリカの株式収益率と安全資産（短期債券）の収益率の差であるエクイティ・プレミアムの大きさを計測した結果，現実的な消費者の相対的危険回避度を前提とした場合にプレミアムの実現値が理論値を大きく上回ることを見出し，このことをエクイティ・プレミアム・パズルと呼んだ[1]．

　本来，資産価格モデルは株式，債券を同時に考慮した上で金融資産の収益率の動きを分析するモデルだが，近年では金利の期間構造分析にも応用されるようになってきている．この資産価格モデルを適用した期間構造の実証分析においても，リスク（ターム）・プレミアムの符号が理論と現実とで異なるという「ターム・プレミアム・パズル」が起きている．このパズルはそもそも Backus et al. [1989] と Salyer [1990] によって実証された．両研究は，

---

[1] エクイティ・プレミアム・パズルに関しては多くの理論的，実証的研究が行われており，それらのサーベイとしては Kocherlakota [1996] と Campbell et al. [1997] の Chapter 8 を参照されたい．

2期間のキャッシュ・イン・アドバンス経済のフレーム・ワークの中で, i)経済の好況,不況いずれかの状態がマルコフ過程に従って推移する,ii)消費者の効用関数は$u(C_t)=(C_t^{1-\gamma}-1)/(1-\gamma)$で表され,かつ限界効用の1階差が定常過程に従うという仮定を置きリスク・プレミアムを導出したところ,実質消費支出(以下,実質消費)の成長率が正の1次自己相関を持つとき,それは理論的にマイナスとなるはずにもかかわらず,アメリカの3カ月と6カ月物TBレートのリスク・プレミアムはプラスの符号を示していることを指摘したのである[2]. また,イギリスのデータを用いて資産価格モデルが実質イールド・カーブ全体に妥当するかを検証した第4章でも,パラメータは正で有意に推定されたが,やはり1年以下のショート・エンドでターム・プレミアム・パズルが生じている.

エクイティ・プレミアム・パズルもターム・プレミアム・パズルも資産価格モデルの実証分析から派生した問題であるにもかかわらず,理論的,実証的研究の蓄積では後者の方が明らかに劣っているのが現状である. しかしながら,資産価格モデルの妥当性という観点からは後者の方が前者よりもはるかに深刻な問題を提示している. というのも,エクイティ・プレミアム・パズルではプレミアムの理論値と現実値がかい離しているものの,その符号がプラスで一致している反面,ターム・プレミアム・パズルではプレミアムの符号自体が理論と現実とで反対になってしまっているからである. そこで,本章では,従来用いられてきた資産価格モデルを発展させることによって,ターム・プレミアム・パズルを理論的に解明することを目的とする.

ターム・プレミアム・パズルを固有に扱った先行研究を見ると,これを説

---

[2] Campbell [1986] も実質消費の成長率が正の1次自己相関を持つとき,実質金利のフォワード・リスク・プレミアムおよびローリング・リスク・プレミアムが理論的にマイナスとなることを示した. 一方, Donaldson et al. [1990] は確率成長モデルに Merha and Prescott [1985] と同様のカリブレーション法を適用することによって景気循環と実質金利の期間構造との関係を分析し,好況・不況時を平均してみればイールド・カーブは正の傾きを持つが,景気の谷ではその傾きが負となる可能性を示唆した.

明するモデルは概ね次の3つに分類される．

①習慣形成

現在の消費水準が過去の消費水準にも依存するという仮説を組み込むことで，実質消費の成長率が負の自己相関を持つことを説明するモデル．
(Gregory and Voss [1991][3], Salyer [1995])

②嗜好変化（ショック）

消費者の効用が消費水準だけでなく他の要素によっても影響を受ける（たとえば $u(C_t, \lambda_t) = \lambda_t (C_t^{1-\gamma}-1)/(1-\gamma)$）と仮定することによって，異時点間の限界代替率が負の自己相関を持つことを説明するモデル．
(Campbell [1986])

③不完全市場と将来の不確実性

パズルの原因を資本市場の不完全性や将来の不確実性に求めるモデル．
(Heaton and Lucas [1992], Bansal and Coleman [1996], Holmström and Tirole [1998])

前二者のモデルが消費者の効用はどのようにして決定されるのかという問題に焦点を絞っているのに対して，最後のモデルは動学的一般均衡モデルの中に取引コストや将来所得の不確実性の要素を組み込むことによってパズルの解明を試みていることが特徴である．

これらの仮説はターム・プレミアム・パズルに対して理論的な説明力を有し，かつ Salyer, Heaton and Lucas, Bansal and Coleman はカリブレーション法により仮説を実証している．では，効用関数の形状と不完全市場や将来の不確実性，どちらがこのパズルの真の原因なのだろうか．逆に言えば，これらの要因を統一的に説明できないだろうか．これが本研究の問題意識であり，1つの解答として，「家計は取引サービスの享受と将来の不確実性の

---

3) Gregory and Voss [1991] は資産価格モデルに基づいてカナダの期間構造を分析しているが，カナダの場合実質消費成長率は負の自己相関を示していたため，分析の焦点はターム・プレミアム・パズルではなく，ターム・プレミアムの変動を説明することに当てられている．

ために貨幣を含む金融資産を保有し,そのうち,取引サービスを提供する貨幣や短期金融資産は効用に直接影響を与える」と仮定することが考えられる.実際,LeRoy [1984], Bakshi and Chen [1996] は,実質貨幣残高を効用関数に組み込んだモデルに基づいて金利の期間構造を分析しているが,その主たる問題意識は金融政策の名目金利への影響であり,ターム・プレミアム・パズルについては何も言及していない.また,現実には,家計は少額の現金通貨を手元に残す以外,多くの貨幣を金融機関に預け,金融機関が家計に代わって金融資産に投資している.このように,金融機関を通じて貨幣が金融資産に変換されることを考えたとき,貨幣に代わって取引サービスを提供する金融資産として,流動性が高く安全な短期債を効用関数に組み込むことは現実的であろう.

　本章では,以上の問題意識に基づき,家計が金融資産(債券)を購入する意義を考慮したモデルを提示することによって,ターム・プレミアム・パズルを理論的に分析する.構成は以下のとおりである.まず第2節では,モデルの仮定を説明した後,代表的家計の効用関数に短期債の保有量を組み込む形で拡張した資産価格モデルを提示し,それに基づいてリスク・プレミアムの決定式を示す.第3節では,モデルを用いて長期均衡および短期経路におけるリスク・プレミアムを分析する.ここで結論を先に述べれば,長期と短期において,たとえ実質消費成長率が正の自己相関を持つ場合でもリスク・プレミアムは正となる可能性がある,つまりターム・プレミアム・パズルが解消されることが示される.第4節では,モデル分析から得られたインプリケーションを述べるとともに今後の課題について言及する.

2. 債券保有量を効用に考慮した資産価格モデル

2-1　仮　　定

　ここでは,代表的家計の効用関数に短期債の保有量を組み込む形で拡張した資産価格モデルに基づいて,家計の最適消費行動と整合的な金利の期間構

造モデルを導出する．そのために債券と家計行動について次のような仮定をおく．

[債券]
・残存期間1期の短期債と残存期間 n 期（$n \geq 2$）の長期債を考え，いずれもゼロ・クーポン債とする．
・消費者物価で測った実質発行（購入）価格は両債券とも1とする．

[家計]
・家計の効用は実質消費と短期債保有量によって決定され，かつ時間に関して加法分離的である．
・家計において，ある世代の消費者は次世代の消費者（子供）の養育も考慮して消費選択を行う．このため，各世代の消費者の寿命は有限でも，家計自体は永久（将来について無限）に存続する．

ここで，モデルの導出に進む前に，上述した家計行動の前提について説明しておこう．家計行動は，家計による債券の直接保有，短期債保有の効用への直接的影響を前提としている．まず，家計が債券を直接保有している点だが，現実には債券の主要な保有主体は機関投資家をはじめとする金融機関である．しかしながら，金融機関が債券に投資する原資は主に家計からの預金や保険料である．したがって，金融機関は家計に代わって債券を購入していると考えれば，モデルにおいて家計が債券を直接保有していると仮定することができる．さらに，モデルの背景として，家計—（預金，保険料支払）→金融機関—（債券購入）→市場という流れを想定することは，2番目の前提条件である短期債保有が効用に直接影響することに対して1つの根拠を与える．この点を次に説明しよう．

これまで，効用関数に組み込むことのできる金融資産として，フィアット・マネーとしての実質貨幣残高だけが考えられてきた．これは，フィアット・マネーの保有が取引サービスという形で家計の厚生に貢献するとともに，フィアット・マネーの発行収入を家計にラン・サムで還元することで分配上の効果を取り除くことができるためである．しかしながら，家計による貨幣

の保有目的が短期的な流動性を確保することであり，さらに，短期的流動性を目的とした貨幣（具体的には要求払い預金，満期の短い定期性預金など）を上述した経路で金融機関が流動性の高い安全資産である短期債に変換していると考えれば，短期債を貨幣の代替とみなして効用関数に組み込むことは正当化されよう[4]．

2-2 基本モデルとリスク・プレミアムの導出

代表的家計は，$(t-1)$ 期および $(t-n)$ 期に購入した債券の償還金と税引き後の非資産所得の合計を毎期の総収入とし，それを基に現在 ($t=0$ 期) から将来にかけての消費と短期債保有から得られる期待効用（以下，効用）の割引現在価値が最大となるように消費財と2種類の債券の最適な選択を行う．すると，この最適化問題は次のように定式化される．

$$\underset{\{C_t, Q_{1,t}, Q_{n,t}\}_{t=0}^{\infty}}{\operatorname{Max}} E_0\left[\sum_{t=0}^{\infty} \beta^t u(C_t, Q_{1,t})\right] \quad (5.1)$$

$$\text{s.t.} \ C_t + Q_{1,t} + Q_{n,t} \leq Y_t + (1 + rR_{t-1}^{(1)})Q_{1,t-1} + (1 + rR_{t-n}^{(n)})^n Q_{n,t-n} \quad \forall t \quad (5.2)$$

ここで

$E_t[\cdot]$：t 期において利用可能な情報に基づく条件付期待値演算子

β：主観的割引率（$0 < \beta < 1$）

$u(\cdot)$：効用関数 $\left(\dfrac{\partial u}{\partial c_t} > 0, \ \dfrac{\partial u}{\partial Q_{1,t}} > 0\ を仮定\right)$

C_t：t 期における実質消費支出

---

[4] 貨幣と短期債の代替性については Friedman [1978], Wallace [1981], Bansal and Coleman [1996] 等も主張しており，そもそも，貨幣の役割を明示的に取り扱っていない資産価格モデルは，貨幣と金融資産が代替的であることを前提としている．また，LeRoy [1984] は，貨幣残高を効用関数に組み込むべきか否かについて，どちらのモデルが現実をよりよく説明しているかで判断すべきとしている．本研究の観点から言えば，少なくとも短期債を効用関数に組み込まない資産価格モデルではターム・プレミアム・パズルが発生しているのだから，本章で提示するモデルがこれを説明しうるか否かが重要であろう．

$Q_{k,t}$：t 期末における k 期債の保有量（$k=1, n$）

$rR_t^{(k)}$：t 期における k 期債の実質金利（$k=1, n$）

Y_t：t 期における税引き後の実質非資産所得

である．なお，制約条件(5.2)において，家計は長期債の途中売却を行わないことが前提となっている．これは，前述したように金融機関が家計から資金を集めて債券に投資していると考えれば，家計が長期の定期預金や保険を同時期に一斉に解約しない限り金融機関は長期債を満期まで保有するだけの長期性資金を安定的に維持していると解釈することから導かれる．

上記(5.1), (5.2)式で表される動学的最適化問題を解くと，1階の条件から，家計の最適消費行動と整合的な金利の期間構造モデル（基本モデル）として

$$E_t\left[\beta\frac{\lambda_{t+1}}{\lambda_t}\right] = (1+rR_t^{(1)})^{-1}\left[1-\frac{\mu_t}{\lambda_t}\right] \tag{5.3}$$

$$E_t\left[\beta^n\frac{\lambda_{t+n}}{\lambda_t}\right] = (1+rR_t^{(n)})^{-n} \tag{5.4}$$

という2つの確率的オイラー方程式（以下，オイラー方程式）が得られる．ここで，$\lambda_t \equiv \partial u/\partial C_t$, $\mu_t \equiv \partial u/\partial Q_{1,t}$ である．また，効用関数と主観的割引率における仮定により $\beta(\lambda_{t+1}/\lambda_t) > 0$ だから，(5.3)式が成立するためには以下の条件が必要となる．

$$0 \leq \mu_t < \lambda_t \tag{5.5}$$

導出された(5.3), (5.4)式は，消費を犠牲にして債券を購入した場合に相対的に失われる今期の消費に係る限界効用が，債券の保有によって得られる将来の消費に係る限界効用の割引現在価値に等しくなるように，消費経路が決められることを示しており，この関係は，均衡においては消費経路および債券の供給経路を所与とした場合，債券の均衡収益率の決定式とみなされる．なお，(5.3)式より，短期債保有を効用関数に組み込んだ場合には，組み込まない場合より λ_{t+1} が小さくなり，したがって来期における消費は多くなる．これは，t 期に購入した短期債が $(t+1)$ 期に償還されることに伴う効用減少を補うだけ消費を多くしなければならないためである．

第5章 ターム・プレミアム・パズルの理論的考察

次に,基本モデル(5.3),(5.4)式から $n=2$ と仮定したときのリスク・プレミアムを表す式を導出しよう.リスク・プレミアム S_t だが,ここでは Woodward [1983] と Lee [1989] に従い,t 期における1期債の $(t+1)$ 期予想価格と,1期債と2期債の価格から計算される $(t+1)$ 期のフォワード価格の差と定義する[5].

$$S_t \equiv E_t\left[\frac{1}{1+rR_{t+1}^{(1)}}\right]-\frac{1}{1+f_t^{(1,1)}} \tag{5.6}$$

ここで $f_t^{(1,1)}$ は t 期における $(t+1)$ 期から $(t+2)$ 期にかけてのフォワード・レートを表し,その定義から

$$\frac{1}{1+f_t^{(1,1)}} = \frac{1+rR_t^{(1)}}{(1+rR_t^{(2)})^2} \tag{5.7}$$

という関係が成立する.一方,$n=2$ のとき (5.3) と (5.4) 式より

$$\frac{1}{(1+rR_t^{(2)})^2} = E_t\left[\beta\left(\frac{\lambda_{t+1}}{\lambda_t}\right)\times\beta\left(\frac{\lambda_{t+2}}{\lambda_{t+1}}\right)\right]$$

$$= E_t\left[\beta\left(\frac{\lambda_{t+1}}{\lambda_t}\right)\right]E_t\left[E_{t+1}\left[\beta\left(\frac{\lambda_{t+2}}{\lambda_{t+1}}\right)\right]\right]$$

$$+\mathrm{Cov}_t\left[\beta\left(\frac{\lambda_{t+1}}{\lambda_t}\right),\ \beta\left(\frac{\lambda_{t+2}}{\lambda_{t+1}}\right)\right]$$

$$= \frac{1}{1+rR_t^{(1)}}\left(1-\frac{\mu_t}{\lambda_t}\right)\left\{E_t\left[\frac{1}{1+rR_{t+1}^{(1)}}\right]E_t\left[1-\frac{\mu_{t+1}}{\lambda_{t+1}}\right]\right.$$

$$\left.+\mathrm{Cov}_t\left[\frac{1}{1+rR_{t+1}^{(1)}},\ 1-\frac{\mu_{t+1}}{\lambda_{t+1}}\right]\right\}$$

$$+\mathrm{Cov}_t\left[\beta\left(\frac{\lambda_{t+1}}{\lambda_t}\right),\ \beta\left(\frac{\lambda_{t+2}}{\lambda_{t+1}}\right)\right]$$

$$\therefore\quad \frac{1+rR_t^{(1)}}{(1+rR_t^{(2)})^2} = \left(1-\frac{\mu_t}{\lambda_t}\right)\left\{E_t\left[\frac{1}{1+rR_{t+1}^{(1)}}\right]E_t\left[1-\frac{\mu_{t+1}}{\lambda_{t+1}}\right]\right.$$

---

5) Woodward [1983] と Lee [1989] は実質的なプレミアムとして
 $(1+f_t^{(1,1)})^{-1}-E_t[1+rR_{t+1}^{(1)}]^{-1}$
 と定義しているが,Shiller [1990] によればフォワード・リスク・プレミアムは
 $f_t^{(1,1)}-E_t[rR_{t+1}^{(1)}]$
 と定義されるため,ここでは各項の逆数の差をとった.

$$+ \mathrm{Cov}_t\left[\frac{1}{1+rR_{t+1}^{(1)}},\ 1-\frac{\mu_{t+1}}{\lambda_{t+1}}\right]\bigg\}$$
$$+ (1+rR_t^{(1)})\mathrm{Cov}_t\left[\beta\left(\frac{\lambda_{t+1}}{\lambda_t}\right),\ \beta\left(\frac{\lambda_{t+2}}{\lambda_{t+1}}\right)\right]$$

これを(5.7)式に代入して得られた $(1+f_t^{(1,1)})^{-1}$ を(5.6)式に代入して整理すると，リスク・プレミアムは

$$\begin{aligned}S_t =& \left\{1-\left(1-\frac{\mu_t}{\lambda_t}\right)E_t\left[1-\frac{\mu_{t+1}}{\lambda_{t+1}}\right]\right\}E_t\left[\frac{1}{1+rR_{t+1}^{(1)}}\right] - \left(1-\frac{\mu_t}{\lambda_t}\right)\\ &\times \mathrm{Cov}_t\left[\frac{1}{1+rR_{t+1}^{(1)}},\ 1-\frac{\mu_{t+1}}{\lambda_{t+1}}\right] - (1+rR_t^{(1)})\\ &\times \mathrm{Cov}_t\left[\beta\left(\frac{\lambda_{t+1}}{\lambda_t}\right),\ \beta\left(\frac{\lambda_{t+2}}{\lambda_{t+1}}\right)\right]\end{aligned} \quad (5.8)$$

と表せる．ここで，効用関数に短期債保有量が考慮されないとき，つまり短期債の保有が効用に影響を与えないときリスク・プレミアムがどうなるかを確認しておこう．この場合，$\mu_t = \mu_{t+1} = 0$ だから

$$S_t = -(1+rR_t^{(1)})\mathrm{Cov}_t\left[\beta\left(\frac{\lambda_{t+1}}{\lambda_t}\right),\ \beta\left(\frac{\lambda_{t+2}}{\lambda_{t+1}}\right)\right]$$

となる．したがって，消費における異時点間の限界代替率が正の1次自己相関を持つとき，特に相対的危険回避度一定（CRRA）型の効用関数では実質消費の成長率が正の1次自己相関を持つときフォワード・リスク・プレミアムは理論的にマイナスとなってしまう．さらに，$\lambda_t = \lambda_{t+1} = \lambda_{t+2} = \lambda$ となる長期均衡状態では $S=0$ となり，金利の期間構造における純粋期待理論と合致する．

では，短期債保有を効用に考慮したときにリスク・プレミアムはどのような特性を示すのだろうか．まずは長期均衡における特性から調べてみよう．

3. 分　　析

3-1　長期均衡でのリスク・プレミアム

分析に入る前に，長期均衡において債券の発行残高をどう扱うか説明して

おく.債券は発行主体の負債であるため,通常では
$$\lim_{t\to\infty}Q_{1,t} = \lim_{t\to\infty}Q_{2,t} = 0$$
と仮定される.しかし,発行主体が永続的に存続すると考えた場合には長期均衡での債務をゼロと仮定する必然性はない.したがって,ここでは,長期均衡において発行主体は債券の償還を元本部分(発行価格)と利払い部分(償還価格－発行価格)とに分け,元本部分を新たな債券の発行で,利払い部分を収入(国や地方公共団体の場合は増税)で賄うことによって債券の発行残高を一定に保つと仮定する.

長期均衡ではすべての t に対して $C_t = C$,$Q_{1,t} = Q_1$,$Q_{2,t} = Q_2$ となるから,各変数の限界効用および1期債の金利についても
$$\lambda_t = \lambda_{t+1} = \lambda_{t+2} = \lambda, \quad \mu_t = \mu_{t+1} = \mu, \quad rR_t^{(1)} = rR_{t+1}^{(1)} = rR^{(1)}$$
が成立する.これらを(5.8)式に代入して整理すると
$$(1 + rR^{(1)})S = 1 - \left(1 - \frac{\mu}{\lambda}\right)^2 \tag{5.9}$$
と表せる.一方,条件(5.5)より $0 \le \mu/\lambda < 1$ でなければならないから,(5.9)式より S の符号は

$\mu = 0$ のとき $S = 0$

$\mu > 0$ のとき $S > 0$

となる.

以上の分析より,短期債保有を効用に考慮した場合には,①短期債に係る限界効用が正であれば,リスク・プレミアムは長期均衡において理論的に正となる,②実質消費に係る限界効用に対して短期債に係るそれが大きくなるほどプレミアムは大きくなることが示された[6].これらの分析結果は長期均衡におけるターム・プレミアム・パズルを解消するものであるが,特に第1の結果の解釈が重要である.前述したように,家計に代わって金融機関が債

---

6) 長期債保有も効用関数に組み込んだ場合,長期均衡におけるリスク・プレミアム S は正にも負にもなることが示される.さらに,短期債に係る限界効用が長期債に係るそれよりも大きくなるほど,S は大きくなる.

券に投資（短期性預金は短期債，長期性預金は長期債に投資）するという仮定で考えたとき，家計が短期債を保有する，すなわち短期性預金を保有するインセンティブは何だろうか[7]．ここで，債券として国債を想定した場合，長期均衡状態にもかかわらず家計が短期性預金を保有するインセンティブは利払いのために課される税金対策と考えられる．つまり，毎期末に利払い分が税金として徴収されることが分かっていれば，合理的な家計はその支払いに備えるために短期性預金を保有するのである．

3-2 短期経路でのリスク・プレミアム

(5.8)式を変形すると

$$S_t = E_t\left[\left(\frac{1}{1+rR_{t+1}^{(1)}}\right)\left\{1-\left(1-\frac{\mu_t}{\lambda_t}\right)\left(1-\frac{\mu_{t+1}}{\lambda_{t+1}}\right)\right\}\right] - (1+rR_t^{(1)})\,\sigma_{\lambda,12} \quad (5.10)$$

となる[8]．ここで，

$$\sigma_{\lambda,12} \equiv \mathrm{Cov}_t\left[\beta\left(\frac{\lambda_{t+1}}{\lambda_t}\right),\ \beta\left(\frac{\lambda_{t+2}}{\lambda_{t+1}}\right)\right]$$

である．この式において，短期的には共分散 $\sigma_{\lambda,12}$ の符号が不明なことから，S_t の符号も確定しない．これは，実質消費以外に短期債の保有量が $\{\lambda_{t+1}/\lambda_t\}$ の系列に影響を与えるため，たとえ実質消費の成長率が正の1次自己相関を持っていても $\sigma_{\lambda,12}$ が正になるとは限らないからである．そこで，分析を掘り下げるために，効用関数の型，実質消費と短期債保有量の変化率の分布を以下のように仮定する[9]．

---

[7] 長期性預金については，長期均衡状態において不確実性がなくとも退職後の備えというインセンティブがある．

[8] (5.10)式から，$\sigma_{\lambda,12}=0$ のとき $S_t=0$ となる条件は

$$\left(1-\frac{\mu_t}{\lambda_t}\right)\left(1-\frac{\mu_{t+1}}{\lambda_{t+1}}\right) = 1$$

である．これは，(5.9)式から導かれる長期均衡において $S=0$ となる条件と同じである．

[9] 本研究では債券の発行主体の行動を明示的に扱っていないため，債券発行のル

[効用関数]
$$u(C_t, Q_{1,t}) = Q_{1,t}^a \frac{C_t^{1-\gamma}}{1-\gamma} \tag{5.11}$$

ここでパラメータ a と γ は各々,効用に係る短期債保有量の弾力性,消費に関する相対的危険回避度を表し,$a>0$,$0<\gamma<1$ と仮定する.

[実質消費と短期債保有量の変化率の分布]
- t 期から見た将来の実質消費 C_{t+i} および短期債保有量 $Q_{1,t+i}$ の変化率は対数正規分布する.
- 実質消費および短期債保有量の変化率の系列は定常性を満たし,かつ両系列は互いに無相関である.

実質消費と短期債保有量の変化率が対数正規分布するという仮定に合わせて,リスク・プレミアムを新たに
$$LS_t \equiv \ln E_t\left[\frac{(1+rR_t^{(2)})^2}{(1+rR_t^{(1)})(1+rR_{t+1}^{(1)})}\right]$$
と定義する[10].ここで,$(1+rR_{t+1}^{(1)})$ の時間に対する変動は極めて小さいと仮定すると
$$LS_t = 2\ln(1+rR_t^{(2)}) - \ln(1+rR_t^{(1)}) - E_t\left[\ln(1+rR_{t+1}^{(1)})\right] \tag{5.12}$$
と表せる[11].先に求めたオイラー方程式(5.3),(5.4)の両辺の対数を取ることによって $\ln(1+rR_t^{(2)})$,$\ln(1+rR_t^{(1)})$,$E_t[\ln(1+rR_{t+1}^{(1)})]$ を計算し,(5.12)式に代入すると

ールを定式化していない.仮に債券として国債のみを考えた場合,毎期の総発行量の一定割合を短期債で発行するとすれば,短期債残高の変化率の分布は総残高の変化率の分布と等しくなるため,ここでは短期債に関する分布のみ仮定した.

10) これまで用いてきたリスク・プレミアム S_t は
$$S_t = E_t\left[\frac{1}{1+rR_{t+1}^{(1)}}\right] - \frac{1}{1+f_t^{(1,1)}} = \frac{1+rR_t^{(1)}}{(1+rR_t^{(2)})^2}E_t\left[\frac{(1+rR_t^{(2)})^2}{(1+rR_t^{(1)})(1+rR_{t+1}^{(1)})} - 1\right]$$
と変形できることから,S_t と LS_t の符号は等しくなる.

11) 計算に当たっては,変数 X_t が対数正規分布するとき $\ln E_t[X_t] = E_t[\ln X_t] + 0.5\,\mathrm{Var}_t[\ln X_t]$ が成立するという特性を用いた.

$$LS_t = E_t\left[\ln\left\{\left(1-\frac{\mu_t}{\lambda_t}\right)\left(1-\frac{\mu_{t+1}}{\lambda_{t+1}}\right)\right\}^{-1}\right] - \text{Cov}_t\left[\ln\left(\frac{\lambda_{t+1}}{\lambda_t}\right),\ \ln\left(\frac{\lambda_{t+2}}{\lambda_{t+1}}\right)\right]$$
(5.13)

一方，(5.11)式から計算した $\lambda_t(=\partial u/\partial C_t)$, $\mu_t(=\partial u/\partial Q_{1,t})$ を(5.13)式に代入し，実質消費と短期債保有量の系列が無相関であることを考慮して整理すると，最終的に LS_t は

$$\begin{aligned}LS_t = &E_t\left[\ln\left\{\left(1-\frac{\alpha}{1-\gamma}\frac{C_t}{Q_{1,t}}\right)\left(1-\frac{\alpha}{1-\gamma}\frac{C_{t+1}}{Q_{1,t+1}}\right)\right\}^{-1}\right]\\ &-\alpha^2\,\text{Cov}_t\left[\ln\left(\frac{Q_{1,t+1}}{Q_{1,t}}\right),\ \ln\left(\frac{Q_{1,t+2}}{Q_{1,t+1}}\right)\right]\\ &-\gamma^2\,\text{Cov}_t\left[\ln\left(\frac{C_{t+1}}{C_t}\right),\ \ln\left(\frac{C_{t+2}}{C_{t+1}}\right)\right]\end{aligned}$$
(5.14)

と表せる．ここで，$\alpha=0$，すなわち短期債保有量が効用に影響を与えないとき，

$$LS_t = -\gamma^2\,\text{Cov}_t\left[\ln\left(\frac{C_{t+1}}{C_t}\right),\ \ln\left(\frac{C_{t+2}}{C_{t+1}}\right)\right]$$

となり，実質消費成長率が正の1次自己相関を持つ場合には $LS_t<0$ となることを確認しておこう．

(5.14)式において，右辺の第1項，第2項，第3項を各々 A_t, COQ_t, COC_t とおくと，条件(5.5)より

$$0 \leq \frac{\mu_j}{\lambda_j} = \frac{\alpha}{1-\gamma}\frac{C_j}{Q_{1,j}} < 1 \quad (j=t,\ t+1)$$

だから $A_t\geq 0$ となり，LS_t の符号は図5-1のように示される．この図から，実質消費成長率が1次自己相関を持つ，つまり $COC_t>0$ でも $LS_t>0$ となるためには $COQ_t<A_t/\alpha^2$ でなければならない．

では，$\{C_t\}$ と $\{Q_{1,t}\}$ の経路が所与であるとき，パラメータ α と γ の組み合わせに対して $LS_t>0$ となる可能性はどのように変化するのであろうか．$COC_t>0$, $COQ_t>0$ を仮定すると，図より $LS_t>0$ となる可能性は △BOD の面積に反映される．

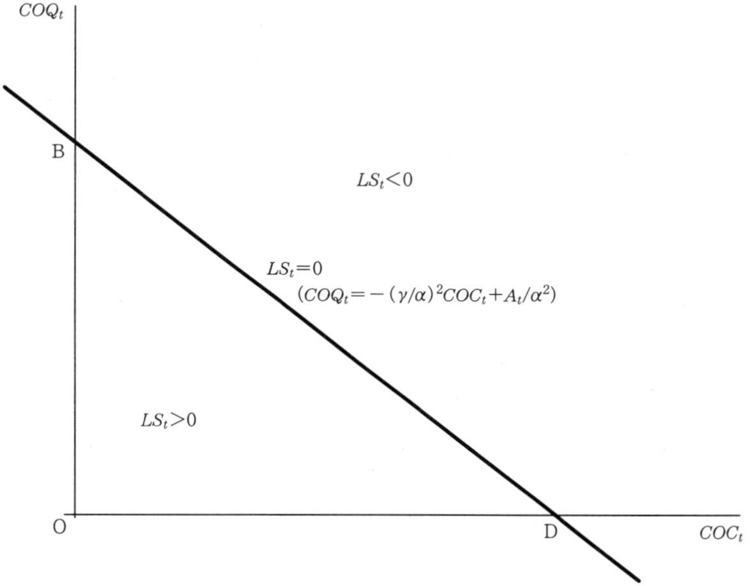

COQ_t
B
$LS_t<0$
$LS_t=0$
$(COQ_t=-(\gamma/\alpha)^2COC_t+A_t/\alpha^2)$
$LS_t>0$
O
D
COC_t

図 5-1　リスク・プレミアムの符号

$$\triangle \text{BOD の面積} = \frac{1}{2}\left(\frac{A_t}{\alpha\gamma}\right)^2$$

だから，$LS_t>0$ となる可能性は，関数

$$f(\alpha,\ \gamma) = \frac{A_t}{\alpha\gamma}$$

が α と γ によってどのように変化するのかによる．以下では，本研究での問題意識に従い，γ が所与であるとき，$LS_t>0$ となる可能性を高めるためには α がどうあるべきか考えてみよう．関数 $f(\alpha,\ \gamma)$ を α と γ で偏微分すると

$$\frac{\partial f}{\partial \alpha} = \frac{1}{\alpha^2\gamma}\left(\alpha\frac{\partial A_t}{\partial \alpha} - A_t\right) \tag{5.15}$$

一方，

$$A_t \equiv E_t\left[\ln\left\{\left(1-\frac{\alpha}{1-\gamma}\frac{C_t}{Q_{1,t}}\right)\left(1-\frac{\alpha}{1-\gamma}\frac{C_{t+1}}{Q_{1,t+1}}\right)\right\}^{-1}\right]$$

だから，A_t を α と γ で偏微分して整理すると

$$\frac{\partial A_t}{\partial \alpha} > 0 \tag{5.16}$$

$$\frac{\partial A_t}{\partial \gamma} > 0 \tag{5.17}$$

$$\alpha\frac{\partial A_t}{\partial \alpha} = (1-\gamma)\frac{\partial A_t}{\partial \gamma} \tag{5.18}$$

という関係が示される．まず，(5.15)，(5.16)式より，α が大きくなるほど $\partial f/\partial \alpha$ が正となる可能性が大きくなるから，LS_t が正となる可能性も大きくなる．また，(5.18)式を(5.15)式に代入すると，(5.17)式より $1-\gamma$ が大きい，すなわち所与の γ が小さいほど上記と同様の推論から LS_t が正となる可能性が大きくなる．

以上の分析から，効用関数および実質消費と短期債保有量の変化率の分布を前述のように仮定したとき，短期経路でのリスク・プレミアムの特性は次のようにまとめることができる．実質消費 $\{C_t\}$ と短期債保有量 $\{Q_{1,t}\}$ の経路を所与とすると，所与の相対的危険回避度 γ に対して短期債保有量の弾力性 α が大きいほど，リスク・プレミアム LS_t が正となる可能性が大きくなる．さらに，所与の γ が小さいほど LS_t が正となる可能性が高まる．また，γ が所与の場合に α の上昇は μ_t/λ_t の上昇を含意するから，この短期経路における分析結果は，前述した効用関数等についての仮定の下で，長期均衡での分析結果と整合している．

4. 結　　論

本章では，家計が債券を需要する意義を明示的に考慮したモデルを分析することによって，ターム・プレミアム・パズルを理論的に解明することを試みた．具体的には，代表的家計の効用関数に短期債の保有量を組み込む形で

第5章 ターム・プレミアム・パズルの理論的考察　　　143

拡張した資産価格モデルに基づいてリスク・プレミアムを導出し，その長期均衡および短期経路を分析した結果，次のような結論が得られた．長期均衡では，リスク・プレミアムが正となるためには短期債に係る限界効用が正となることが必要十分条件であり，さらに実質消費に係る限界効用に対して短期債に係るそれが大きくなるほどプレミアムは上昇する．一方，短期経路においては，効用関数の型等を仮定した上で，短期債に係る限界効用が正となることはリスク・プレミアムが正となるための必要条件ではあるが十分条件ではないことが示された．ただし，家計の相対的危険回避度 γ を所与としたとき，γ に対して効用に係る短期債の弾力性 α が大きくなるほど，実質消費と短期債保有量の系列を所与としたときのリスク・プレミアムが正となる可能性も高くなる．この結果は，γ が所与の場合には，実質消費に係る限界効用に対する短期債に係る限界効用の上昇を含意することから，長期均衡における分析結果と整合的である．

　このモデル分析から得られた理論的結論は，短期債の保有量が（金融機関を通じた影響であろうとも）家計の効用に影響を与える場合には，ターム・プレミアム・パズルが解消される可能性が高いということである．この理論的結論の当否は実証分析の結果をまたなければならず，これが今後の課題である．具体的には，債券（特に国債）もしくはその中でも短期債の保有は家計の効用に影響を与えるのか，また，影響を与えるとしてもその限界効用は実質消費の限界効用に対してどのように推移しているのかという点が検証のポイントとなる．しかし，現実には多くの家計は金融機関を通じて債券（特に国債）に投資しており，さらに債券以外にも様々な金融商品が存在するためこれらの問題を直接的に検証することは極めて困難である．したがって，金融資産の保有は家計の効用に影響を与えるのか，経済環境等に応じて金融機関はどのように金融商品に分散投資すべきか，国債の保有構造はどうあるべきかといった論点を個別に分析することによって間接的，段階的に実証していくことになろう．

第6章　景気循環と実質金利の期間構造

1. はじめに

　第4章でイギリスのデータを用いて消費資産価格モデル（以下，資産価格モデル）が実質イールド・カーブ全体に妥当するか否かを検証した結果，パラメータは正で有意に推定されたものの，残存期間1年以下のショート・エンドでターム・プレミアム・パズルが生じた．この問題を受けて，第5章では効用関数に短期債保有量を組み込んで拡張することによってパズルの理論的な解明を試みたが，一方でこのパズルを「計測上のパラドクス」と解釈することも可能であろう．つまり，ターム・プレミアム・パズルは相対的危険回避度一定（CRRA）型効用関数を前提とした資産価格モデルから導出されるリスク・プレミアムが実質消費成長率の系列 $\{C_{t+1}/C_t\}$ の自己相関に依存するという意味で，あくまで「サンプル期間の平均において」という観点から論じられているものである．したがって，そこにはサンプル期間中の景気変動に伴うイールド・カーブの変化が考慮されていない（Donaldson et al. [1990]，第5章の注2を参照）．実際，金融自由化が始まった1980年代以降のイギリスにおける名目スポット・レートのイールド・スプレッド（1年物インターバンク・レート－1カ月物インターバンク・レート）と，鉱工業生産指数（95年＝100）の前年同月比で代表した景気変動との関係を見ると，次のような特徴が指摘できる[1]（図6-1）．

　　1）　Bernard and Gerlach [1996] は，70年代から90年代前半にかけての主要先

第6章　景気循環と実質金利の期間構造

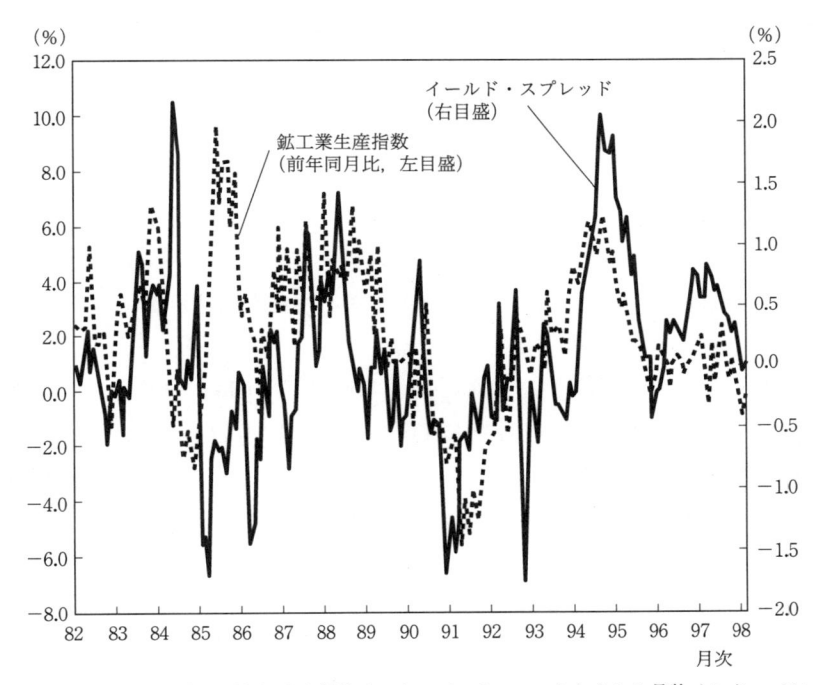

注：イールド・スプレッドは12カ月物インターバンク・レートから1カ月物インターバンク・レートを引いたもの．
出所：鉱工業生産指数—Office for National Statistics, *Economic Trends*, インターバンク・レート—イングランド銀行より入手．

図6-1　景気変動とイールド・スプレッド

①総じて，景気拡大期にはイールド・スプレッドが上昇し，後退期には下降する．このため，イールド・カーブの傾きは景気変動のピークでは正，ボトムでは負となっている．

進8カ国を対象に，名目イールド・スプレッドが景気後退を予測できるかという問題を検証し，イギリスにおける予測精度がアメリカ，ドイツより低いのは，金融自由化が始まる以前の70年代は金利の期間構造が市場参加者の景気見通しを反映していなかったためと指摘している．また，Artis et al. [1995] は先進12カ国を対象に60年代からの景気拡大期と後退期の基準日付けを行っているが，その判断指標として各国の鉱工業生産指数のみを用いている．

②80年代前半のイールド・スプレッドは景気変動に一致ないしは遅行していたが，80年代後半以降，景気拡大期にはイールド・スプレッドが遅行し，後退期には先行する傾向がある．

こうした景気変動とイールド・スプレッドとの関係を資産価格モデルは説明できるのだろうか．これが本章の主題である．もし，説明できるのであれば，たとえサンプル期間の平均においてターム・プレミアム・パズルが生じていても，資産価格モデルは規範モデルとしての有用性を保持していると言えよう．

資産市場と実体経済との関係に関する研究はFisher [1907] に溯る．Fisherは，均衡において，1年物の実質金利が翌年の所得の限界価値に対する今年の所得の限界価値の比に等しくなることを示した．この直観的な意味は明瞭である．つまり，翌年に景気後退が予想されるとき，消費者は今年の消費を抑制して景気後退時（翌年）の収入を確保すべく1年物債券を購入するだろう．その結果，今年の債券価格（実質金利）は来年の景気後退予想を反映して上昇（下落）することになる[2]．Lucas [1978]，Breeden [1979] 等によって定式化された資産価格モデルは，多くの研究で用いられているCRRA型の効用関数が仮定された場合，近似的にではあるが，この資産価格と景気変動との関係を明瞭に捉えることができる．Harvey [1988] はこのフレームワークに基づいて，実質消費成長率（景気変動の代理変数）と実質イールド・スプレッドとの関係を定式化し，アメリカのデータを用いて，実質イールド・スプレッドは景気変動の予測に有用な情報を内包していることを実証した．その後，同様のフレームワークに基づいて，Harvey [1989, 1991, 1997]，Estrella and Hardouvelis [1991]，Plosser and Rouwenhorst [1994]，Estrella and Mishkin [1995] 等多くの研究者たちがアメリカを中心とした先進国を対象に景気変動とイールド・スプレッドとの関係を検証したところ，日本を除く先進国でイールド・スプレッドが景気変動を予測す

---

2) Kessel [1965] は，景気循環と共に金利の期間構造が変化することを示した．

るうえで有効な先行指標となることが示されている.

 しかしながら,上記いずれの研究も景気変動を単純に(実質)GDPないし(実質)消費支出の変化率で定義しているが,厳密な意味で景気循環を取り扱うためにはこれらの変数に対して,以下の2点に留意した景気循環のモデル化を行う必要があろう.第1に,Nelson and Plosser [1982],Harvey [1985],Stock and Watson [1988a] 等は,GDPなど多くのマクロ経済変数の時系列がトレンド部分と循環部分との混成によることを指摘している.したがって,金利の期間構造と純粋な景気循環との関係を考察するのであれば,景気変動を表す変数(実質消費)の系列から循環部分を抽出する必要がある[3].Roma and Torous [1997] はこの考え方に基づき,資産価格モデルと状態空間モデルを組み合わせることによって,資産価格モデルのアメリカ国債市場への妥当性と,イールド・スプレッドと景気循環との関係を検証した.その結果,次のような特徴を見出した.

① 対数変換後の実質消費系列をトレンド部分と循環部分とに分けなかった場合には,イールド・カーブのショート,ロングいずれのエンドにおいても正の相対的危険回避度は推定されなかったが,分けた場合には,ショート・エンド(3カ月と6カ月)で正の符号を持つ回避度が有意に推定された[4].

② イールド・スプレッドは,実質GDP成長率自体の予測に対して有用な情報を有しているが,抽出した実質GDPの循環部分の予測については,より精度の高い情報を提供する.

また,Chapman [1997] は,資産価格モデルの妥当性は検証していないが,53年から91年にかけてのアメリカにおいて,残存2年以下の債券の実質金

---

3) 以下では,マクロ経済変数自体の循環的な動きを「景気変動」,マクロ経済変数の循環部分が示す循環的な動きを「景気循環」として区別する.

4) Labadie [1994] は,対数変換後の実質消費系列がトレンド定常か階差定常かによって,平均的なイールド・カーブの傾き,フォワード・プレミアムとターム・プレミアムの符号,景気循環の山と谷におけるイールド・スプレッドの符号が正反対になることを理論的に示した.

利が実質 GNP 系列の循環部分と有意に正の相関があったことを見出している．

　景気循環のモデル化において留意すべき第 2 の点は，30 年以上も前にミルトン・フリードマンが示唆した循環局面における特徴である．Goodwin and Sweeney [1993]，Beaudry and Koop [1993]，Sichel [1994] 等は，通常の景気循環において，多くのマクロ経済変数が拡大期と後退期とで非対称的な変動をすることを実証した．近年の実証研究では，こうした循環局面の非対称性などの特性をレジームのシフト（スイッチ）によって捉えようという試みがなされている．このレジーム・シフトの考え方を用いて金利変動を分析した先行研究は多数あるが，そのほとんどは，レジームのシフトを景気循環の拡大・後退局面よりむしろ金融政策目標の変更と関連付けて分析するか，あるいは特定の経済，政策環境の変更と結び付けることはせずに，時系列における金利水準およびボラタリティの大きさの変化がレジーム・シフトのモデル（レジーム・スイッチング・モデル）によって説明できるか否かを論じている[5]．そうした中で，わずかに Galbraith and Tkacz [1998] がレジーム・シフトの考え方を用いて G7 諸国におけるイールド・スプレッドと景気変動との関係を検証し，日本を除く各国でイールド・スプレッドは実質 GDP ないし GNP の変動予測に対して有用な情報を含んでいるが，景気の拡大，後退局面においてその情報に明確な非対称性が認められるのはアメリカとカナダだけであるという結論を導いている．ただし，この研究では，第 1 の点，すなわち実質 GDP ないし GNP 系列のトレンド部分と循環部分との区別は考慮されていない．

　本章の目的は，以上の点を考慮した景気循環モデルを資産価格モデルの中に組み込み，実際のデータがその精緻なモデルを支持するか，また，そのモデルによって景気循環とイールド・スプレッドとの理論的な関係が説明でき

---

5) 例えば，Hamilton [1988, 1989]，Lewis [1991]，Sola and Driffill [1994]，Gray [1996]，Garcia and Perron [1996]，Bekaert et al. [1998]，Ang and Bekaert [1998] を参照されたい．

るかを検証することである．対象はイギリスにおける実質イールド・カーブのショート・エンド（残存1年以下）であり，これは①多くの研究でイールド・スプレッドは約18ヵ月景気循環に先行することが示されている，②すでに述べたように，第4章ではショート・エンドでターム・プレミアム・パズルが生じており，前述した意味でイールド・カーブと景気循環との関係を調べる必要があることを考慮したためである．

次節以下の構成は次のようになっている．第2節では，実証分析のフレームワークとなる金利の期間構造モデルとして景気循環モデルを組み込んだ精緻な資産価格モデルを導出し，そのモデルに基づいて，イールド・スプレッドと景気循環との関係を理論的に考察する．第3節では，まず導出した理論モデルの推定に用いるデータについて説明したあと，実際にモデルを推定する．推定の結果，資産価格モデルは支持されたが，レジームのシフトは見出されなかった．そこで，循環部分にレジーム・スイッチを組み込まないモデルを再推定し，その結果に基づいて景気循環とイールド・スプレッドとの関係を検証する．第4節で，実証分析から得られた結果を整理し，最後に今後の課題について言及する．

2. モデル

ここでは，まず，実証分析のフレームワークとなる金利の期間構造モデルとして景気循環モデルを組み込んだ精緻な資産価格モデルを導出する[6]．その後，そのモデルに基づいて，イールド・スプレッドと景気循環との理論的な関係を考察する．

---

[6] 資産価格モデルでは金利の期間構造モデルと違い，株式や債券を含めた一般的な資産市場が想定されているが，ここで想定しているのは金融資産として債券だけが存在する特殊な経済社会である．一般的な資産価格モデルをどのように解釈すれば金利の期間構造モデルと整合するかは第4章を参照されたい．

2-1　金利の期間構造と景気変動の基本モデル

モデルを導出するにあたって，債券と代表的家計の行動について次のように仮定する．

［債券］
- 残存期間 1 期の短期債（以下，1 期債）と残存期間 n 期（$n≥2$）の長期債（同 n 期債）を想定し，いずれもゼロ・クーポン債とする．
- 消費者物価で測った実質償還価格は両債券とも 1 とする．

［家計］
- 家計の効用は実質消費支出（以下，実質消費）によって決定され，その効用は時間に関して加法分離的である．本研究では，具体的に効用関数を

$$u(C_t) = \begin{cases} \dfrac{C_t^{1-\gamma}-1}{1-\gamma} & (\gamma \neq 1) \\ \ln C_t & (\gamma=1) \end{cases} \tag{6.1}$$

と定める．ここで，C_t は t 期における 1 人当り実質消費，パラメータ γ は相対的危険回避度を表し，$\gamma>0$ でなければならない．

- 家計において，ある世代の消費者は次世代の消費者（子供）の養育も考慮して一生の消費選択を行う．このため，各世代の消費者の寿命は有限でも，家計自体は永久（将来について無限）に存続する．
- 債券は満期まで保有される．したがって，t 期における家計の総収入は $(t-1)$ 期および $(t-n)$ 期に購入した債券の償還金と税引後の非資産所得の合計となる．（家計の予算制約）

これらの仮定の下で，代表的家計は現在（$t=0$ 期）から将来にかけての実質消費から得られる期待効用（以下，効用）の割引現在価値が最大となるように，消費財と 2 種類の債券に関して最適な選択を行うとすると，この効用最大化問題は次のように定式化できる．

$$\underset{\{C_t,Q_{1,t},Q_{n,t}\}_{t=0}^{\infty}}{\text{Max}} E_0\left[\sum_{t=0}^{\infty} \beta^t \frac{C_t^{1-\gamma}-1}{1-\gamma}\right] \tag{6.2}$$

$$\text{s.t.} \quad C_t + q_{1,t}Q_{1,t} + q_{n,t}Q_{n,t} \leq Y_t + Q_{1,t-1} + Q_{n,t-n} \quad \forall t \tag{6.3}$$

ここで

$E_t[\cdot]$：t 期において利用可能な情報に基づく条件付期待値演算子

β：主観的割引率 $(0<\beta<1)$

$q_{k,t}$：t 期における k 期債の消費者物価で測った実質価格 $(k=1, n)$

$Q_{k,t}$：t 期末における k 期債の保有量 $(k=1, n)$

Y_t：t 期における税引後の実質非資産所得

である．上記(6.2)，(6.3)式で表される動学的効用最大化問題を解くと，1 階の条件として

$$E_t\left[\beta^t\left(\frac{C_{t+k}}{C_t}\right)^{-\gamma}\right] = q_{k,t} \qquad (k=1, n) \tag{6.4}$$

という確率的オイラー方程式が得られる．この式は，消費を犠牲にして債券を購入した場合に失う今期の消費に係る限界効用が，資産保有によって得られる k 期後の限界効用の割引現在価値に等しくなるように，消費経路が決められることを示しており，この関係は，均衡においては，消費および債券供給経路を所与とした場合の均衡債券価格の決定式とみなされる．ここで，実質消費 C_t が対数正規分布に従うと仮定すると，(6.4)式両辺の対数を取ることによって，

$$\begin{aligned}\ln q_{k,t} &= k\ln\beta - \gamma E_t[\ln C_{t+k} - \ln C_t] + \frac{\gamma^2}{2}\text{Var}_t[\ln C_{t+k} - \ln C_t] \\ &= k\ln\beta - \gamma E_t[c_{t+k} - c_t] + \frac{\gamma^2}{2}\sigma_c^2(k) \qquad (k=1, n)\end{aligned} \tag{6.5}$$

と変形できる[7]．ここで，$c_t \equiv \ln C_t$，$\sigma_c^2(k) \equiv \text{Var}_t[\ln C_{t+k} - \ln C_t]$ である．

さらに，n 期債を t 期から $(t+1)$ 期にかけて 1 期間保有した場合の実質保有収益率を $rH_t^{(n,1)}$ とすると，t 期におけるその期待値は

---

[7] Breeden [1986] は，たとえ C_t が対数正規分布に従わなくとも，(6.5)式は 2 次の近似式として成立することを示している．

$$E_t[rH_t^{(n,1)}] = E_t\left[\frac{q_{n-1,t+1}}{q_{n,t}} - 1\right]$$

$$\approx E_t[\ln q_{n-1,t+1} - \ln q_{n,t}]$$

と表せるから，(6.5)式を適用することにより

$$E_t[rH_t^{(n,1)}] = -\ln\beta + \gamma E_t[c_{t+1} - c_t] + \frac{\gamma^2}{2}[\sigma_c^2(n-1) - \sigma_c^2(n)] \quad (6.6)$$

なお，1期債の実質保有収益率についても(6.6)式は成立するから，$n=1$ としたとき

$$E_t[rH_t^{(1,1)}] = -\ln\beta + \gamma E_t[c_{t+1} - c_t] - \frac{\gamma^2}{2}\sigma_c^2(1) \quad (6.7)$$

となる．(6.4)式が含意する経済的意味と同様に，(6.6)，(6.7)式は消費および債券供給経路を所与としたときの均衡保有収益率の決定式を表しているが，視点を変えて，$c_{t+1} - c_t$ が景気変動（予測）を反映すると考えた場合，(6.6)と(6.7)式の体系は金利の期間構造と景気変動（予測）との関係を示す基本モデルとみなすことができる．ただし，この基本モデルは，前節で説明した実質消費の時系列的特性ならびに景気循環の循環局面における非対称性が考慮されていない．そこで，次にこれらの点をモデル化し，(6.6)と(6.7)式に組み込むことによって基本モデルを精緻化する．

2-2　基本モデルの精緻化

本研究では，景気循環をモデル化するにあたり，まず，対数変換された実質消費 c_t（以下，特に断りのない限り「実質消費」は対数変換後を表す）を観察できないトレンド部分 x_t と循環部分 y_t の和に分解する．さらに，景気循環における特徴（非対称性）をマルコフ過程に従うレジーム・スイッチング・モデル（マルコフ・スイッチング・モデル）で表して循環部分に組み込むが，ここで，レジームのシフトをどのような形で循環部分に組み込むかが問題である．通常，景気循環における拡大と後退局面の特徴は実質消費の絶対水準よりもその前期差に強く反映される．一方，以下の(6.13)式に示されるように，実質消費の前期差は循環部分の前期差によって決められる．したがって，

ここではレジームのシフトを循環部分の絶対水準ではなくその前期差と関連付けることとする[8]. 以上の考え方は次のように定式化される.

$$c_t = x_t + y_t \tag{6.8}$$

[トレンド部分：x_t]

$$x_t = \lambda + x_{t-1} + u_t \qquad u_t \sim \text{i.i.d.} N(0, \sigma_u^2) \tag{6.9}$$

ここで定数 λ は対数変換していない実質消費 C_t の長期的な平均成長率を表し, u_t は誤差項を表す.

[循環部分：y_t]

$$\phi(L)(y_t - y_{t-1}) = \mu_{S_t} + v_t \qquad v_t \sim \text{i.i.d.} N(0, \sigma_v^2) \tag{6.10}$$

$$\mu_{S_t} = \mu_0(1 - S_t) + \mu_1 S_t \qquad \mu_1 > \mu_0 \tag{6.11}$$

ここで, $\phi(L)$ はラグ・オペレータ L の P 次多項式, S_t は景気拡大期 ($S_t=1$) または後退期 ($S_t=0$) のレジームを表す離散変数であり, さらに S_t は次の1次マルコフ過程に従う.

$$Pr[S_t=0 | S_t=0] = p_0, \qquad Pr[S_t=1 | S_t=1] = p_1 \tag{6.12}$$

また, v_t は誤差項であり, 上記の性質に加え, $\text{Cov}[u_s, v_t] = 0 (\forall s, t)$ も仮定する.

上記(6.8)から(6.12)式までが景気循環を表すモデルであり, これらを(6.6)と(6.7)式に組み込むことによって基本モデルを精緻化する. ここで, 任意の変数 z_t に対して

$$\Delta z_{t+1} \equiv z_{t+1} - z_t$$

と定義すると, (6.8), (6.9)式より

$$\Delta c_{t+1} = \Delta x_{t+1} + \Delta y_{t+1} = \lambda + \Delta y_{t+1} + u_{t+1} \tag{6.13}$$

これより

$$E_t[\Delta c_{t+1}] = \lambda + E_t[\Delta y_{t+1}] \tag{6.14}$$

また,

---

8) 循環部分 y_t の前期差は, 対数変換前の実質消費 C_t を構成する循環的要素の成長率を表す.

$$c_{t+n}-c_t = n\lambda + y_{t+n}-y_t + \sum_{i=1}^{n} u_{t+i}$$

だから，$\sigma_y^2(n) \equiv \mathrm{Var}_t[y_{t+n}-y_t]$ と定義すると，

$$\sigma_c^2(n) = \mathrm{Var}_t[c_{t+n}-c_t] = \sigma_y^2(n) + n\sigma_u^2 \tag{6.15}$$

$$\sigma_c^2(n-1) = \mathrm{Var}_t[c_{t+n}-c_{t+1}] = \sigma_y^2(n-1) + (n-1)\sigma_u^2 \tag{6.16}$$

(6.14)式から(6.16)式までを(6.6)，(6.7)式に代入すると

$$E_t[rH_t^{(n,1)}] = -\ln\beta + \gamma\lambda - \frac{\gamma^2}{2}\sigma_u^2 + \frac{\gamma^2}{2}[\sigma_y^2(n-1)-\sigma_y^2(n)]$$
$$+ \gamma E_t[\Delta y_{t+1}] \tag{6.17}$$

$$E_t[rH_t^{(1,1)}] = -\ln\beta + \gamma\lambda - \frac{\gamma^2}{2}\sigma_u^2 - \frac{\gamma^2}{2}\sigma_y^2(1) + \gamma E_t[\Delta y_{t+1}] \tag{6.18}$$

ここで，系列 $\{y_t\}$ は循環部分を抽出したものであるから，Harvey[1988] に従って $\sigma_y^2(k)$ ($k=1, n-1, n$) は一定と仮定し

$$\theta_1 \equiv -\ln\beta + \gamma\lambda - \frac{\gamma^2}{2}\sigma_u^2 + \frac{\gamma^2}{2}[\sigma_y^2(n-1)-\sigma_y^2(n)]$$

$$\theta_2 \equiv -\ln\beta + \gamma\lambda - \frac{\gamma^2}{2}\sigma_u^2 - \frac{\gamma^2}{2}\sigma_y^2(1)$$

とおくと，(6.17)，(6.18)式は

$$rH_t^{(n,1)} = \theta_1 + \gamma\Delta y_{t+1} + \varepsilon_{1,t+1} \qquad \varepsilon_{1,t} \sim \mathrm{i.i.d.}\,N(0, \sigma_1^2) \tag{6.19}$$

$$rH_t^{(1,1)} = \theta_2 + \gamma\Delta y_{t+1} + \varepsilon_{2,t+1} \qquad \varepsilon_{2,t} \sim \mathrm{i.i.d.}\,N(0, \sigma_2^2) \tag{6.20}$$

と表せる．

以上より，(6.10)，(6.13)，(6.19)，(6.20)式で構成される体系が，資産価格モデルに景気循環モデルを組み込んで精緻化した金利の期間構造モデルである．この体系は，Δc_{t+1}，$rH_t^{(n,1)}$，$rH_t^{(1,1)}$ を観測できない状態変数 Δy_{t+1}（共通因子）で説明する状態空間モデルで表現することができ，その際，(6.10)式がマルコフ・スイッチによるレジームのシフトが組み込まれた Δy_{t+1} の遷移方程式となる．

ここで，(6.17)と(6.18)式より，リスク（ターム）・プレミアムの期待値は

$$E_t[rH_t^{(n,1)}-rH_t^{(1,1)}] = \frac{\gamma^2}{2}[\sigma_y^2(n-1)+\sigma_y^2(1)-\sigma_y^2(n)]$$

と表せる．この式より，リスク・プレミアムの期待値が正であるとは先験的には言えないことに注意する必要がある[9]．さらに重要なことは，$\sigma_y^2(k)$ $(k=1, n-1, n)$ が一定であるという仮定の下では，リスク・プレミアムは景気循環に影響されないことになる．では，このモデルにおいてイールド・スプレッド（イールド・カーブの傾き）と景気循環とはどのような理論的関係が導けるのだろうか．次にこの問題を考察してみよう．

2-3 イールド・スプレッドと景気循環との理論的関係

t 期における k 期債 $(k=1, n)$ の実質金利を $rR_t^{(k)}$ で表すと，ゼロ・クーポン債価格の定義より

$$q_{k,t} = (1+rR_t^{(k)})^{-k}$$

$rR_t^{(k)}$ が小さいとき近似的に

$$\ln q_{k,t} \approx -k rR_t^{(k)}$$

が成立するから，これと(6.14)，(6.15)式を(6.5)式に代入して $rR_t^{(k)}$ $(k=1, n)$ について整理すると，

$$rR_t^{(n)} = -\ln\beta + \gamma\lambda - \frac{\gamma^2}{2}\sigma_u^2 - \frac{1}{2}\left(\frac{\gamma^2}{n}\right)\sigma_y^2(n) + \frac{\gamma}{n}E_t[y_{t+n}-y_t] \quad (6.21)$$

$$rR_t^{(1)} = -\ln\beta + \gamma\lambda - \frac{\gamma^2}{2}\sigma_u^2 - \frac{\gamma^2}{2}\sigma_y^2(1) + \gamma E_t[y_{t+1}-y_t] \quad (6.22)$$

(6.21)式から(6.22)式を辺々差し引くと，イールド・スプレッド $S_t^{(n,1)}$ は

$$S_t^{(n,1)} \equiv rR_t^{(n)} - rR_t^{(1)}$$

$$= \frac{\gamma^2}{2n}[n\sigma_y^2(1) - \sigma_y^2(n)] + \frac{\gamma}{n}E_t[y_{t+n}-y_t-n(y_{t+1}-y_t)]$$

$$= \frac{\gamma^2}{2n}[n\sigma_y^2(1) - \sigma_y^2(n)] + \frac{\gamma}{n}E_t\left[\sum_{i=1}^{n}\Delta y_{t+i} - n\Delta y_{t+1}\right] \quad (6.23)$$

となる．(6.19)，(6.20)式の場合と同様に，(6.23)式右辺の第1項が一定と仮定すると，イールド・スプレッドは(6.23)式右辺の第2項，すなわち n 期

---

[9] もし近似的に $\sigma_y^2(n)$ と $\sigma_y^2(n-1)$ が等しい場合には，リスク・プレミアムは $(\gamma^2/2)\sigma_y^2(1)$ と正になる．

先までの循環部分に対する期待（予想）によって決まることになる．家計が正確に景気循環を予想していれば，循環のピークから後退期にかけては短期的に悲観的な予想が支配することから，

$$E_t\left[\sum_{i=1}^{n}\varDelta y_{t+i}\right] < nE_t[\varDelta y_{t+1}] \tag{6.24}$$

となり，循環のボトムから拡大期にかけては，逆に，

$$E_t\left[\sum_{i=1}^{n}\varDelta y_{t+i}\right] > nE_t[\varDelta y_{t+1}] \tag{6.25}$$

が成り立つだろう．したがって，上記のモデルから，短期的な景気循環とイールド・スプレッドとの理論的な関係として，①イールド・スプレッドは常に景気循環に先行しながらも，②景気循環とほぼ同じ方向に推移するが，③イールド・スプレッドの先行性から，景気のピークにおけるイールド・カーブの傾きはボトムにおけるそれより緩やかとなる，という特徴が導ける．このうち，前出の図6-1で観察されるイールド・スプレッドと景気変動との動きに合致するのは，第2の特徴だけである．しかしながら，その際に，景気変動の代理変数として用いた鉱工業生産指数（前年同月比）の系列は前述した意味での純粋な循環部分を体現しているわけではない．そこで，本研究では，実質消費のデータに基づき推定された循環部分の前期差 $\varDelta y_t$ の系列から(6.23)式第2項を計算し，それが実際のイールド・スプレッド $S_t^{(n,1)}$ によってどの程度説明されうるのかを検討することとしたい．

3. データとモデルの実証結果

3-1 データ

本研究では，得られたデータの制約とモデルの推計に小標本バイアスを生じさせないサンプル数を考慮して，月次ベース（1期＝1カ月）のデータを用いる．利用する金利および消費のデータ期間は82年3月から98年1月までである．前節で導いたモデルから，推定に必要なデータは債券を1期保有した場合の実質収益率と1人当り実質消費であるが，それらの原データおよ

び加工方法は第4章と同じなので,ここでは説明を省略する.なお,第1節で述べたように,本研究の分析対象はイギリスにおける実質イールド・カーブのショート・エンド(1年以下)であることから,保有収益率計算の元となる金利データとして,1カ月,3カ月,6カ月,12カ月物のロンドン・インターバンク中間レート(名目ベース)を用いている.

3-2 モデルの実証結果

第2節で導出したモデルを,マルコフ・スイッチを組み込んだ状態空間モデル(SS-MSモデル[State Space Model with Markov Switching])で表すと次のようになる.この状態空間モデルにおいて,観測される変数は4つの実質保有収益率 $rH_t^{(n,1)}$ ($n=1,3,6,12$) と1人当り実質消費(対数変換後)の前期差 Δc_t であり,観測されない変数は1人当り実質消費の循環部分の前期差(共通因子)Δy_t である.

[観測方程式]

$$\begin{bmatrix} rH_t^{(1,1)} \\ rH_t^{(3,1)} \\ rH_t^{(6,1)} \\ rH_t^{(12,1)} \\ \Delta c_{t+1} \end{bmatrix} = \begin{bmatrix} \theta_1 \\ \theta_2 \\ \theta_3 \\ \theta_4 \\ \lambda \end{bmatrix} + \begin{bmatrix} \gamma & 0 & \cdots & 0 \\ \gamma & & & \\ \gamma & \vdots & \ddots & \vdots \\ \gamma & & & \\ 1 & 0 & \cdots & 0 \end{bmatrix} \begin{bmatrix} \Delta y_{t+1} \\ \Delta y_t \\ \vdots \\ \Delta y_{t-P+1} \end{bmatrix} + \begin{bmatrix} \varepsilon_{1,t+1} \\ \varepsilon_{2,t+1} \\ \varepsilon_{3,t+1} \\ \varepsilon_{4,t+1} \\ u_{t+1} \end{bmatrix}$$

$\varepsilon_{i,t} \sim$ i.i.d. $N(0, \sigma_i^2)$　　($i=1,2,3,4$)

$u_t \sim$ i.i.d. $N(0, \sigma_u^2)$

[遷移方程式]

$$\begin{bmatrix} \Delta y_{t+1} \\ \Delta y_t \\ \vdots \\ \Delta y_{t-P+1} \end{bmatrix} = \begin{bmatrix} \mu_{S_t} \\ 0 \\ \vdots \\ 0 \end{bmatrix} + \begin{bmatrix} \phi_1 & \cdots & \phi_P & 0 \\ 1 & \cdots & 0 & 0 \\ \vdots & \ddots & \vdots & \vdots \\ 0 & \cdots & 1 & 0 \end{bmatrix} \begin{bmatrix} \Delta y_t \\ \Delta y_{t-1} \\ \vdots \\ \Delta y_{t-P} \end{bmatrix} + \begin{bmatrix} v_{t+1}^* \\ 0 \\ \vdots \\ 0 \end{bmatrix}$$

$v_t^* \sim$ i.i.d. $N(0, \sigma_{v^*}^2)$

$\mathrm{Cov}[\varepsilon_{i,s}, v_t^*] = \mathrm{Cov}[u_s, v_t^*] = 0$　　$\forall s, t$　　($i=1,2,3,4$)

$\mu_{S_t} = \mu_0(1-S_t) + \mu_1 S_t$,　　$S_t = \{0, 1\}$

$$Pr[S_t=0|S_t=0] = p_0, \quad Pr[S_t=1|S_t=1] = p_1$$

SS-MS モデルを推定する方法には, Cosslett and Lee [1985], Kim [1994] 等によっていくつかの推定アルゴリズムが提案されているが, ここでは Kim のアルゴリズムを用いる. その詳細は本章末の付論に譲るが, 基本的な考え方は非常に明解であり, 状態空間モデルを推定するためのカルマン・フィルター・アルゴリズムと Hamilton [1988, 1989] によるマルコフ・スイッチング・モデルを推定するためのハミルトン・フィルター・アルゴリズムとを組み合わせ, 未知パラメータを最尤法で推定する方法である. さらに, Kim のアルゴリズムは, Harrison and Stevens [1976] によるカルマン・フィルター部分の計算負担を軽減するアルゴリズムを組み込んでおり, しかも, 軽減しない場合と比べても推定の精度がほとんど悪化しないという優れた特性を持っている (Kim and Nelson [1999]).

また, モデルを推定するに当たり, 観測される4つの変数についてそのサンプル平均と分散が各々0, 1となるよう基準化を行い, さらに, 遷移方程式の誤差項の分散 $\sigma_{v^*}^2$ を1とおいた. 前者は, Roma and Torous [1997] と同様, 各変数の循環的特徴を平均からのかい離で表すためであり, 後者は, Stock and Watson [1988b, 1989] および Kim and Nelson [1999] に従い, 共通因子 Δy_t のスケールを基準化することが目的である. さらに, BIC に基づき, 遷移方程式のラグ次数 P を2とした. この結果, 推定すべきパラメータは γ, σ_1^2, σ_2^2, σ_3^2, σ_4^2, σ_u^2, ϕ_1, ϕ_2, μ_0, μ_1, p_0, p_1 となる.

SS-MS モデルの推定結果は表6-1のようになった. 本研究の主題に照らして重要なポイントは次の2点である.

①資産価格モデルが支持されるか. ($H_0 : \gamma > 0$)
②実質消費の循環部分は拡大と後退局面で非対称的に変動するか, つまり, 推定期間中のレジームの変化が有意に認められるか. ($H_0 : \mu_0 \neq 0$ または $\mu_1 \neq 0$)

第1の点から結果を検討していこう. 相対的危険回避度 γ の推定値は

表6-1 モデルの推定結果

	SS-MS モデル		SS モデル	
ϕ_1	0.0455	(0.0934)	0.0455	(0.0921)
ϕ_2	-0.0005	(0.0021)	-0.0005	(0.0021)
σ_1^2	0.8690	(0.0477)	0.8690	(0.0477)
σ_2^2	0.1289	(0.0183)	0.1282	(0.0183)
σ_3^2	0.0001×10^{-12}	(0.0259)	0.0064×10^{-12}	(0.0263)
σ_4^2	0.0581	(0.0123)	0.0581	(0.0123)
σ_u^2	1.8120	(0.0751)	1.8120	(0.0751)
γ	1.2791	(0.0724)	1.2791	(0.0724)
μ_0	0.0002	(0.0941)	—	
μ_1	0.0001	(0.0742)	—	
p_0	0.5086	(0.1445)	—	
p_1	0.9820	(1.6682)	—	
Log likelihood	-62.41025864		-62.41026078	

注：1) ( ) 内は標準誤差.
2) 推定期間は 1982 年 3 月～1998 年 1 月である.

1.2791 となった．これは正の符号条件を満たしており，しかもその標準誤差が非常に小さいことから安定した推定値となっている．$\gamma=0$ に対する漸近 t 値は 17.66 と高く，$\gamma>0$ の帰無仮説は 5％ の有意水準で棄却されない．したがって，SS-MS モデルの下でも，イギリスにおける実質金利の期間構造は，ショート・エンドにおいて資産価格モデルと整合的であると結論できる．なお，実質消費を 2 つの部分に分けずに用いて，同じ 1 カ月～12 カ月物債券に係る実質保有収益率に対して資産価格モデルを一般化積率法（GMM）で推定した第 4 章の結果では，γ の推定値は 1.6584 であり，ここでの推定値はそれより小さい値となっている[10]．このことはターム・プレミアム・パ

---

10) 実質消費系列のトレンド部分が確率的トレンドである場合，実質消費自体の変動はその循環部分の変動より大きくなる．そのため，循環部分に対して推定した γ の方が実質消費全体を用いた推定値よりも大きくなるはずにもかかわらず，本章と第 4 章の推定結果は逆になっている．この点については，SS-MS モデルを推定する際に遷移方程式の誤差項の分散を 1 とおくことによって $\{\Delta y_t\}$ のスケールを基準化したことも影響していよう．

ズルの観点から非常に重要な意味を持つ．ここでは主観的割引率 β を推定していないため，用いたモデルがこのパズルを解消したか否かを直接示すことはできない．しかし，第5章で明らかにしたように，ある仮定の下では，γ が小さいほどリスク（ターム）・プレミアムが正となる可能性が高くなる．したがって，第4章での推定値より小さい γ が推定されたということは，ターム・プレミアム・パズルを緩和ないし解消するという意味において，景気循環を組み込んだ資産価格モデルがより現実整合的なパラメータを推定していると言えよう．

次に2番目の論点に移ろう．モデルの中でレジームの変化が明確に捉えられているか否かを示すパラメータは μ_0 と μ_1 だが，これらの推定値は非常に小さい．反面，それらの標準誤差は大きく，したがって漸近 t 値でみて $\mu_0=0$, $\mu_1=0$ の帰無仮説は各々5％水準で棄却できない．このことは，循環部分の拡大，後退局面での変動に明確な非対称性がない，つまりレジームの対応がはっきりしないことを含意している．この点をより明確に検証するために，レジーム・スイッチを組み込まない状態空間モデル（SSモデル [State Space Model]）を推定してみた．すると，相対的危険回避度をはじめとしたパラメータの推定値およびその標準誤差はSS-MSモデルの場合とほとんど同じである．さらに，計算された対数尤度から $\mu_0=\mu_1=0$ の制約を尤度比（LR）テストすると，統計値は 4.28×10^{-6} となった．この統計値から帰無仮説を棄却する余地はなく，上記の漸近 t 値による検定結果を裏付けている．

イギリスにおける金利変動とレジーム・シフトに関する同様の結論は，Galbraith and Tkacz [1998] と Ang and Bekaert [1998] の研究でも示されている．Galbraith and Tkacz はレジーム・シフトの考え方を用いてG7諸国におけるイールド・スプレッドと景気変動との関係を検証したところ，景気の拡大，後退局面においてイールド・スプレッドの情報に明確な非対称性が見出されるのはアメリカとカナダだけであり，イギリスにはそれが確認できないことを示した．また，Ang and Bekaert は，アメリカ，イギリス，

ドイツを対象に，金利変動がレジーム・スイッチを組み込んだ AR モデルないし VAR モデルで説明できるかを検証したところ，やはりイギリスではレジームのシフト自体が不明確であることを見出した．これらの先行研究と本研究との比較で言えば，レジームを規定する変数として Galbraith and Tkacz は実質 GDP の成長率を，また Ang and Bekaert は短期金利（3 カ月物）ないしゼロ・クーポン債のイールド・スプレッド（5 年物－3 カ月物）を用いているが，本研究ではそれらの変数より景気循環の動向に対して変動が小さく，安定的な実質消費を用いていること，さらに推定期間が約 16 年間と短いことも，レジームのシフトを捉えにくくしていると考えられる[11]．

3-3 イールド・スプレッドの景気予測能力の検証

前項で相対的危険回避度が理論どおり正となることが確認されたところで，次にその推定値を用いてイールド・スプレッドの景気予測能力を検証してみよう．

第2節では，(6.23)式を景気循環の期待に応じてイールド・スプレッドがどのように変化するかという観点から解釈したが，以下のように式を変形すれば，逆の因果関係，つまりイールド・スプレッドの景気予測能力を表す式とも解釈できる．

まず，t 期における Δy_{t+i} に対する予測誤差を $v_t^{(i)}$ で表すと，

$$\Delta y_{t+i} = E_t[\Delta y_{t+i}] + v_t^{(i)}$$

ただし，$E_t[v_t^{(i)}]=0$，$\mathrm{Var}_t[v_t^{(i)}]=\sigma_v^2$（一定）と仮定する．このとき

$$\sum_{i=1}^{n} \Delta y_{t+i} - n\Delta y_{t+1} = E_t\left[\sum_{i=1}^{n} \Delta y_{t+i} - n\Delta y_{t+1}\right] + \sum_{i=1}^{n} v_t^{(i)} - nv_t^{(1)}$$

となるから，これを(6.23)式に代入し，さらに

---

11) イギリスでは景気のピーク，ボトムに対する公式な基準日は発表されていないが，Artis et al. [1995] の推定によると，本研究の推定期間である 82 年以降（93 年まで）で景気後退は2回（84：1（四半期）～84：3，90：2～92：2）しかない．

$$\omega_0 \equiv -\frac{\gamma^2}{2n}[n\sigma_y^2(1)-\sigma_y^2(n)], \quad F_t^{(n)} \equiv \frac{\gamma}{n}\Big[\sum_{i=1}^{n}\Delta y_{t+i}-n\Delta y_{t+1}\Big],$$

$$\zeta_t^{(n)} \equiv -\Big(\sum_{i=1}^{n}v_t^{(i)}-nv_t^{(1)}\Big)$$

と定義すると

$$S_t^{(n,1)} = -\omega_0 + F_t^{(n)} - \zeta_t^{(n)}$$

したがって

$$F_t^{(n)} = \omega_0 + S_t^{(n,1)} + \zeta_t^{(n)} \tag{6.26}$$

ここで，家計が消費計画を立てる場合の単位期間（ここでは1カ月）が短ければ，$F_t^{(n)}$ に含まれる Δy_{t+1} はほぼ正確に予測できると仮定しても無理はないだろう．この仮定の下では，$F_t^{(n)}$ は $(t+2)$ 期から $(t+n)$ 期までの景気予測を反映する変数とみなされることから，(6.26)式はイールド・スプレッド $S_t^{(n,1)}$ の n 期先までの景気予測能力を表す式と解釈できるのである[12]．

この関係を検証するためには，系列 $\{\Delta y_t\}$ と γ の推定値を用いて計算された $\{F_t^{(n)}\}$ の系列から，方程式

$$F_t^{(n)} = \alpha_0 + \alpha_1 S_t^{(n,1)} + \zeta_t^{(n)} \tag{6.27}$$

を推定し，

$H_0: \alpha_1 = 1$（スプレッドには完全な景気予測能力がある）

ないしは

$H_0: \alpha_1 > 0$（スプレッドには不完全ながら景気の方向を予測する能力がある）

が有意に成立するかを検定する．

ここで，(6.27)式を推定する際の留意点を説明しておく．第1に，前項で示したように，本研究が対象としている期間では，消費循環に明確なレジームの変化が見出せないと推測されることから，ここでは γ と $\{\Delta y_t\}$ 系列は SS モデルに基づいて得られた推定値を用いる．第2に，その定義から明ら

---

[12] 家計が消費計画を立てる場合には，当然，所得すなわち景気の予測が前提となろう．この意味で，Δy_{t+i} $(i=1,2,\cdots,n)$ の予測は景気の循環部分の予測を反映すると言えよう．

かなように，$\zeta_t^{(n)}$ は $(n-1)$ 次の自己相関をもつオーバーラッピング・エラーであり，したがって，Newey-West [1987] の頑健推定法を用いて係数の標準誤差を求める[13]．最後に，イールド・スプレッドは景気の循環部分と，トレンド部分を含めた景気変動のどちらを予測する能力が高いのかを見るために，$\{\Delta y_t\}$ 系列の代わりに $\{\Delta c_t\}$ 系列を用いて計算した $F_t^{(n)}$ に対しても (6.27)式を推定する．ただし，この場合の γ 推定値は不変と仮定する．

以上の点を踏まえ，$\{\Delta y_t\}$ ないし $\{\Delta c_t\}$ から計算した $F_t^{(n)}$ に基づく (6.27)式の推定結果は表6-2と6-3のようになった．まず，$\{\Delta y_t\}$ を用いた場合を見ると，いずれの推定でも α_1 が正という符号条件は満たされている．イールド・スプレッドの予測能力について t 検定を行ってみると，$\alpha_1=1$（完全予測）の仮説は $n=3, 6, 12$ すべてのケースで強く棄却された．しかしながら，$\alpha_1>0$（方向性の予測）の仮説に対しては，$n=6$ のケースで5%有意水準，$n=1$ と12のケースで10%有意水準で帰無仮説が棄却されない結果となった．ただ，各推定の決定係数（R^2）を見ると，0.006から0.010しかなく，n 期先までの景気の循環変動に対するイールド・スプレッドの説明力は低い．

一方，$F_t^{(n)}$ の計算に $\{\Delta c_t\}$ を用いた場合には，いずれの推定でも α_1 の符号は負となってしまう．イールド・スプレッドの予測能力についての t 検定でも，すべてのケースで $\alpha_1=1$ または $\alpha_1>0$ の仮説は強く棄却され，t 値から判断すると，むしろ $\alpha_1=0$ の仮説が強く支持される．これは，各推定での決定係数が0.001から0.004と，ほとんどイールド・スプレッドの説明力が見出されないことにも現れている．

以上，(6.27)式の推定結果から，イールド・スプレッドにはトレンド部分も含めた景気変動を予測するために有用な情報はほとんど含まれていないが，景気の循環部分については弱いながらその方向を予測するに有用な情報が含

---

13) $F_t^{(n)}$ の計算に用いられる Δy_{t+i} ($i=1, 2, \cdots, n$) は推定値のため測定誤差を含んでいる可能性があるが，(6.27)式において $F_t^{(n)}$ は被説明変数となるため，その測定誤差は α_0 および α_1 の推定に影響を与えないと判断した．

表 6-2 イールド・スプレッドの景気循環に対する予測能力

n	a_0	a_1	R^2	期　間
3	−0.0125	0.3247	0.0101	82：3〜97：10
	(0.0462)	(0.2046)		
6	−0.0053	0.1804	0.0092	82：3〜97：7
	(0.0510)	(0.1055)		
12	−0.0164	0.1018	0.0061	82：3〜97：1
	(0.0546)	(0.0644)		

注：1) 推定式は $F_t^{(n)}=a_0+a_1 S_t^{(n,1)}+\xi_t^{(n)}$．$\{F_t^{(n)}\}$ は $\{\Delta y_t\}$ から計算した．
　　2) （　）内は Newey-West [1987] の手法により計算した標準誤差．
　　3) d.f.=120 のとき t-検定の臨界値は，片側検定で 1%：2.358，5%：1.658，10%：1.289，両側検定で 1%：2.617，5%：1.980，10%：1.658 である．

表 6-3 イールド・スプレッドの景気変動に対する予測能力

n	a_0	a_1	R^2	期　間
3	0.0139	−0.1631	0.0013	82：3〜97：10
	(0.0409)	(0.2370)		
6	0.0059	−0.1545	0.0043	82：3〜97：7
	(0.0359)	(0.1235)		
12	0.0080	−0.0742	0.0020	82：3〜97：1
	(0.0350)	(0.0636)		

注：1) 推定式は $F_t^{(n)}=a_0+a_1 S_t^{(n,1)}+\xi_t^{(n)}$．$\{F_t^{(n)}\}$ は $\{\Delta c_t\}$ から計算した．
　　2) （　）内は Newey-West [1987] の手法により計算した標準誤差．
　　3) d.f.=120 のとき t-検定の臨界値は，片側検定で 1%：2.358，5%：1.658，10%：1.289，両側検定で 1%：2.617，5%：1.980，10%：1.658 である．

まれていると考えられる．この結論は，間接的ではあるが，SS モデルが景気循環とショート・エンドにおけるイールド・カーブの変化との関係を捉えていることを示していよう．

4. 結　　論

本章では，1 人当り実質消費（対数変換後）の系列をトレンド部分と循環部分とに分解し，さらに循環における拡大と後退局面の非対称性（レジーム

のシフト）をマルコフ・スイッチング・モデルで表すことによって景気循環をモデル化した．この景気循環モデルを，金融資産として債券のみを考えた資産価格モデルに組み込むことによって精緻な金利の期間構造モデルを構築し，そのモデルに基づいて，80年代から90年代にかけてのイギリスにおける実質イールド・カーブ（残存1年以下のショート・エンド）を実証分析した．その結果，次のことが見出された．

①相対的危険回避度は有意に正で推定され，資産価格モデルは支持される．
②消費循環の拡大と後退局面に非対称性，つまりレジームのシフトは見出されない．
③イールド・スプレッドには，景気変動自体を予測するために有用な情報はほとんど含まれていないが，その循環部分については弱いながらもその方向を予測するに有用な情報が含まれている．

特に第1の点に関して，本章で用いたモデルから推定された家計の相対的危険回避度γの値は第4章での推定値より小さく，このことはターム・プレミアム・パズルの観点から非常に重要な意味を持つ．本章では主観的割引率βを推定していないため，ここで用いたモデルがこのパズルを解消したか否かを直接示すことはできなかった．しかし，第5章で明らかにしたように，ある仮定の下では，γが小さいほどリスク（ターム）・プレミアムが正となる可能性が高くなる．したがって，第4章での推定値より小さいγが推定されたということは，ターム・プレミアム・パズルを緩和ないし解消するという意味において，景気循環を組み込んだ資産価格モデルがより現実整合的なパラメータを推定していると言えよう．

第4章および本章の実証分析から得られる結論は，「80年代から90年代のイギリスでは，家計（投資家）は将来の景気循環の方向を考慮したうえで期待効用を最大化するように消費と金融資産（債券）の最適な選択を行っており，そうした最適化行動と整合するという意味において，実質イールド・カーブは効率的に形成されている」ということである．ただし，この結論には非常に重要な前提条件がある．それは，第2節で説明したように，「債券

の供給経路が所与である」ということである[14]．しかしながら，たとえ政府により公表される財政見通しなど様々な情報を綿密に分析しても，家計が長期にわたる債券の供給経路を完全に予見することは不可能である．とすれば，債券の供給経路の変化が家計による消費と資産の選択行動（そして，資産選択の結果としてのイールド・カーブ）にどのような影響を与えるかを分析することは，上述の結論の妥当性を問う意味でも，今後の重要な課題であろう[15]．

---

14) この前提条件は必ずしも資産価格モデルだけの制約ではなく，金利の期待理論も債券供給の影響が明示的に考慮されていないという点では同じ前提に依っていると言える．

15) この問題は，国債管理政策の問題としても重要である．黒田［1982］は，国債発行コストの最小化と流動性コントロールによる景気安定化という数量的国債管理政策の伝統的な目標は，純粋期待理論が成立する，つまり短期債と長期債の代替性が比較的高いと見られる状況下ではほとんど意味がないと述べている．

付論　マルコフ・スイッチを組み込んだ状態空間モデルの推定方法

マルコフ・スイッチを組み込んだ状態空間モデルを推定する方法には，Cosslett and Lee [1985]，Kim [1994] 等によっていくつかの推定アルゴリズムが提案されているが，本研究では Kim のアルゴリズムを用いた．まず，次のような状態空間モデルを設定する．

［観測方程式］
$$y_t = H_{St}\beta_t + A_{St}Z_t + e_t$$
［遷移方程式］
$$\beta_t = \mu_{St} + F_{St}\beta_{t-1} + G_{St}v_t^*$$

ここで，
- y_t：観測される従属変数 ($N\times1$)
- β_t：観測されない状態変数 ($J\times1$)
- Z_t：弱外生ないしはラグ付きの従属変数 ($K\times1$)

e_t ($N\times1$) と v_t^* ($L\times1$) は

$$\begin{pmatrix} e_t \\ v_t^* \end{pmatrix} \sim N\left(0, \begin{pmatrix} R_{St} & 0 \\ 0 & Q_{St}^* \end{pmatrix}\right)$$

を満たす誤差項．ただし，G_{St} と v_t^* は，$v_t = G_{St}v_t^*$ としたとき $\text{Var}[v_t] = G_{St}Q_{St}^*G_{St}'$ となるように定義される．一方，H_{St} ($N\times J$)，A_{St} ($N\times K$)，μ_{St} ($N\times1$)，F_{St} ($J\times J$)，G_{St} ($J\times L$)，R_{St} ($N\times N$)，Q_{St}^* ($L\times L$) はパラメータ行列であり，これらに含まれるいくつかのパラメータは，観測されない M 通りの離散値を取るマルコフ・スイッチング変数 S_t ($S_t=1,2,\cdots,M$) に影響され，さらに S_t は次の遷移確率に従う．

$$\boldsymbol{p} = \begin{bmatrix} p_{11} & p_{21} & \cdots & p_{M1} \\ p_{12} & p_{22} & \cdots & p_{M2} \\ \vdots & \vdots & \ddots & \vdots \\ p_{1M} & p_{2M} & \cdots & p_{MM} \end{bmatrix}$$

ここで，$p_{ij}=Pr[S_t=j|S_t=i]$ かつすべての i $(i=1, 2, \cdots, M)$ について $\sum_{j=1}^{M} p_{ij}=1$ である．

こうしたモデル設定を前提に，以下のようなカルマン・フィルター・アルゴリズムとハミルトン・フィルター・アルゴリズム（Hamilton [1988, 1989]）を考える．

A. カルマン・フィルター・アルゴリズム

$\boldsymbol{\phi}_t$：t 時点で利用可能な情報集合

$\boldsymbol{\beta}_{t|t-1}^{(i,j)} \equiv E[\boldsymbol{\beta}_t | \boldsymbol{\phi}_t, S_t=j, S_{t-1}=i]$

$\boldsymbol{P}_{t|t-1}^{(i,j)} \equiv E[(\boldsymbol{\beta}_t-\boldsymbol{\beta}_{t|t-1})(\boldsymbol{\beta}_t-\boldsymbol{\beta}_{t|t-1})' | \boldsymbol{\phi}_t, S_t=j, S_{t-1}=i]$

$\boldsymbol{\beta}_{t-1|t-1}^{(i)} \equiv E[\boldsymbol{\beta}_{t-1} | \boldsymbol{\phi}_t, S_{t-1}=i]$

$\boldsymbol{\eta}_{t|t-1}^{(i,j)} \equiv \boldsymbol{y}_t - \boldsymbol{y}_{t|t-1}^{(i,j)}$

$\boldsymbol{f}_{t|t-1}^{(i,j)} \equiv \mathrm{Var}[\boldsymbol{\eta}_{t|t-1}^{(i,j)} | \boldsymbol{\phi}_t, S=j, S_{t-1}=i]$

と定義すると，カルマン・フィルター・アルゴリズムは次のようになる．

$$\boldsymbol{\beta}_{t|t-1}^{(i,j)} = \boldsymbol{\mu}_j + \boldsymbol{F}_j \boldsymbol{\beta}_{t-1|t-1}^{(i)} \tag{A1}$$

$$\boldsymbol{P}_{t|t-1}^{(i,j)} = \boldsymbol{F}_j \boldsymbol{P}_{t-1|t-1}^{(i,j)} \boldsymbol{F}_j' + \boldsymbol{G}_j \boldsymbol{Q}_j^* \boldsymbol{G}_j' \tag{A2}$$

$$\boldsymbol{\eta}_{t|t-1}^{(i,j)} = \boldsymbol{y}_t - \boldsymbol{H}_j \boldsymbol{\beta}_{t|t-1}^{(i,j)} - \boldsymbol{A}_j \boldsymbol{Z}_t \tag{A3}$$

$$\boldsymbol{f}_{t|t-1}^{(i,j)} = \boldsymbol{H}_j \boldsymbol{P}_{t|t-1}^{(i,j)} \boldsymbol{H}_j' + \boldsymbol{R}_j \tag{A4}$$

$$\boldsymbol{\beta}_{t|t}^{(i,j)} = \boldsymbol{\beta}_{t|t-1}^{(i,j)} + \boldsymbol{P}_{t|t-1}^{(i,j)} \boldsymbol{H}_j' [\boldsymbol{f}_{t|t-1}^{(i,j)}]^{-1} \boldsymbol{\eta}_{t|t-1}^{(i,j)} \tag{A5}$$

$$\boldsymbol{P}_{t|t}^{(i,j)} = (\boldsymbol{I} - \boldsymbol{P}_{t|t-1}^{(i,j)} \boldsymbol{H}_j' [\boldsymbol{f}_{t|t-1}^{(i,j)}]^{-1} \boldsymbol{H}_j) \boldsymbol{P}_{t|t-1}^{(i,j)} \tag{A6}$$

ここで，係数行列の下付文字 j は $S_t=j$ を表す．上記のアルゴリズムを繰り返し実行する場合，繰り返すごとに考慮すべきケースは M 倍ずつ増えていく．この計算負担を軽くするため，Harrison and Stevens [1976] の考え方に従い，次のような $\boldsymbol{\beta}_{t|t}^{(i,j)}$ と $\boldsymbol{P}_{t|t}^{(i,j)}$ を各々 $\boldsymbol{\beta}_{t|t}^{(j)}$，$\boldsymbol{P}_{t|t}^{(j)}$ に近似する方法を用いる．

A-2. 近似法

$$\boldsymbol{\beta}_{t|t}^{(i,j)} \approx E[\boldsymbol{\beta}_t | \boldsymbol{\phi}_t, S_t=j, S_{t-1}=i]$$

$$\boldsymbol{P}_{t|t}^{(i,j)} \approx E[(\boldsymbol{\beta}_t-\boldsymbol{\beta}_{t|t})(\boldsymbol{\beta}_t-\boldsymbol{\beta}_{t|t})' | \boldsymbol{\phi}_t, S_t=j, S_{t-1}=i]$$

が近似的に成立するとき，$\boldsymbol{\beta}_{t|t}^{(j)}$ と $\boldsymbol{P}_{t|t}^{(j)}$ は

$$\boldsymbol{\beta}_{t|t}^{(j)} \approx \sum_{i=1}^{M} \varDelta_t \boldsymbol{\beta}_{t|t}^{(i,j)}$$

$$\boldsymbol{P}_{t|t}^{(j)} \approx \sum \varDelta_t \{\boldsymbol{P}_{t|t}^{(i,j)} + (\boldsymbol{\beta}_t-\boldsymbol{\beta}_{t|t})(\boldsymbol{\beta}_t-\boldsymbol{\beta}_{t|t})'\}$$

と表せる．ここで，

$$\varDelta_t \equiv \frac{Pr[S_t=j, S_{t-1}=i | \boldsymbol{\phi}_t]}{Pr[S_t=j | \boldsymbol{\phi}_t]}$$

である．

B. ハミルトン・フィルター・アルゴリズム

このアルゴリズムは以下の3つのステップから成る．

[ステップ1]

t 期初において，$Pr[S_{t-1}=i | \boldsymbol{\phi}_{t-1}]$ を所与とすると $Pr[S_t=j, S_{t-1}=i | \boldsymbol{\phi}_{t-1}]$ はベイズの定理を用いて次のように計算できる．

$$Pr[S_t=j, S_{t-1}=i | \boldsymbol{\phi}_{t-1}] = Pr[S_t=j | S_{t-1}=i] Pr[S_{t-1}=i | \boldsymbol{\phi}_{t-1}]$$
$$(i, j=1, 2, \cdots, M) \tag{B1}$$

ここで $Pr[S_t=j | S_{t-1}=i]$ は状態 i から状態 j への遷移確率である．

[ステップ2]

$\boldsymbol{y}_t$，S_t，S_{t-1} の条件付結合密度関数は，

$$f(\boldsymbol{y}_t, S_t=j, S_{t-1}=i | \boldsymbol{\phi}_{t-1}) = f(\boldsymbol{y}_t | \boldsymbol{\phi}_{t-1}, S_t=j, S_{t-1}=i)$$
$$Pr[S_t=j, S_{t-1}=i | \boldsymbol{\phi}_{t-1}] \tag{B2}$$

と表せるから，$\boldsymbol{\phi}_{t-1}$ を所与とした $\boldsymbol{y}_t$ の周辺密度関数は

$$f(\boldsymbol{y}_t | \boldsymbol{\phi}_{t-1}) = \sum_{j=1}^{M}\sum_{i=1}^{M} f(\boldsymbol{y}_t, S_t=j, S_{t-1}=i | \boldsymbol{\phi}_{t-1})$$

$$= \sum_{j=1}^{M}\sum_{i=1}^{M} f(\boldsymbol{y}_t | \boldsymbol{\phi}_{t-1}, S_t=j, S_{t-1}=i)$$

$$Pr[S_t=j, S_{t-1}=i \mid \boldsymbol{\phi}_{t-1}] \qquad (B3)$$

ここで，条件付密度関数 $f(\boldsymbol{y}_t \mid \boldsymbol{\phi}_{t-1}, S_t=j, S_{t-1}=i)$ は

$$f(\boldsymbol{y}_t \mid \boldsymbol{\phi}_{t-1}, S_t=j, S_{t-1}=i) = (2\pi)^{-\frac{N}{2}} |\boldsymbol{f}_{t|t-1}^{(i,j)}|^{-\frac{1}{2}}$$
$$\times \exp\left\{-\frac{1}{2} \boldsymbol{\eta}_{t|t-1}^{(i,j)'} \boldsymbol{f}_{t|t-1}^{(i,j)-1} \boldsymbol{\eta}_{t|t-1}^{(i,j)}\right\} \qquad (i,j=1,2,\cdots,M)$$

から計算される．

[ステップ3]

t 期末に $\boldsymbol{y}_t$ の実現値が得られると，ベイズの定理によって(B1)式は次のようにアップデートできる．

$$Pr[S_t=j, S_{t-1}=i \mid \boldsymbol{\phi}_t]$$
$$= Pr[S_t=j, S_{t-1}=i \mid \boldsymbol{\phi}_t, \boldsymbol{y}_t]$$
$$= \frac{f(\boldsymbol{y}_t \mid \boldsymbol{\phi}_{t-1}, S_t=j, S_{t-1}=i) f(S_t=j, S_{t-1}=i \mid \boldsymbol{\phi}_{t-1})}{f(\boldsymbol{y}_t \mid \boldsymbol{\phi}_{t-1})}$$

$(i, j=1, 2, \cdots, M)$

また，これを用いて $Pr[S_t=j \mid \boldsymbol{\phi}_t]$ は

$$Pr[S_t=j \mid \boldsymbol{\phi}_t] = \sum_{i=1}^{M} Pr[S_t=j, S_{t-1}=i \mid \boldsymbol{\phi}_t]$$

と計算される．

Kim [1994] はこれら2つのアルゴリズムを次のように組み合わせ，

① (A1)から(A6)に基づいたカルマン・フィルターを解く．

② ハミルトン・フィルター・アルゴリズムに従って，$Pr[S_t=j, S_{t-1}=i \mid \boldsymbol{\phi}_{t-1}]$ と $Pr[S_t=j, \mid \boldsymbol{\phi}_{t-1}]$ $(i,j=1,2,\cdots,M)$ を計算する．

③ 上で求めた条件付確率を用いて，$\boldsymbol{\beta}_{t|t}^{(i,j)}$ と $\boldsymbol{P}_{t|t}^{(i,j)}$ を各々 $\boldsymbol{\beta}_{t|t}^{(j)}$，$\boldsymbol{P}_{t|t}^{(j)}$ に近似する．

この手順を $t=1$ から $t=T$ まで繰り返す．この過程で $f(\boldsymbol{y}_t \mid \boldsymbol{\phi}_{t-1})$ の情報が得られるので

$$LL \equiv \sum_{t=1}^{T} \ln[f(\boldsymbol{y}_t \mid \boldsymbol{\phi}_{t-1})]$$

を最大化するように未知のパラメータを最尤法で推定する．

第7章 90年代における国家債務の保有構造

1. はじめに

　第2章から前章までは,「80年代から90年代にかけて, イギリスのイールド・カーブは効率的に形成されていたか」という主題を詳細に分析してきた. 第3, 4, 6章の実証分析から, 名目イールド・カーブ全体に金利の期待理論は成立しないが, 実質イールド・カーブ全体には消費資産価格モデルが妥当するという結論が得られた. しかも第4章の分析で, ターム(リスク)・プレミアムの時間可変性は否定された. したがって, 名目イールド・カーブと実質イールド・カーブの分析結果を比較する限り, 名目イールド・カーブの効率的な形成を阻害した要因として第4章で指摘した期待インフレ率の不安定性が推測されるが, 同時に第3章の分析で示唆された債券市場の分断も影響していよう.

　本章から第9章までは後者の問題, すなわち債券(厳密には国債)の需給構造に焦点を絞って分析する. これは, 第1に, 期待インフレ率の問題については第4章の結論で今後の展望も含めて若干ながらも考察したが, 需給構造については市場分断の可能性が示唆されていたにもかかわらずこれまでの章でまったく考察してこなかったこと, 第2に, 前章でも述べたが, これまで本書が取り上げてきたモデルはいずれも債券の供給経路が所与であることを前提としており, 供給構造の変化がイールド・カーブの形成に与える影響を明示的に取り扱っていないことが理由である[1]. 特に後者の観点からは,

満期構成に関する国債管理政策が主題となるが，その理論的，実証的分析は次章以降に譲る．本章では，前述した市場の分断の有無を検証するために，90年代のイギリスにおけるポンド建国家債務の保有（需要）構造について市場性国債を中心に分析しよう[2]．ここで，「市場の分断」とは，個人，機関投資家，非居住者といった「特定の投資家ごとに特定の残存期間の債券を選好する特性があるため，期間構造が分断されること」と定義し，投資家による景気ないしは金利動向に応じた短期的な債券ポートフォリオの変更に伴う需要の偏りは市場の分断とはみなさないこととする．したがって，市場の分断を投資家の特性に伴う普遍的な特定の残存期間の選好によるものとしているため，本章では分析の対象期間を90年代に限定している．また，市場性国債（TBおよびギルト債）のみならず非市場性債務を含めた国家債務を分析対象とするのは，投資家別ポートフォリオの特徴をより明らかにするためである．

　本章の構成は以下のようになっている．第2節では市場性国債の保有構造を概観し，併せて日本，アメリカの保有構造と比較することによってイギリスの特徴を明らかにする．第3節では，主題である国家債務に関する投資家別ポートフォリオを詳細に分析する．ここで結果を先に述べれば，イギリスの市場性国債の市場には前述の意味での市場の分断があることが示される．最後に，以上の分析から得られた保有構造の特徴についてまとめる．

---

[1]　敢えて挙げれば，第5章で考察した，短期債保有を効用関数に組み込むことによって拡張した消費資産価格モデルが，部分的ながら債券の供給構造の変化をモデルに取り込んでいる．

[2]　イギリスの国家債務には，大きく分けてポンド建債務と外貨建債務がある．さらに，ポンド建債務は，一般に市場で取引される市場性国債（TBおよびギルト債）と市場取引のない非市場性債務とに分けられる．ここで対象とするのはポンド建債務のみであり，したがって混乱のない限り「ポンド建」という表現は省略する．

2. 市場性国債の保有構造

投資家別の保有構造は表7-1のとおりである．まず1999年3月末について市場保有と公的保有とで大別すると，市場保有の構成比が96.4％と大部分を占めている[3]．市場保有の中でも，機関投資家である保険会社，年金基金，投資信託（ユニット・トラスト，インベストメント・トラスト）の保有シェアが60.8％と圧倒的であり，さらにその内訳を見ると保険会社（34.1％）と年金基金（25.2％）で分け合うかたちとなっている．機関投資家に次いで，非居住者のシェアが18.8％と高く，その大半を国際機関，海外中央銀行以外のその他非居住者（13.2％）が占めている．これに対して，銀行と住宅金融組合のシェアは合わせて3.9％と，個人・信託（8.4％）より低いことが特徴的である．

ここで，イギリスの特徴を見るために，アメリカ，日本の保有構造と比較してみよう（表7-2）．なお，アメリカと日本は99年3月末のデータを用いたが，イギリスに関しては同時点におけるイングランド銀行の保有額が不明であるため，政府とイングランド銀行の保有分を公的保有として統計が取れる98年3月末のデータを用いている．この表から，イギリスの特徴として次の3つが指摘できる．

第1に，銀行等のシェアが低い反面，機関投資家のシェアがきわめて高い．機関投資家のシェアは，日本20.7％，アメリカ27.7％であるのに対してイギリスは63.5％にも上る．第2に，非居住者のシェアは日本より高いがアメリカに比べてかなり低い．これは，95年以前のイギリスでは，非居住者

[3) ただし，99年3月末から定義が変わり，中央銀行であるイングランド銀行の分類が98年3月末以前の公的保有から市場保有の銀行部門に移行されたことに注意する必要がある．しかしながら，銀行部門のシェアは98年3月末の4.6％から99年3月末には3.7％にむしろ低下している．また，地方自治体と公企業の保有を公的保有に加えても，やはり95％以上を市場が保有している．

表 7-1 イギリスにおける市場性国債の保有構造

(10億ポンド,％)

年		1990		1995		1998		1999	
			(シェア)		(シェア)		(シェア)		(シェア)
その他公的部門計		0.5	0.3	0.8	0.4	2.3	0.8	3.2	1.1
	地方自治体	0.3	0.2	0.7	0.3	0.2	0.1	0.2	0.1
	公企業	0.2	0.1	0.1	0.1	2.1	0.7	3.0	1.0
銀 行		8.1	5.9	22.3	9.2	13.8	4.6	11.2	3.7
住宅金融組合		4.8	3.5	5.3	2.2	1.0	0.3	0.7	0.2
機関投資家計		57.9	42.4	132.8	55.0	192.4	63.5	183.1	60.8
	保険会社	34.9	25.6	82.7	34.3	114.2	37.7	102.7	34.1
	年金基金	22.4	16.4	46.7	19.3	73.9	24.4	76.0	25.2
	投資信託	0.5	0.4	3.3	1.4	4.3	1.4	4.3	1.4
個人・信託		11.7	8.6	10.7	4.4	15.2	5.0	25.3	8.4
その他居住者		16.2	11.9	24.9	10.3	14.6	4.8	10.2	3.4
(非金融法人)		(1.7)	1.2	(2.0)	0.8	(0.8)	0.3	(0.9)	0.3
非居住者計		17.9	13.1	35.5	14.7	52.1	17.2	56.6	18.8
	国際機関	0.8	0.6	1.0	0.4	0.1	0.0	0.5	0.2
	海外中央銀行	8.1	5.9	13.0	5.4	12.6	4.2	16.3	5.4
	その他非居住者	9.0	6.6	21.4	8.9	39.4	13.0	39.8	13.2
市場保有計		117.0	85.7	232.3	96.2	291.5	96.2	290.1	96.4
公的保有		19.6	14.3	9.2	3.8	11.5	3.8	10.9	3.6
総 計		136.6	100.0	241.5	100.0	303.1	100.0	301.0	100.0

注：1) 各年とも3月末の数値.
2) スターリング・ポンド建市場性国債のみの保有構造.
3) 投資信託とはインベストメント・トラストとユニット・トラストの合計.
4) 98年3月末まで，公的保有とは政府と中央銀行の合計であったが，99年3月末より定義が変わり，中央銀行は公的保有から市場保有の銀行部門に移った.

出所：Bank of England (BOE), *Quarterly Bulletin*, 1990, 95, 98, 99, November から作成.

が保有するギルト債の利子に対しても原則として源泉徴収課税があったこと，ギルト債のレポ取引制度がなかったため国債の空売りが極めて困難であったことが影響していよう．95年時点ですでに国債利子に対して源泉徴収課税がなく，レポ取引も盛んであったアメリカに比べ，イギリスの国債市場は非居住者にとって明らかに魅力が乏しい市場であった．しかし，イギリスでも96年にギルト・レポ市場が創設され，国債利子に係る源泉徴収制度も漸次緩和，撤廃されていった[4]．その結果，表7-1に見られるように，非居住者

表 7-2 保有構造の国際比較

(%)

	イギリス	アメリカ	日本
地方公共団体・公企業	0.8	8.1	2.1
銀行等	4.9	7.4	14.0
保険	37.7	4.3	12.4
年金	24.4	13.0	7.2
投資信託	1.4	10.4	1.1
個人等	5.0	—	1.8
非居住者	17.2	37.8	5.8
政府・中央銀行	3.8	13.8	50.4
その他	4.9	5.3	5.3

注:1) イギリスは98年3月末,アメリカと日本は99年3月末の構成比.
2) 市場性国債のみの保有構造.
3) アメリカの「その他」には,公企業と個人を含む.
4) 日本の「その他」には,ノンバンクなどの金融機関を含む.
出所:BOE, *Quarterly Bulletin*, 1998, November, U. S. Department of the Treasury, *Treasury Bulletin*, 1999, December, 日本銀行『経済統計月報』(資金循環表), 1999年9月号から作成.

のシェアは国際機関,海外中央銀行以外の非居住者が牽引するかたちで,90年3月末の13.1%から95年3月末14.7%,98年3月末17.2%(99年3月末18.8%)へと90年代後半に急上昇している.これは,非居住者にとってイギリスの国債市場の魅力が向上したことを示しており,将来的にはそのシェアがアメリカに迫る可能性はあろう.

第3の特徴は,政府,中央銀行のシェアが非常に低いことである.イギリスおよびアメリカでは,国家の債務を市場で取引される市場性国債と市場取引のない非市場性債務に分ける方式が採られており,イギリスの場合,98年3月末でポンド建国家債務に占める非市場性債務の割合は約25.5%(99年3月末25.9%)になる.後述するように,政府と中央銀行は,98年3月末で合計456億ポンドの国家債務を保有しているが,そのうち約75%を非市場性債務が占めており,市場性国債の割合は小さい[5].そのため,市場性

---

4) レポ取引の概念およびギルト・レポ市場については須藤 [1998c, 1999] を参照されたい.
5) イギリスの政府,中央銀行が保有する非市場性債務には,主に,政府部門から

国債で見たとき，アメリカ，日本に比べてイギリスにおけるシェアが低く現れたのであろう．

次に，表7-1に戻って，90年3月末から98年3月末にかけての長期的な保有構造の変化を見てみよう．ここで，98年3月末と比べるのは，注3で述べたようにイングランド銀行の分類が変更され，99年3月末では統計的に不連続となるためである．まず，全体を概観してみると，市場性国債の残高は90年3月末の1,366億ポンドから98年3月末には3,031億ポンドへと，約2.2倍に膨らんでいる．さらに，公的保有と市場保有の内訳は，90年3月末には14.3％あった公的保有のシェアが98年3月末には3.8％へと大幅に低下していることが特徴的である[6]．

投資家別にシェアの変化を見てみると，まず，機関投資家の中でも保険会社（25.6％から37.7％）と年金基金（16.4％から24.4％）のシェアが大きく上昇している．この要因としては次の3つが考えられる．第1は，ベース・レートが90年代の前半に低下し，後半の好景気にもかかわらずほぼ横ばいで推移したことである（図7-1）．こうした金融政策のスタンスを反映して，国債の名目金利も94年の前半を除いて低下基調が続いた．これは，国債価格が90年代を通じて基本的に上昇基調にあったことを示している．

第2の要因は，リスクをできるだけ小さくして実質収益率を確保するために，インデックス債への投資を拡大したことである[7]（表7-3）．81年末以来，年金基金と保険会社（長期ファンドベース）の保有国債に占めるインデックス債の割合（表中C/B列）は順調に拡大し，99年末で，年金基金で約43％，保険会社で約16％に上る．また，年金基金，保険会社とも，総資産

　　国家貸付資金（National Loans Fund）への短期貸付である一時貸付金（Ways and Means advance），国債管理委員会（National Debt Commissions）に対して直接発行される非市場性証券（NILO stocks），中央政府および公的企業による国債管理委員会への一時預金（temporary deposit facility）がある．

6) 公的保有の額は90年3月末の196億ポンドから98年3月末には115億ポンドへと，絶対額自体が減少している．

7) インデックス債については第1章を参照されたい．

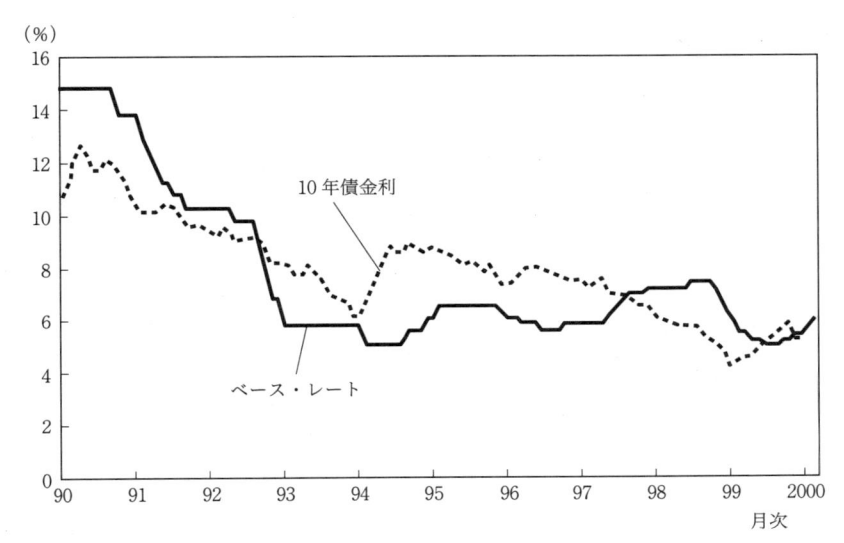

第 7 章　90 年代における国家債務の保有構造

注：1)　金利，ベース・レートとも月末値．
　　2)　ベース・レートは，97 年 4 月末までは Minimum Band 1 Dealing Rate, 97 年 5 月末以降は Repo Rate である．
出所：BOE, *Monetary & Financial Statistics*, OECD, *Main Economic Indicators*.

図 7-1　イギリスの金利動向

に占めるイギリス国債の割合（同 B/A 列）が 90 年代に入って上昇に転じているなかで，インデックス債の総資産に占める割合（同 C/A 列）は 80 年代から上昇基調にある．

第 3 の要因は，1995 年年金法に基づき，97 年 4 月から年金基金に最低積立要件の支払能力テスト（Minimum Funding Requirement Solvency Test, MFRST）が導入されたことである．最低積立要件とは，確定給付型の企業（職域）年金に対して，その負債に見合う十分な資産を保有することを課す要件である．アクチュアリーは定期的（3 年ごと）に資産を評価し，その結果を 12 カ月以内に受託者に報告しなければならない．アクチュアリーによる資産評価が負債の 90% を下回った場合，定められた期限内に早急に事業者は現金ないし金融資産による担保を積んで，最低でも負債の 90% まで資産を増やさなければならない．また，評価が負債の 90% から 100% の間に

表7-3 イギリスの年金基金, 保険会社によるインデックス債保有残高の推移

(100万ポンド, %)

年末	年　金　基　金						保　険　会　社					
	総資産残高(A)	うち英国債(B)		うちインデックス債(C)			総資産残高(A)	うち英国債(B)		うちインデックス債(C)		
			B/A		C/B	C/A			B/A		C/B	C/A
1981	63,435	12,481	19.7	1,327	10.6	2.1	60,989	15,249	25.0	404	2.6	0.7
82	84,198	18,249	21.7	2,255	12.4	2.7	79,759	22,782	28.6	993	4.4	1.2
83	110,970	22,586	20.4	3,017	13.4	2.7	95,768	25,794	26.9	1,448	5.6	1.5
84	139,290	25,608	18.4	4,075	15.9	2.9	113,561	27,608	24.3	1,747	6.3	1.5
85	168,059	29,648	17.6	5,120	17.3	3.0	130,122	30,456	23.4	2,294	7.5	1.8
86	211,220	32,511	15.4	6,913	21.3	3.3	158,551	31,448	19.8	2,204	7.0	1.4
87	227,551	34,022	15.0	7,213	21.2	3.2	173,369	34,690	20.0	3,118	9.0	1.8
88	267,446	34,814	13.0	9,568	27.5	3.6	198,374	34,298	17.3	3,556	10.4	1.8
89	338,950	31,894	9.4	11,688	36.6	3.4	246,241	32,530	13.2	4,015	12.3	1.6
90	302,714	27,940	9.2	9,780	35.0	3.2	232,314	31,137	13.4	3,764	12.1	1.6
91	343,759	24,041	7.0	8,599	35.8	2.5	276,219	36,584	13.2	3,782	10.3	1.4
92	382,011	25,188	6.6	10,841	43.0	2.8	327,572	50,970	15.6	5,402	10.6	1.6
93	480,567	34,279	7.1	16,930	49.4	3.5	433,522	72,575	16.7	8,891	12.3	2.1
94	443,468	41,854	9.4	20,341	48.6	4.6	403,744	64,921	16.1	7,121	11.0	1.8
95	508,581	52,659	10.4	24,017	45.6	4.7	494,661	80,268	16.2	8,856	11.0	1.8
96	543,879	57,783	10.6	27,011	46.7	5.0	549,679	90,996	16.6	11,070	12.2	2.0
97	656,873	80,534	12.3	36,099	44.8	5.5	677,803	107,847	15.9	12,792	11.9	1.9
98	699,191	91,084	13.0	43,766	48.1	6.3	776,140	127,903	16.5	17,694	13.8	2.3
99	812,228	98,882	12.2	42,930	43.4	5.3	940,360	126,223	13.4	19,830	15.7	2.1

注：保険会社は長期ファンドベース．
出所：Office for National Statistics (ONS), *Financial Statistics*.

あるときは，上記の方法ないしは拠出金の増額によって，拠出金のスケジュールでカバーされている期限までに資産を負債の100%水準まで増やさなければならない（1995年年金法第56-61条）．この要件を満たすため，安全資産である国債が年金基金によって嗜好されたのであろう．

投資家別シェアの変化で，機関投資家以外に注目されるのは，非居住者，特に国際機関，海外中央銀行以外のその他非居住者のシェアが6.6%から13.0%へと大きく上昇していることである．この要因として，イングランド銀行は，海外の投資家が経済通貨統合（EMU）の不確定性とロシア，東南アジアの経済，金融不安からの「安全な待避場所」としてイギリスの国債市

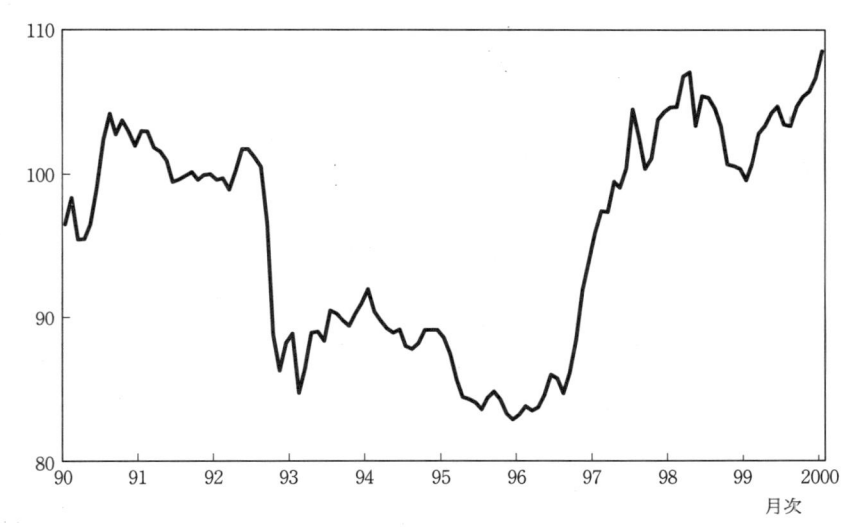

出所：BOE, *Monetary & Financial Statistics, Statistical Abstract 1999*.

図7-2　ポンド実効レート（90年＝100）

場を選んだためとしている．これには，好景気とEMUの不確定性により，96年半ば以降ポンド通貨が回復したことも後押ししていよう（図7-2）．しかしながら，その最大の要因は前述したように，96年以後の漸進的なギルト債利子に対する源泉徴収制度の撤廃とレポ取引の導入により，非居住者にとってイギリスの国債市場の魅力が向上したためと考えられる．

3. 投資家別ポートフォリオ

本節では，投資家別に市場性国債および非市場性債務をどのように運用しているのかを概観してみよう（表7-4）．その際，前述したイングランド銀行の分類変更から，銀行部門による保有と公的保有に関しては98年3月末で比較する．

表 7-4 投資家別ポートフォリオ

(10億ポンド，％)

	90.3	（構成比）	95.3	（構成比）	99.3	（構成比）
銀　行						
TB	3.9	46.6	7.0	31.0	0.3	2.2
ギルト債（短期）	1.0	11.8	6.0	26.9	7.9	56.8
ギルト債（中期）	1.9	23.4	7.5	33.3	4.9	35.3
ギルト債（長期）	1.3	15.5	1.8	8.0	0.7	5.0
小　計	8.1	97.3	22.3	99.2	13.8	99.3
非市場性債務	0.2	2.7	0.2	0.8	0.1	0.7
合　計	8.3	100.0	22.5	100.0	13.9	100.0
住宅金融組合						
TB	1.1	22.3	0.1	1.3	0.0	0.0
ギルト債（短期）	2.8	57.6	4.7	88.9	0.6	85.7
ギルト債（中期）	0.9	18.4	0.3	5.9	0.1	14.3
ギルト債（長期）	0.0	0.3	0.2	3.9	0.0	0.0
小　計	4.8	98.6	5.3	100.0	0.7	100.0
非市場性債務	0.1	1.4	0.0	0.0	0.0	0.0
合　計	4.8	100.0	5.3	100.0	0.7	100.0
保険会社						
TB	0.0	0.0	0.0	0.0	0.6	0.6
ギルト債（短期）	2.3	6.7	9.7	11.8	25.6	24.9
ギルト債（中期）	18.2	52.2	40.4	48.8	43.8	42.6
ギルト債（長期）	14.4	41.1	32.6	39.4	32.7	31.8
小　計	34.9	100.0	82.7	100.0	102.7	100.0
非市場性債務	0.0	0.0	0.0	0.0	0.0	0.0
合　計	34.9	100.0	82.7	100.0	102.7	100.0
年金基金						
TB	0.0	0.0	0.3	0.7	0.6	0.8
ギルト債（短期）	1.1	4.9	3.7	8.0	19.6	25.8
ギルト債（中期）	10.5	46.6	24.0	51.4	37.3	49.1
ギルト債（長期）	10.9	48.2	18.6	39.9	18.6	24.5
小　計	22.4	99.7	46.7	100.0	76.0	100.0
非市場性債務	0.1	0.3	0.0	0.0	0.0	0.0
合　計	22.5	100.0	46.7	100.0	76.0	100.0
投資信託						
TB	0.0	0.0	0.0	0.0	0.0	0.0
ギルト債（短期）	0.1	23.4	0.6	18.3	1.5	34.9
ギルト債（中期）	0.3	65.9	1.6	47.8	1.7	39.5
ギルト債（長期）	0.1	10.7	1.1	33.7	1.1	25.6
小　計	0.5	100.0	3.3	99.8	4.3	100.0
非市場性債務	0.0	0.0	0.0	0.2	0.0	0.0
合　計	0.5	100.0	3.3	100.0	4.3	100.0

第7章　90年代における国家債務の保有構造　　181

(つづき)

個人・信託						
TB	0.0	0.0	0.0	0.0	0.0	0.0
ギルト債（短期）	5.9	15.6	4.0	7.6	8.4	9.9
ギルト債（中期）	4.2	11.1	5.0	9.3	12.7	14.9
ギルト債（長期）	1.6	4.1	1.7	3.2	4.2	4.9
小　計	11.7	30.7	10.7	20.0	25.3	29.8
非市場性債務	26.4	69.3	42.7	80.0	59.7	70.2
合　計	38.1	100.0	53.4	100.0	85.0	100.0
その他非居住者						
TB	0.4	4.0	0.1	0.5	0.6	1.5
ギルト債（短期）	3.7	40.7	13.0	60.6	15.3	38.4
ギルト債（中期）	4.5	49.9	6.5	30.2	13.7	34.4
ギルト債（長期）	0.5	5.5	1.9	8.6	10.2	25.6
小　計	9.0	100.0	21.4	100.0	39.8	100.0
非市場性債務	0.0	0.0	0.0	0.0	0.0	0.0
合　計	9.0	100.0	21.4	100.0	39.8	100.0
公的保有						
TB	2.5	7.9	1.1	2.6	3.6	7.9
ギルト債（短期）	5.3	16.4	2.4	5.8	2.9	6.4
ギルト債（中期）	6.9	21.3	4.5	10.7	3.8	8.3
ギルト債（長期）	4.8	15.0	1.1	2.7	1.2	2.6
小　計	19.6	60.5	9.2	21.9	11.5	25.2
非市場性債務	12.7	39.5	32.8	78.1	34.1	74.8
合　計	32.3	100.0	42.0	100.0	45.6	100.0

注：1)　ギルト債の残存期間は，短期債が5年以下，中期債が5年超15年以下，長期債が15年超である．
　　2)　中央銀行の分類定義が99年3月末から変更され統計が不連続なため，銀行部門および公的保有については98年3月末で比較している．
出所：BOE, *Quarterly Bulletin*, 各年, Novemberから作成.

(1) 銀　　行

　銀行，特に商業銀行は短期性資金を扱うことから，その資金運用も短期のスタンスをとる．そのため，90年3月末には，全体の約半分をTBで保有し，残りを中期債（残存期間5年超15年以下）にやや重点をおきながらも，短期（同1年超5年以下），中期，長期（同15年超）でバランスを取って保有していた．95年3月末には，TBと長期債での保有割合を減らし，短期債と中期債に重点を移している．TBの保有割合が減少したのは，TBの残高自体が90年3月末の116億ポンドから95年3月末には90億ポンドに減

少したことが影響していよう．

　98年3月末には95年3月末に比べ，TBの保有を大幅に（67億ポンド）減少させ，さらに中期債の保有も26億ポンド減少させたことから，国債の保有総額が大きく落ち込んだ．そうしたなかで，短期債の保有を増加させたことからその保有割合は50%を超えている．TBの保有が激減したのは，その残高自体が95年3月末の90億ポンドから57億ポンドに減少したことに加え，96年のレポ市場創設に伴い，イングランド銀行が公開市場操作の中心をレポによるオペレーションに変更したため，TBを保有するインセンティブがほとんどなくなったためであろう．また，長期債の保有を減少させた要因としては，好景気の持続に伴い97年央からベース・レートがわずかに上昇に転じ，それを受けて金利の先高期待が強くなったためと推測される．

(2) 住宅金融組合

　住宅金融組合は，商業銀行と対照的に，住宅融資債権という長期資産を保有しているため，満期までの期間が長い金融資産を保有するインセンティブは小さい．そのため，90年および95年3月末には，50億ポンド前後保有していた国家債務のうちの80%から90%をTBと短期債に振り向けていた．

　しかしながら，99年3月末には国債の保有がほとんどなくなった．これは，住宅金融組合そのものの減少が影響していよう．つまり，1986年住宅金融組合法に株式会社（銀行）への転換条項が設けられ，89年7月に当時業界第2位のアビー・ナショナル住宅金融組合が銀行に転換した．その後転換の動きは見られなかったが，97年になって銀行への転換が相次いだことから，住宅金融組合全体の資産が減少したのである．

(3) 保険会社・年金基金

　前述したように，保険会社と年金基金による国債保有高は90年代に入って拡大している．保険会社と年金基金にとって保険商品や年金商品は長期性の負債であるため，資産運用も長期的スタンスをとる．これを反映して，90

年および 95 年 3 月末には中期債,長期債の保有が 90% 前後を占めていた.
　しかしながら,95 年 3 月末から 99 年 3 月末にかけては,国債の保有増加分(保険会社で 200 億ポンド,年金基金で 293 億ポンド)のうち,保険で約 80%,年金基金で約 54% を短期債に振り向けており,運用スタンスの短期化が現れている.これは,図 7-1 の 10 年国債金利の動きにも見られるように,好景気の長期化から 99 年に入って金利の先高観測が生じ,それに伴って,リスク・ヘッジのために短・中期債に重点を置くスタンスに切り替えたのであろう.この結果,保険会社,年金基金のいずれも保有国債の約 4 分の 1 を短期債で保有している.

(4) 投資信託

　90 年 3 月末時点で国債の保有額は約 5 億ポンドと非常に少なく,そのほとんどを短・中期債で運用していた.95 年 3 月末には国債保有を大幅に増加させた(28 億ポンド)が,そのほとんどを中・長期債の保有増に向けた結果,一転して 80% 以上がそれらの国債で運用されるようになった.しかしながら,保険会社,年金基金と同様に,金利先高観測に伴うリスクをヘッジするためか,99 年 3 月末には,保有額の増分(10 億ポンド)のほとんどを短期債に振り向けた.そのため,99 年 3 月末時点で見れば,短・中・長期の 3 つのゾーンでバランス良く保有するかたちとなっている.

(5) 個人・信託

　90 年以降,保有総額は伸びているが,その 70% から 80% は常に非市場性債務で保有されている.個人が保有する非市場性債務は,政府,中央銀行が保有するものと異なり,大部分が国民貯蓄証券(National Savings Securities)である.これは,国民に少額の貯蓄手段を与えると同時に,その資金を国庫に吸収する目的で発行される証券であり,主に郵便局で取り扱われる[8].国民貯蓄証券の種類は多いが,主な商品として貯蓄証券[9],利息月払

---

[8] 99 年 3 月末で,ポンド建債務全体に占める国民貯蓄証券のシェアは約 16%,

い債券,くじ付債券,投資口座,年金生活者収入保証債券がある.国民貯蓄証券の残高に占める各商品のシェアは図7-3のようになっている.最大のシェアを占める商品は,少額貯蓄手段である貯蓄証券だが,近年ではくじ付債券[10]と年金生活者収入保証債券[11]のシェアが上昇している.

なお,市場性国債での運用スタンスは短・中期債重視で一貫しているが,90年代後半の変化をあえて挙げれば,中期債に重点を置いた運用になってきている.

(6) その他非居住者

前述したように,ギルト債の保有を90年代に拡大している.非居住者の場合,国債の価格変動リスクに加えて為替リスクがあるため,運用スタンスは短期的になる.そのため,90年および95年3月末では保有額の90%以上がTB,短・中期債に向けられていた.

しかしながら,95年3月末から99年3月末にかけては一転して,保有増加分(184億ポンド)の約45%が長期債,約39%が中期債に向けられたことから,短期から長期までの保有バランスは均等に近くなっている.運用スタンスが長期化した背景には,90年代後半にポンド通貨の信頼が増したことに加え,国債利子の源泉徴収制度廃止やレポ取引導入によって長期債へ投資しやすい環境が整ったことが挙げられよう.

(7) 公 的 保 有

90年3月末の保有割合は約60%が市場性国債,約40%が非市場性債務

　　非市場性債務に占めるそのシェアは約60%である.
 9)　貯蓄証券には固定利付と物価スライド条項付の2種類がある.
10)　期間の定めはなく,一券面につき1ポンドの元本は保証されているが利子は付かない.利子相当分はプールされ,毎月1回コンピュータで打ち出された当選番号の当選者に賞金として支払われる.
11)　60歳以上の老人のみを対象とした5年物の固定金利債券.利子はグロスで毎月支払われる.

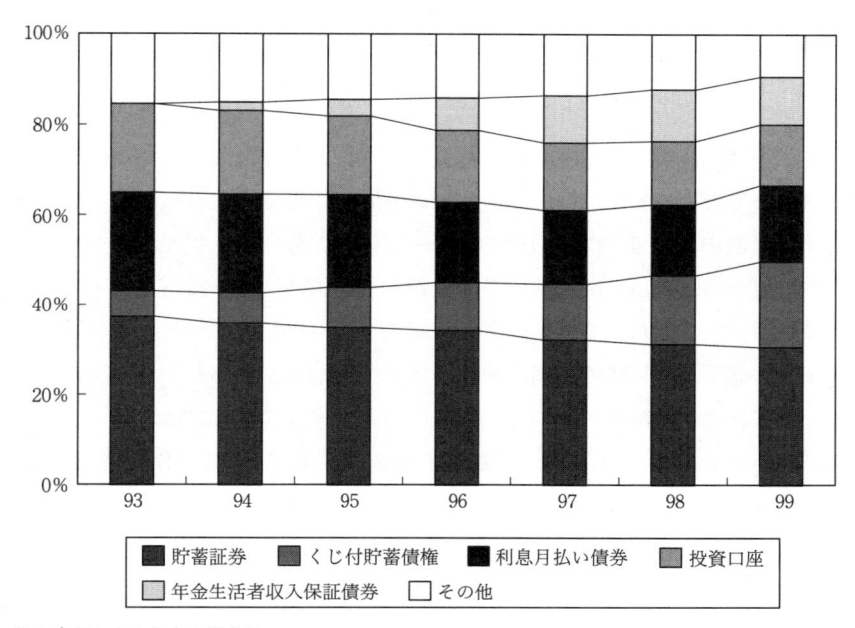

第 7 章　90 年代における国家債務の保有構造　　　　　　　185

凡例：■ 貯蓄証券　■ くじ付貯蓄債権　■ 利息月払い債券　■ 投資口座
□ 年金生活者収入保証債券　□ その他

注：各年とも 3 月末の構成比.
出所：ONS, *Annual Abstract of Statistics 2000*, BOE, *Quarterly Bulletin*, 1999, November から作成.

図 7-3　国民貯蓄証券の内訳構成比

であったが，95 年 3 月末にかけて市場性国債の保有が長期債を中心に大幅に（104 億ポンド）減少した反面，非市場性負債が約 200 億ポンド増加したことから，両者の比率は逆転した．90 年 3 月末から 95 年 3 月末にかけて市場性国債の保有が減少したのは，ギルト債の発行方法をタップ方式から徐々にオークション方式に切り替えていったためであろう[12]．その後，98 年 3 月末にかけて市場性国債の保有残高は約 20 億ポンド増加したが，依然として全体の約 75% を非市場性債務が占めている．

---

12)　タップ方式とは，イングランド銀行が，その引き受けた市場性国債を発行後の流通市場の状況に応じて徐々に市場に売り捌いていく方式である．

4. 結　　論

　本章では，投資家の特性に伴う普遍的な特定の残存期間の選好という意味で債券市場の分断を定義し，その市場の分断がイギリスに見られるのかという問題意識の下で90年代の国家債務の保有構造を分析してきた．まず，市場性国債の保有構造に関する時系列分析および国際比較分析からは次の3つの特徴が見出された．第1に，金融機関の中でも銀行と住宅金融組合の保有シェアは低下基調にある反面，保険会社，年金基金を中心とする機関投資家のシェアは急速に拡大している．第2に，非居住者のシェアは，アメリカより低いものの，90年代後半から顕著に拡大してきている．第3の特徴は，政府と中央銀行のシェアが極めて低いことである．

　続いて行った投資家別ポートフォリオの詳細な分析からは，市場の分断を裏付ける興味深い特徴が見出された．銀行，住宅金融組合，保険会社，年金基金，投資信託，個人・信託，その他非居住者の中で，一貫して短（TBを含む）・中・長期債のバランスを取って保有している主体は1つもない[13]．具体的には，保険会社と年金基金は中・長期債に重点をおいて保有し，他の投資家は短・中期債を主として保有している．この投資家別ポートフォリオの特徴は，特に銀行，住宅金融組合，保険会社，年金基金（おそらくは非居住者にも）について言えることだが，その業務上の特性を正に反映している[14]．保険会社と年金基金の市場性国債に対する保有シェアが高いことから，市場性国債全体から見た残存期間別構成比は短・中・長期債である程度バラ

---

13) ただし，その他非居住者については，本論で説明した理由でギルト債の魅力が向上していることから，総体的に見れば今後保有のバランスが取れてくる可能性もある．
14) Leong［1999, p. 19］も，「特定期間選好」の存在を断定することは困難だが，事例証拠は，銀行がショート・エンドに，年金基金がロング・エンドにプレミアムを支払うこと，すなわち各々その期間を選好することを示唆している」と述べている．

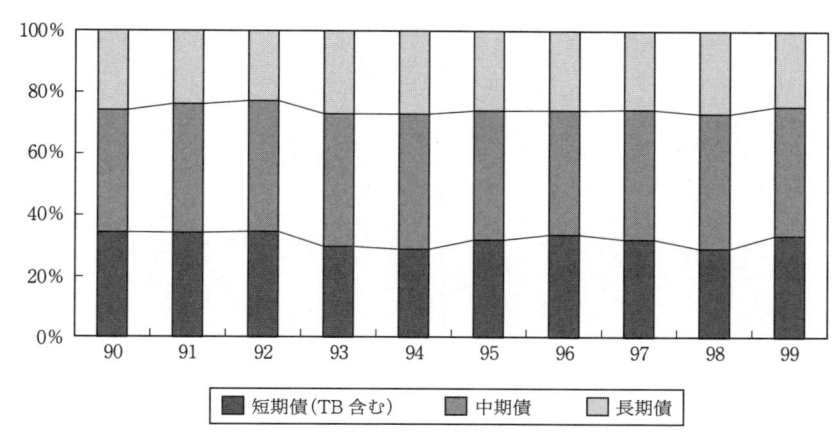

第7章　90年代における国家債務の保有構造

注：1)　各年とも3月末の構成比．
　　2)　公的保有を除く市場保有ベース．
出所：BOE, *Quarterly Bulletin*, 各年, November から作成．

図7-4　市場性国債の残存期間別保有構成比

ンスが取れているものの，やはり中期債にやや偏りが生じている（図7-4）．つまり，イギリスの市場性国債の市場には市場の分断が生じているのである．

　本章の分析は保有構造といういわば需要サイドからのものであり，需要は当然のことながら供給サイドの影響を受ける．特に，前述したようにイギリスでは市場性国債に対する公的保有のシェアが低いということは，政府が発行したTBおよびギルト債はほとんど市中消化されていることを意味する．したがって，市場の分断が期待インフレ率の不安定性とともに名目イールド・カーブの効率性を阻害する要因となっているのであれば，その責任の一端は政府による市場性国債の発行政策にも求められよう．そこで，次章以降は満期構成に関する国債管理政策を理論的，実証的に分析していこう．

第 8 章　最適満期構成の理論的考察

1. はじめに

　前章で市場性国債を中心に国家債務の保有構造を分析した結果，市場性国債の市場に分断が生じている可能性が示唆された．しかしながら，これはあくまでも需要サイドからの分析であり，国債の供給サイドから考えれば，政府は常に投資家のニーズにあわせて国債を発行してきたのかということが問題となる．より正確に言えば，80 年代から 90 年代にかけてイギリスでは満期構成に関してどのような国債管理政策が採られてきたのかを分析しなければならない[1]．

　ここでの問題意識から言えば，80 年代から 90 年代のイギリスにおける国債発行政策を詳細に分析すればよいわけだが，実際の政策を評価するための 1 つの視点を与えるために本章では最適満期構成について理論的に考察してみよう[2]．ここで「最適」とは，「経済厚生を最大化する」という意味で定

---

1) ここで用語の概念を整理しておく．浜田編 [1997] によれば，国債管理政策の概念や用法は統一されていない．広義には，国債が関連する経済政策の問題全般を含んだものとして用いられることもあれば，一方で狭義に解釈して，国債の発行，利払い，償還についての政策とされることもある．本書では，その問題意識から狭義で国債管理政策を捉えるが，いずれの概念で捉えようとも国債管理政策，国債発行政策，満期政策の関係を論理的に示せば，管理政策⊃発行政策⊃満期政策が成立することは明らかであろう．したがって，本章および次章ではこの関係を念頭に置いた上で各用語を適宜使い分ける．

2) Leong [1999] は国債発行政策に関する理論的，実証的先行研究を国債管理政

義している.本来であれば,イギリスにおける国債管理政策の目的をベースにした理論的枠組みを考えるべきだが,実際の政策はコストの最小化,リスクの最小化,金融政策との整合など複数の目的を同時に追求しており,しかもイギリスの場合,次章で詳述するように政策目的の中心が90年代半ばを境に「金融政策の補完」から「コストとリスクの最小化」に変更された.そこで,本研究では,国債管理政策の最終的な目的は,国債の発行と流通に関する経済学的な意味で効率的な制度を整備することによって経済厚生を最大化することと捉え,「最適」の意味を前述のように定義した[3].

国債の満期構成が経済厚生にどのような影響を与えるかについての研究は,当初,世代間のリスク配分の観点から進められた.代表的なものにStiglitz [1983],Fischer [1983],Peled [1984, 1985],Pagano [1988],Gale [1990] 等の研究がある.これらの研究は,総じて,長期債の発行によって労働所得または資産所得に対するリスクを世代間で内生的にシェアすることができるという点で,国債の満期構成は世代間の保険に対して重要な役割を果たすと結論している.ここでのポイントは,発行する長期債に,経済が低

　策の目的別に分類して詳細にサーベイし,さらにイギリスの近年の政策と対比してそれらの先行研究を評価している.
3) Missale [1999],Leong [1999] 等も述べているように,現在では,景気の状態にしたがってリスク-リターン特性を変えることができる「景気インデックス債」のような国債を発行できると仮定した場合,国債管理政策の目的に応じて次のような景気インデックス債を発行することがその目的に合致するとされている.目的としてコスト最小化を重視するのであれば,発行時のリスク・プレミアムの観点から,投資家に対して好況時には低収益を,不況時には高収益をもたらす国債を発行する.一方,リスク最小化を重視するのであれば,政府予算の安定の観点から,コスト最小化とは逆パターンの特性を有する国債を発行することがその目的に合致する.しかし,本論で後述するように,80年代まではコスト最小化をもたらすパターンが経済厚生を最大化するとされており,リスク最小化のパターンが最適という考え方が台頭してきたのは90年代に入ってからである.つまり,経済厚生最大化のための国債発行政策や満期政策を考察する場合でも,分析の着眼によって異なる理論的帰結が導かれるのである.なお,本研究では,本論で述べる理由によりリスク最小化の観点から経済厚生を最大化するための最適満期構成を考察する.

迷して生産性が低下したときに保有者に高収益をもたらすリスク-リターン特性を持たせることによって，世代間のリスク・シェアリングが促されるということである．しかしながら，長期債の発行が将来的にせよ増税を伴う場合，低生産性の環境下で高収益をもたらす国債を発行することは，将来の納税者へ税負担を強いることになり，必ずしも経済厚生の増大に結びつくとは言えない．むしろ，Barro [1979]，Lucas and Stokey [1983] は，経済厚生を最大化するためには，税率を平準化するように国債の発行を考えることが最適な政策であることを示した．

　税率を平準化するにおいて，満期構成がどのような役割を担うかが研究され始めたのは最近である[4]．Calvo and Guidotti [1990] は，3期の世代重複モデルに基づいて，長期債（2期債）を発行することにより政府は長期にわたって（第2，3期）インフレ税を集めることができ，それがインフレ率ならびに税率の平準化に寄与するという点で短期債（1期債）をロールオーバーするより経済厚生の増大を促すことを示した．Missale [1999] は，Bohn [1990] のモデルを拡張して，税率を平準化するために最適な国債の満期構成を実証的に検証した．対象はOECD加盟の16カ国である．その結果，16カ国中11カ国で長期債の最適シェアは正となるべきことが示され，この結果から，生産性に対するショックから引き起こされる政府予算の圧迫（増税圧力）に対して長期債が保険を与えていると結論している．Barro [1995] は，非貨幣経済の想定の下で，政府は将来にわたって毎期の実質利払いが均等となるようにコンソル債を発行するかまたは毎期の実質償還額が均等となるように第0期においてゼロ・クーポン債の満期構成を考えることによって，完全な税率平準化が可能となることを示した．

　本章では，Barro [1995] の考え方を発展させたモデルを提示することに

---

4) 税率を平準化するための国債発行政策を考察する場合，満期構成の視点以外に，名目債，物価インデックス債，外債といった各種の国債をどのように組み合わせるべきかというアプローチもある．このアプローチに関する先行研究はMissale [1999] が詳細にサーベイしている．

よって，税率を平準化するために最適な満期構成を理論的に導く．Barro の結論は，将来の国債価格の不確実な変動が政府予算（すなわち税率）に及ぼす影響を排除する，つまりロールオーバー・リスクを完全に排除することによって税率を平準化するという考え方に基づいている[5]．しかしながら，この考え方は理論的というよりむしろ理念的なものと言えよう．現実に政府予算は国債価格の変動の影響を受ける，つまりロールオーバー・リスクに直面している以上，これを取り込む形でモデルを考えることが重要である．そこで，本研究では，ロールオーバー・リスクを排除することなく，毎期の税率の変動が最小となるように政府が最適な満期構成を選択するモデルを提示する．

本章の構成は以下のとおりである．第2節では，所得税を組み込んだ消費資産価格モデル（以下，資産価格モデル）に基づき，国債価格の系列を所与としたときに，政府による厚生最大化から導かれる消費系列は代表的家計の期待効用（以下，効用）の最大化から導かれる消費系列に対して所得税率の変化分だけ撹乱されることを示す．第3節では，政府の予算制約式から前述したモデルを提示し，それに基づいて最適満期構成を導出する．さらに導出された最適満期構成が国債発行量や政府支出の変化によってどのような影響を受けるのかを分析する．最後に，本研究の分析から得られた結果を解釈するとともに今後の課題について言及する．

---

[5] 理論的には，ロールオーバー・リスクとは，①市場に需要がないために調達（借換）必要額を国債発行で賄うことができない，②満期を迎えた国債を借換えたときに金利変動により発行コストが上昇するという2つの解釈をとることができる．ここでは，ロールオーバー・リスクを政府予算負担の観点から捉えていることから，後者の解釈をとる．

2. 政府による厚生最大化：所得税を組み込んだ消費資産価格モデル

2-1 仮　　定

ここでは，これまでの章と同様に人口が常に一定で，金融資産として政府が発行する国債（ゼロ・クーポン債，消費者物価で測った実質償還価格は1）のみが存在する経済社会を想定する．

政府は，毎期初，前期末に家計が保有している $(k+1)$ 期債（$k=0, 1, \cdots, n-1$）を実質価格 $q_{k,t}$ で買い戻し（ただし，$q_{0,t}=1$），同時に新たに k 期債（$k=1, \cdots, n$）を同価格で発行する．この政府行動に関する仮定から，政府と代表的家計の予算制約は次のようになる．

［政府］

歳出として政府支出と国債の買い戻しおよび満期償還があり，それを租税（所得税）と新たな国債の発行で賄う．

$$G_t + h^G_{1,t-1}Q^S_{t-1} + \left(\sum_{k=1}^{n-1} q_{k,t} h^G_{k+1,t-1}\right)Q^S_{t-1} \leq \tau_t Y_t + \left(\sum_{k=1}^{n} q_{k,t} h^G_{k,t}\right)Q^S_t \quad (8.1)$$

ここで，

Y_t：t 期における実質非資産所得

G_t：t 期における実質政府支出

τ_t：t 期における所得税率

$q_{k,t}$：t 期初における k 期債の消費者物価で測った実質価格

Q^S_t：t 期初における国債の発行量

$h^G_{k,t}$：Q^S_t に占める k 期債の構成比 $\left(0 \leq h^G_{k,t} \leq 1, \sum_{k=1}^{n} h^G_{k,t} = 1\right)$

である．

［家計］

家計の総収入は，国債の売却代金および償還金と税引後の非資産所得であり，この総収入を基に消費財と新たに発行された国債を購入する．

$$C_t + \left(\sum_{k=1}^{n} q_{k,t} h_{k,t}^{H}\right) Q_t^D \leq (1-\tau_t) Y_t + h_{1,t-1}^{H} Q_{t-1}^{D}$$
$$+ \left(\sum_{k=1}^{n-1} q_{k,t} h_{k+1,t-1}^{H}\right) Q_{t-1}^{D} \quad (8.2)$$

ここで,

C_t : t 期における実質消費支出

Q_t^D : t 期初における国債の保有数量

$h_{k,t}^{H}$: Q_t^D に占める k 期債の構成比 $\left(0 \leq h_{k,t}^{H} \leq 1, \sum_{k=1}^{n} h_{k,t}^{H} = 1\right)$

である.

予算制約式(8.1), (8.2)より, 国債市場および財市場の均衡条件は

$$Q_t^S = Q_t^D, \quad h_{k,t}^{G} = h_{k,t}^{H}$$
$$C_t + G_t = Y_t \quad (8.3)$$

となる. 以下では, 国債市場, 財市場とも常に均衡していると仮定し,

$$Q_t^S = Q_t^D \equiv Q_t, \quad h_{k,t}^{H} = h_{k,t}^{H} \equiv h_{k,t}$$

と置く.

2-2 政府による厚生最大化

政府は, 予算制約式(8.1)および財市場の均衡条件(8.3)の下で, 家計が現在 ($t=0$ 期) から将来にかけて得る効用の割引現在価値が最大となるように $\{G_t\}$, $\{h_{k,t}\}$, $\{Q_t\}$ の系列を選択する. その際, 政府は将来の行動に対して時間整合的であり, かつ国債の発行政策は金融政策と独立であると仮定する[6]. 一方, 家計の効用は実質消費支出によって決定され, その効用は時間に関して加法分離的である. さらに, 家計において, ある世代の消費者は次世代の消費者（子供）の養育も考慮して消費選択を行う. このため, 各世代の消費者の寿命は有限でも, 家計自体は永久に存続する. これらの仮定より, 政府の厚生最大化問題は次のように定式化できる.

---

6) 国債市場は完全かつ完備な市場であると仮定する.

$$\underset{\{C_t, h_{1,t}, \cdots, h_{n,t}, Q_t\}_{t=0}^{\infty}}{\text{Max}} E_0\left[\sum_{t=0}^{\infty}\beta^t u(C_t)\right]$$

s.t. (8.1)式, (8.3)式

ここで,

$E_t[\cdot]$：t期において利用可能な情報に基づく条件付期待値演算子

β：主観的割引率 ($0<\beta<1$)

$u(\cdot)$：効用関数

である．(8.3)式よりC_tを消去して動学的最大化問題を解くと，G_t，$h_{1,t}$，$h_{k,t}$，Q_tに関する1階の条件は次のようになる．

$$-u'(Y_t-G_t)-\lambda_t(1-\tau_t) = 0 \qquad (8.4)$$

$$E_t[\lambda_t q_{1,t}-\beta\lambda_{t+1}] = 0 \qquad (8.5)$$

$$E_t[\lambda_t q_{k,t}-\beta\lambda_{t+1}q_{k-1,t+1}] = 0 \quad (k=2,\cdots,n) \qquad (8.6)$$

$$E_t\left[(\lambda_t q_{1,t}-\beta\lambda_{t+1})h_{1,t}+\sum_{k=2}^{n}(\lambda_t q_{k,t}-\beta\lambda_{t+1}q_{k-1,t+1})h_{k,t}\right]=0 \qquad (8.7)$$

(8.5), (8.6), (8.7)式を比べると, (8.5), (8.6)式が成立すれば(8.7)式の条件も必然的に満たされる．このことは，基本的な1階の条件は(8.4), (8.5), (8.6)式に集約されると同時に，$\{h_{k,t}\}$と$\{Q_t\}$の系列は明示的には解けないことを含意している．

ここで，k期債を1期間保有した場合の実質保有収益率を

$$rH_t^{(k,1)} \equiv \frac{q_{k-1,t+1}-q_{k,t}}{q_{k,t}} \quad (\text{ただし，} q_{0,t+1}=1)$$

と定義すると，(8.4)式より，(8.5), (8.6)式はともに

$$E_t\left[\beta\frac{u'(Y_{t+1}-G_{t+1})}{u'(Y_t-G_t)}(1+rH_t^{(k,1)})\frac{1-\tau_t}{1-\tau_{t+1}}-1\right]=0$$

$$(k=1,2,\cdots,n)$$

と表せる．さらに，(8.3)式からY_i-G_iをC_i ($i=t,t+1$)に戻すと上式は

$$E_t\left[\beta\frac{u'(C_{t+1})}{u'(C_t)}(1+rH_t^{(k,1)})\frac{1-\tau_t}{1-\tau_{t+1}}-1\right]=0 \qquad (8.8)$$

となる．

一方，家計が予算制約式(8.2)の下に効用最大化問題

$$\underset{\{C_t,h_{1,t},\cdots,h_{n,t},Q_t\}_{t=0}^{\infty}}{\text{Max}} E_0\left[\sum_{t=0}^{\infty}\beta^t u(C_t)\right]$$

を解くと，その1階の条件から

$$E_t\left[\beta\frac{u'(C_{t+1})}{u'(C_t)}(1+rH_t^{(k,1)})-1\right]=0 \qquad (k=1,2,\cdots,n) \tag{8.9}$$

が導ける．(8.8)式と(8.9)式の比較から，財市場および国債市場の均衡条件の下で国債価格の系列 $\{q_{k,t}\}$ を所与としたとき，政府による厚生最大化から導かれる消費系列 $\{C_t\}^W$ は，家計の効用最大化から導かれる消費系列 $\{C_t\}^H$ に対して税率 τ_t の変化分だけ攪乱されることがわかる．つまり，すべての t で税率が一定ならば $\{C_t\}^W$ は $\{C_t\}^H$ に一致するのである．

(8.8)式と(8.9)式の関係，すなわち経済厚生の観点から最適消費経路を攪乱しないためには税率の完全な平準化が望ましいことは Barro [1995] も示している．Barro は，政府の予算制約(8.1)を基に（ただし，課税ベースは実質消費としている），税率の平準化のためには

$$h_{k+1,t-1}Q_{t-1}=h_{k,t}Q_t \quad k\geq 1,\ t\geq 1$$

すなわち将来にわたって毎期の実質利払いが均等となるようにコンソル債を発行するか，または毎期の実質償還額が均等となるように第0期においてゼロ・クーポン債の満期構成を考えることが必要であることを示した．これは，将来の国債価格の不確実な変動が政府予算（すなわち税率）に及ぼす影響を完全に排除する，つまりロールオーバー・リスクを完全に排除した，いわばある意味で長期均衡解に類したものである[7]．しかしながら，ロールオーバー・リスクが現実の問題としてある以上，これを取り込む形でモデルを考えることが重要であろう．そこで，本研究では，Barro と同様に政府の予算制約式(8.1)に基づきながらも，ロールオーバー・リスクを完全に排除することなく毎期の税率の変動が最小となるように政府が最適な満期構成を選択するモデルを提示する．

---

7) Missale [1999] は1期債の実質金利を一定とすることで，モデルからロールオーバー・リスクを排除している．

3. 最適満期構成

前節での分析に基づき,本研究では最適満期構成を「政府支出および国債価格の分布を所与とした場合に,政府の予算制約の下で税率の変動が最小となる満期構成」と定義する.前節のフレームワークでは,政府の予算制約式(8.1)に基づいて,$\{G_t\}$と$\{q_{k,t}\}$の分布を所与として,τ_tの分散が最小となるように政府は毎期の$h_{k,t}$を決定することとなる.

具体的な分析を行う前に,分析を単純化するための仮定を置く.まず,国債は短期債($k=1$),中期債($k=2$),長期債($k=3$)の3種類とする.第2に,経済成長は考慮せず,

$$C_t + G_t = Y_t = 1$$

と仮定する.これは分析を単純化するためでもあるが,より大きな目的は,後に国債発行量の変化が最適満期構成にどのような影響を与えるかを検討する際に,経済成長を考慮しなければ,国債発行量の変化率はそのまま経済規模に対する国債発行量の比(Q_t/Y_t)の変化率を表すからである.またこの仮定は,不測の民間需要不足を政府支出によってカバーしなければならないという意味で,政府にとってのリスク・ソースを含意している.

3-1 基本的分析

$Y_t=1$のとき,政府の予算制約式(8.1)より

$$\tau_t = G_t + h_{1,t-1}Q_t + q_{1,t}(h_{2,t-1}Q_{t-1} - h_{1,t}Q_t) \\ + q_{2,t}(h_{3,t-1}Q_{t-1} - h_{2,t}Q_t) - q_{3,t}h_{3,t}Q_t \tag{8.1}'$$

ここで

$$h_{3,t-i} = 1 - h_{1,t-i} - h_{2,t-i} \quad (i=0, 1) \tag{8.10}$$

である.$h_{k,t}$およびQ_tは政府の操作変数であるから,(8.1)′式両辺の分散を計算すると

$$V_t = V_G + (h_{2,t-1}Q_{t-1} - h_{1,t}Q_t)^2 V_1 + (h_{3,t-1}Q_{t-1} - h_{2,t}Q_t)^2 V_2$$

$$+ (h_{3,t}Q_t)^2 V_3 + 2(h_{2,t-1}Q_{t-1} - h_{1,t}Q_t) C_{G1}$$
$$+ 2(h_{3,t-1}Q_{t-1} - h_{2,t}Q_t) C_{G2} - 2(h_{3,t}Q_t) C_{G3}$$
$$+ 2(h_{2,t-1}Q_{t-1} - h_{1,t}Q_t)(h_{3,t-1}Q_{t-1} - h_{2,t}Q_t) C_{12}$$
$$- 2(h_{2,t-1}Q_{t-1} - h_{1,t}Q_t)(h_{3,t}Q_t) C_{13}$$
$$- 2(h_{3,t-1}Q_{t-1} - h_{2,t}Q_t)(h_{3,t}Q_t) C_{23}$$

となる．ここで
$$V_x \equiv \mathrm{Var}[x_t], \quad C_{xy} \equiv \mathrm{Cov}[x_t, y_t]$$
であり，さらに C_{xy} において下付の数字 1, 2, 3 は各々 $q_{1,t}$, $q_{2,t}$, $q_{3,t}$ を表す．

政府は，(8.10)式を条件として V_τ を最小とするように満期構成 $h_{1,t}$ と $h_{2,t}$ を選択することとなる[8]．すなわち，

$$\underset{h_{1,t}, h_{2,t}}{\mathrm{Min}} \; V_t$$

s.t. (8.10)式

この静学的最適化問題を解くと，1階の条件から次の2式が導ける．

$$(V_1 - C_{13})(h_{1,t}Q_t) + (C_{12} - C_{23})(h_{2,t}Q_t) - (V_3 - C_{13})(h_{3,t}Q_t)$$
$$= (V_1 - C_{13})(h_{2,t-1}Q_{t-1}) + (C_{12} - C_{23})(h_{3,t-1}Q_{t-1}) + C_{G1} - C_{G3}$$
(8.11)

$$(C_{12} - C_{13})(h_{1,t}Q_t) + (V_2 - C_{23})(h_{2,t}Q_t) - (V_3 - C_{23})(h_{3,t}Q_t)$$
$$= (C_{12} - C_{13})(h_{2,t-1}Q_{t-1}) + (V_2 - C_{23})(h_{3,t-1}Q_{t-1}) + C_{G2} - C_{G3}$$
(8.12)

これらの式を $h_{2,t}/h_{1,t}$, $h_{3,t}/h_{1,t}$ について解くと

$$\frac{h_{2,t}}{h_{1,t}} = \frac{1}{(V_2 - C_{23})(V_3 - C_{13}) - (V_3 - C_{23})(C_{12} - C_{23})} \times$$
$$\left\{ [(V_1 - C_{13})(V_3 - C_{23}) - (V_3 - C_{13})(C_{12} - C_{23})] \left(1 - \frac{h_{2,t-1}Q_{t-1}}{h_{1,t}Q_t}\right) \right.$$

---

[8] V_τ の式に国債の将来価格は含まれていないが，仮定で述べたように政府は前期に価格 $q_{k,t-1}$ で発行した k 期債を今期に価格 $q_{k-1,t}$ で買い戻すと同時に同価格で更新発行するから，ロールオーバー・リスクは V_τ の式に含まれている．

$$-\frac{(V_3-C_{23})(C_{G1}-C_{G3})-(V_3-C_{13})(C_{G2}-C_{G3})}{h_{1,t}Q_t}\Bigr\} + \frac{h_{3,t-1}Q_{t-1}}{h_{1,t}Q_t} \tag{8.13}$$

$$\frac{h_{3,t}}{h_{1,t}} = \frac{1}{(V_2-C_{23})(V_3-C_{13})-(V_3-C_{23})(C_{12}-C_{23})} \times$$
$$\Bigl\{[(V_1-C_{13})(V_2-C_{23})-(C_{12}-C_{13})(C_{12}-C_{23})]\Bigl(1-\frac{h_{2,t-1}Q_{t-1}}{h_{1,t}Q_t}\Bigr)$$
$$-\frac{(V_2-C_{23})(C_{G1}-C_{G3})-(C_{12}-C_{23})(C_{G2}-C_{G3})}{h_{1,t}Q_t}\Bigr\} \tag{8.14}$$

3-2 最適満期構成と国債発行量の変化

前項で導出した(8.13),(8.14)式が最適満期構成を表す基本式であるが,ここでは分析をより鮮明にするために次のような2つの仮定を置く.第1に,政府支出と国債価格との共分散はすべて等しいとする.

$$C_{G1} = C_{G2} = C_{G3} \leq 0 \tag{8.15}$$

ここで,政府支出の増加は国債供給の増加を通じて国債価格の下落に繋がると考えられるため,共分散はゼロないし負と仮定した.第2に,各国債価格の変動(分散)は国債価格間の共分散より大きく,かつ国債価格間の共分散はすべて等しいとする[9].

$$V_1, V_2, V_3 > C_{12} = C_{13} = C_{23} \equiv C_P \tag{8.16}$$

仮定(8.15),(8.16)が成立するか否かはすぐれて実証上の問題である.しかしながら,一方で,本研究の目的に照らしたとき,個別の国債価格について特定の仮定を置くことは,国債の供給サイドである満期政策について特定の仮定を置くこととなり,最適な満期構成を理論的に導出するという主題に反する.そこで,国債の需給は常に一致するという前提の下で,長期的に見て政府支出(政府の資金調達)および満期政策は各国債の価格に対して偏っ

---

9) 国債価格間の共分散が等しいということは,各国債が相互に完全に補完的な関係にあるか,または相互に影響し合わないほとんど独立の状態にあると解釈できるが,ここでは後者の解釈をとる.Barro [1995] も国債価格はすべて独立に変動すると仮定している.

た影響を与えないという意味で(8.15)，(8.16)式を仮定した．

最後に，各国債の構成比は短期的には大きく変動しないと仮定する．

$$h_{1,t-1} \approx h_{1,t}, \qquad h_{2,t-1} \approx h_{2,t} \qquad (h_{3,t-1} \approx h_{3,t}) \tag{8.17}$$

この仮定から，以下に導出される最適満期構成は国債発行量の変化率，国債価格の変動を所与としたときの長期均衡解と解釈できる．

以上の仮定の下で，(8.13)，(8.14)式より最適な均衡満期構成比は次のように計算される．

$$\frac{h_{2,t}^*}{h_{1,t}^*} = \frac{(1+g_{Qt})[(1+g_{Qt})B+F]}{(1+g_{Qt})^2 A + (1+g_{Qt})B + F} \tag{8.18}$$

$$\frac{h_{3,t}^*}{h_{1,t}^*} = \frac{(1+g_{Qt})^2 F}{(1+g_{Qt})^2 A + (1+g_{Qt})B + F} \tag{8.19}$$

$$\frac{h_{3,t}^*}{h_{2,t}^*} = \frac{(1+g_{Qt})F}{(1+g_{Qt})B + F} \tag{8.20}$$

ここで，

$$A \equiv (V_2 - C_p)(V_3 - C_p)$$

$$B \equiv (V_1 - C_p)(V_3 - C_p)$$

$$F \equiv (V_1 - C_p)(V_2 - C_p)$$

$$g_{Qt} \equiv \frac{Q_t}{Q_{t-1}} - 1$$

と定義している．仮定(8.16)より

$$A > 0, \qquad B > 0, \qquad F > 0 \tag{8.21}$$

が成立することから[10]，

---

10) V_τ が $h_{1,t}$，$h_{2,t}$ に対して最小になるための2階の条件は次の3式がすべて正となることであり，その条件は仮定(8.16)により満たされる．

$$\frac{\partial^2 V_\tau}{\partial h_{1,t}^2} = 2Q_t^2(V_1 + V_3 - 2C_{13}),$$

$$\frac{\partial^2 V_\tau}{\partial h_{2,t}^2} = 2Q_t^2(V_2 + V_3 - 2C_{23}),$$

$$\begin{vmatrix} \dfrac{\partial^2 V_\tau}{\partial h_{1,t}^2} & \dfrac{\partial^2 V_\tau}{\partial h_{1,t}\partial h_{2,t}} \\ \dfrac{\partial^2 V_\tau}{\partial h_{2,t}\partial h_{1,t}} & \dfrac{\partial^2 V_\tau}{\partial h_{2,t}^2} \end{vmatrix} = 4Q_t^4(A+B+F)$$

$$\frac{h_{2,t}^*}{h_{1,t}^*} > 0, \quad \frac{h_{3,t}^*}{h_{1,t}^*} > 0, \quad \frac{h_{3,t}^*}{h_{2,t}^*} > 0$$

も満たされる.

(8.18), (8.19), (8.20)式より, 国債発行量の変化率と最適満期構成比の関係として次の2つの命題が導ける.

命題1

国債発行量の増加率が上昇している局面では, 次の満期政策が税による攪乱を最小にするという意味で経済厚生にとって最適である.

(1) 短期債および中期債の構成比に対する長期債の構成比を引き上げる.
(2) 短期債の構成比に対する中期債の構成比を引き上げるべきか否かは, 両国債価格の変動の程度に依存する. 仮に, 中期債価格の変動が短期債価格の変動と等しいかまたはそれより小さい場合には, 中期債の構成比を引き上げることが望ましい.

(証明)

(1) (8.19), (8.20)式を g_{Qt} で微分すると, (8.21)式より,

$$\frac{d}{dg_{Qt}}\left(\frac{h_{3,t}^*}{h_{1,t}^*}\right) = \frac{(1+g_{Qt})[(1+g_{Qt})B+2F]F}{[(1+g_{Qt})^2 A + (1+g_{Qt})B + 2F]^2} > 0$$

$$\frac{d}{dg_{Qt}}\left(\frac{h_{3,t}^*}{h_{2,t}^*}\right) = \frac{F^2}{[(1+g_{Qt})B+2F]^2} > 0$$

が示される. 　　　　　　　　　　　　　　　　　　　　　　　証明了

(2) (8.18)式を g_{Qt} で微分すると,

$$\frac{d}{dg_{Qt}}\left(\frac{h_{2,t}^*}{h_{1,t}^*}\right) = \frac{(1+g_{Qt})^2(B^2-AF) + 2(1+g_{Qt})BF + F^2}{[(1+g_{Qt})^2 A + (1+g_{Qt})B + 2F]^2}$$

上式において, 符号が不明な項は分子の第1項, すなわち $(1+g_{Qt})^2 \times (B^2-AF)$ だけである. ここで,

$$\begin{aligned} B^2 - AF &= (V_1-C_p)(V_3-C_p)[(V_1-C_p)(V_3-C_p) - (V_2-C_p)^2] \\ &= (V_1-C_p)(V_3-C_p)[(2V_2-V_1-V_3)C_p + V_1V_3 - V_2^2] \end{aligned}$$

(8.22)

だから，B^2-AF の符号は第3項の符号により決定される．そこで，
$$f(C_p) = (2V_2 - V_1 - V_3)C_p + V_1V_3 - V_2^2$$
と置くと $f(C_p)$ の符号は V_1, V_2, V_3 の大小によって以下のように場合分けできる．なお，ここでは $V_1 \leq V_3$ を前提とするが，この条件は一般性を失わない．

(i) $V_1 = V_3$ のとき

  (i)-① $V_2 \leq V_1$ のとき

  仮定(8.16)より $C_p < V_2$ だから
$$\begin{aligned} f(C_p) &= 2(V_2 - V_1)C_p + V_1^2 - V_2^2 \\ &\geq (V_1 - V_2)^2 \geq 0 \\ &\Rightarrow B^2 - AF \geq 0 \end{aligned}$$

  (i)-② $V_2 > V_1$ のとき

  仮定(8.16)より $C_p < V_1$ だから
$$\begin{aligned} f(C_p) &= 2(V_2 - V_1)C_p + V_1^2 - V_2^2 \\ &< -(V_1 - V_2)^2 < 0 \\ &\Rightarrow B^2 - AF < 0 \end{aligned}$$

(ii) $V_1 < V_3$ のとき

  (ii)-① $V_2 \leq V_1$ のとき

  $2V_2 - V_1 - V_3 < 0$ かつ仮定(8.16)より $C_p < V_2$ だから
$$\begin{aligned} f(C_p) &= (2V_2 - V_1 - V_3)C_p + V_1V_3 - V_2^2 \\ &> (V_1 - V_2)(V_3 - V_2) \geq 0 \\ &\Rightarrow B^2 - AF > 0 \end{aligned}$$

  (ii)-② $V_1 < V_2 < V_3$ のとき

  仮定(8.16)より $C_p < V_1$ であり，かつ(8.22)式より
$$C_p = \frac{V_1V_3 - V_2^2}{2V_2 - V_1 - V_3}$$
のとき $f(C_p) = 0$ だから，さらに次のように場合分けすることができる．

(ii)-②-a $2V_2 - V_1 - V_3 < 0$ のとき

$$\frac{V_2^2 - V_1 V_3}{2V_2 - V_1 - V_3} - V_1 = \frac{(V_1 - V_2)^2}{2V_2 - V_1 - V_3} < 0 \tag{8.23}$$

よって

$C_p \leq \dfrac{V_2^2 - V_1 V_3}{2V_2 - V_1 - V_3}$ のとき $f(C_p) \geq 0 \Rightarrow B^2 - AF \geq 0$

$\dfrac{V_2^2 - V_1 V_3}{2V_2 - V_1 - V_3} < C_p < V_2$ のとき $f(C_p) < 0 \Rightarrow B^2 - AF < 0$

(ii)-②-b $2V_2 - V_1 - V_3 \geq 0$ のとき

(8.23)式より

$C_p < V_1 < \dfrac{V_2^2 - V_1 V_3}{2V_2 - V_1 - V_3}$

だから

$$\begin{aligned}f(C_p) &= (2V_2 - V_1 - V_3)C_p + V_1 V_3 - V_2^2 \\ &< -(V_1 - V_2)^2 < 0 \\ &\Rightarrow B^2 - AF < 0\end{aligned}$$

(ii)-③ $V_3 \leq V_2$ のとき

$2V_2 - V_1 - V_3 > 0$ かつ仮定(8.16)より $C_p < V_1$ だから

$$\begin{aligned}f(C_p) &= (2V_2 - V_1 - V_3)C_p + V_1 V_3 - V_2^2 \\ &< -(V_1 - V_2)^2 < 0 \\ &\Rightarrow B^2 - AF < 0\end{aligned}$$

以上より，$f(C_p) \geq 0$ すなわち $B^2 - AF \geq 0$ の場合には $d(h_{2,t}^*/h_{1,t}^*)/dg_{Qt} > 0$ となるが，$f(C_p) < 0$ すなわち $B^2 - AF < 0$ の場合にはその符号は定まらない．ただし，中期債価格の変動が短期債価格の変動より小さい場合（上記(i)-①または(ii)-①の場合）$B^2 - AF \geq 0$ であるから，$d(h_{2,t}^*/h_{1,t}^*)/dg_{Qt} > 0$ となる．　　　　　　　証明了

命題2

国債発行量が増加も減少もしない定常状態での最適満期構成は

長期債($h_{3,t}^*$) < 中期債($h_{2,t}^*$) < 短期債($h_{1,t}^*$)

である．また，長期債と中期債の合計($h_{3,t}^* + h_{2,t}^*$)を短期債より大きくするか否かは，短期債価格と長期債価格の変動の大小に依存する．

（証明）

国債発行量が増加も減少もしない定常状態では

$$g_{Qt} = 0$$

だから，これを(8.18)，(8.19)，(8.20)式に代入すると

$$\frac{h_{2,t}^*}{h_{1,t}^*} = \frac{B+F}{A+B+F} \tag{8.24}$$

$$\frac{h_{3,t}^*}{h_{1,t}^*} = \frac{F}{A+B+F} \tag{8.25}$$

$$\frac{h_{3,t}^*}{h_{2,t}^*} = \frac{F}{B+F} \tag{8.26}$$

(8.21)式より A, B, F はすべて正だから，(8.24)，(8.26)式より

$$h_{3,t}^* < h_{2,t}^* < h_{1,t}^*$$

が成立する．

一方，(8.24)，(8.25)式より

$$\frac{h_{2,t}^* + h_{3,t}^*}{h_{1,t}^*} = \frac{B+2F}{A+B+F}$$

となる．ここで

$$B+2F-(A+B+F) = F-A = (V_2-C_p)(V_1-V_3)$$

だから，

$V_1 \leq V_3$ のとき $B+2F \leq A+B+F$ すなわち $h_{2,t}^* + h_{3,t}^* \leq h_{1,t}^*$

$V_1 > V_3$ のとき $B+2F > A+B+F$ すなわち $h_{2,t}^* + h_{3,t}^* > h_{1,t}^*$

が示される． 証明了

命題1と2は，政府支出が特定の国債価格に影響を与えない，すなわち

$$C_{G1} = C_{G2} = C_{G3}$$

の仮定に基づいている．では，この仮定をはずした場合に，政府支出と最適

満期構成比との間にどのような関係が見出されるのだろうか．以下では，この論点について分析してみよう．

仮定(8.16)，(8.17)の下で(8.13)，(8.14)式を $h_{2,t}/h_{1,t}$, $h_{3,t}/h_{1,t}$ について解くと

$$\frac{h_{2,t}^*}{h_{1,t}^*} = \frac{1+g_{Qt}}{(1+g_{Qt})^2 A + (1+g_{Qt})B + F}$$
$$\times \left\{ [(1+g_{Qt})B+F] - (V_3-C_p)(1+g_{Qt})\frac{C_{G1}-C_{G2}}{h_{1,t}^* Q_t} \right.$$
$$\left. - (V_2-C_p)\frac{C_{G1}-C_{G3}}{h_{1,t}^* Q_t} \right\} \quad (8.27)$$

$$\frac{h_{3,t}^*}{h_{1,t}^*} = \frac{1+g_{Qt}}{(1+g_{Qt})^2 A + (1+g_{Qt})B + F}$$
$$\times \left\{ (1+g_{Qt})F + (V_3-C_p)\frac{C_{G1}-C_{G2}}{h_{1,t}^* Q_t} - [(V_2-C_p)(1+g_{Qt}) \right.$$
$$\left. + (V_3-C_p)]\frac{C_{G1}-C_{G3}}{h_{1,t}^* Q_t} \right\} \quad (8.28)$$

(8.18)式と(8.27)式，(8.19)式と(8.28)式を比べると，$C_{G1} \neq C_{G2} \neq C_{G3}$ とした場合，最適満期構成比は { } 内の第2, 3項の部分だけ変化していることがわかる．次に，政府支出に対する k 期債の価格の反応が変化したとき，最適満期構成比はどのように変化するのだろうか．(8.27)，(8.28)式を C_{G1}, C_{G2}, C_{G3} について偏微分し仮定(8.16)を考慮すると，それらの符号は

$$\frac{\partial}{\partial C_{G1}}\left(\frac{h_{2,t}^*}{h_{1,t}^*}\right) = -\frac{(V_3-C_p)(1+g_{Qt})+(V_2-C_p)}{(1+g_{Qt})^2 A + (1+g_{Qt})B + F}\left(\frac{1}{h_{1,t}^* Q_t}\right) < 0$$

$$\frac{\partial}{\partial C_{G2}}\left(\frac{h_{2,t}^*}{h_{1,t}^*}\right) = \frac{(V_3-C_p)(1+g_{Qt})}{(1+g_{Qt})^2 A + (1+g_{Qt})B + F}\left(\frac{1}{h_{1,t}^* Q_t}\right) > 0$$

$$\frac{\partial}{\partial C_{G1}}\left(\frac{h_{3,t}^*}{h_{1,t}^*}\right) = -\frac{(V_2-C_p)(1+g_{Qt})}{(1+g_{Qt})^2 A + (1+g_{Qt})B + F}\left(\frac{1}{h_{1,t}^* Q_t}\right) < 0$$

$$\frac{\partial}{\partial C_{G3}}\left(\frac{h_{3,t}^*}{h_{1,t}^*}\right) = \frac{(V_2-C_p)(1+g_{Qt})+(V_3-C_p)}{(1+g_{Qt})^2 A + (1+g_{Qt})B + F}\left(\frac{1}{h_{1,t}^* Q_t}\right) > 0$$

となる．通常，政府支出を k 期債の発行でファイナンスすれば k 期債価格は下落するから $C_{Gk} < 0$ である．したがって，C_{Gk} の絶対値が大きくなるほ

ど政府支出の変化に対する k 期債の価格反応が大きいことを意味するから,上記の不等式より次の命題が導ける.

命題3

政府支出を増加せざるを得ない場合には,政府支出に対して価格低下の反応が大きい,すなわち資金調達コスト(実質金利)の上昇が大きい国債の発行を抑制することが経済厚生の観点から合理的である.

この命題3は,民間部門の生産性が低いときにできるだけ高価格(低金利)で発行できる国債で資金調達すべきことを示している.発行価格が高ければ当該国債の保有収益率は低下する(すなわち,政府の予算制約は緩和され,税率の安定に結びつく)という点で,Barro [1995],Missale [1999] 等の結論と合致する.

4. 結　　論

本章では,Barro [1995] の考え方を発展させることによって,経済厚生の観点から,税率を平準化するための最適満期構成を分析してきた.その結果,いくつかの仮定の下で3つの命題を導いたわけだが,それらの命題は次のように解釈できる.

命題1のインプリケーションは明快である.政府行動の仮定より,政府は t 期に1期債,2期債,3期債を各々実質価格 $q_{1,t}$, $q_{2,t}$, $q_{3,t}$ で発行し,$(t+1)$ 期に各々 1, $q_{1,t+1}$, $q_{2,t+1}$ で償還または買い戻す.したがって,各国債1単位当りの純発行コストは,各々 $1-q_{1,t}$, $q_{1,t+1}-q_{2,t}$, $q_{2,t+1}-q_{3,t}$ である.政府が国債発行量を加速的に増加せざるを得ない状況にあるとき,発行される国債の市場価格は下落するが,1期債の実質償還額は1で固定されているため,2期債,3期債に比べて1期債を更新して資金調達する方が政府予算に負担をかける.つまり,将来の税率上昇圧力が大きくなるのである.したがって,国債発行政策上,国債発行量が加速的に上昇しているときには,

短期債より中・長期債の発行比率を上昇させることが望ましいこととなる．

命題2の解釈はやや複雑である．仮定(8.17)および$Q_{t-1}=Q_t$の下で政府の予算制約式(8.1)′を変形すると

$$\tau_t = G_t + \left[(1-q_{1,t})\left(1-\frac{h_{2,t}}{h_{1,t}}\right) + (1-q_{2,t})\left(\frac{h_{2,t}}{h_{1,t}} - \frac{h_{3,t}}{h_{1,t}}\right) \right.$$
$$\left. + (1-q_{3,t})\left(\frac{h_{3,t}}{h_{1,t}}\right)\right] h_{1,t} Q_t$$

これに(8.24)，(8.25)，(8.26)式を代入すると

$$\tau_t = G_t + [(1-q_{1,t})A + (1-q_{2,t})B + (1-q_{3,t})F]\frac{h_{1,t}Q_t}{A+B+F}$$

ここで，$1-q_{k,t}$（$k=1,2,3$）はk期債における実質償還価格と実質発行価格との差，すなわち政府がk期債を発行した場合の最終的な純発行コストを表す．一方，A，B，Fは，その定義より，各々1，2，3期債以外の国債の価格変動と共分散の差との積を表すから，結局，命題2は国債発行量が変化しない定常状態にあるとき，税率に対するk期債の最終的な純発行コストの影響が当該国債の価格変動の影響を受けなくなるように，つまり

$$\frac{\partial \tau_t}{\partial(1-q_{1,t})} : \frac{\partial \tau_t}{\partial(1-q_{2,t})} : \frac{\partial \tau_t}{\partial(1-q_{3,t})} = A : B : F$$

となるように各国債の構成比を考えるべきであることを含意している．なお，各国債の価格変動が等しい（$V_1=V_2=V_3$）場合，1期債，2期債，3期債の構成比は$3:2:1$となり，上記$\partial \tau_t/\partial(1-q_{i,t})$（$i=1, 2, 3$）にかかる比重は$1:1:1$となる．

命題3は，前述したように，発行コストの観点から民間部門の生産性が低く，政府支出を増加しなければならない場合には，できるだけ高価格（低金利）で発行できる国債（この国債は投資家からみて，実質保有収益率は低くなる）でファイナンスすべきことを示している．

本研究に残された課題は，導かれた命題が現実の満期政策に合致しているかを検証することである．特に命題1と3は必ずしも整合しない．これは政府支出が特定の国債価格に偏った影響を与えるか否かという仮定に負うもの

であるが，あくまでも理論的な結論である．やはり，一国（本書の視点ではイギリス）の経済環境や国債管理政策の目的に照らしてどのような国債の発行政策もしくは満期政策が採られているかを観察し，命題1と3のいずれが現実の政策と合致するのか，あるいはいずれも合致しないのかを検証する必要があろう．

第9章　80年代から90年代の国債発行政策

1. はじめに

　本章では，1980年代から90年代にかけてのイギリスの国債発行政策を詳細に分析する．その問題意識については第7章と第8章で詳述したので特に繰り返さないが，ポイントを挙げれば次の2点に集約される．第1に，実際の満期政策は第8章で導出した経済厚生の最大化に従った最適満期構成に関する命題1または命題3と合致するのか．第2に，これが主論点であるが，第7章での分析結果から推測される市場性国債（主にギルト債）における市場の分断は，実際の満期政策（より広く捉えれば国債管理政策の目的）と整合していたのかということである．

　本論を述べる前に，イギリスで行われた国債管理政策の改革について簡単に説明しておく．95年7月，イギリス大蔵省とイングランド銀行は共同で *Report of the Debt Management Review* （HM Treasury and Bank of England [1995]，以下レビュー [1995]）を発表し，その中で国債管理政策の目的の変更および国債発行制度に関する改革の方針を打ち出した．特に注目されるのが国債管理政策の目的変更である．一般的に言って，国債管理政策の目的には，国債発行に係るコストとリスクの最小化，金融政策のサポートないし補完がある．95年以前のイギリスでは後者に重点が置かれ，国債管理政策は金融政策の目的達成のための補完的政策と位置づけられていたが，レビュー [1995] ではその主目的をコストとリスクの最小化に変更すること

第 9 章　80 年代から 90 年代の国債発行政策

を明言したのである．目的を変更した背景は本論で詳述するが，いずれにしても国債管理政策の目的は前述した 2 つの論点に関わる重要なキーポイントであることから，敢えてここで説明した．

　本章の構成は以下のようになっている．第 2 節では，イギリスのデータを用いて，第 8 章で導出した命題 1 または命題 3 の妥当性を検証する．具体的な論点は，経済厚生を最大化するような満期政策がとられてきたか否か（つまり，命題 1 と 3 のいずれかが妥当するか否か）．またそのような政策が採られてきたのであれば，それは政府支出の変動と特定の満期のギルト債価格との関係を考慮したものであったのか（命題 3）または考慮しないものであったのか（命題 1）ということである．結論を先に述べれば，80 年代から 90 年代前半までは命題 1 がデータによって支持されたが，90 年代後半は命題 1 も命題 3 も妥当しない．前述したように，90 年代半ばを境に，国債管理政策の主目的がそれまでの「金融政策の補完」から「コストとリスクの最小化」に変更され，むしろ経済厚生を暗に意識した満期政策が採られるはずであるにもかかわらず，ここでの分析は矛盾を示している．

　第 3 節と第 4 節では，国債管理政策の改革が行なわれた 90 年代半ばを境に 90 年代前半までと 90 年代後半とに分けて，各時期の国債発行政策を詳細にトレースする．最後に，第 2 節で提示された矛盾の解釈も含め，第 2 の論点である実際の満期政策ないし国債管理政策の目的と市場の分断との関連に焦点を絞って前節までの分析結果を総括する．

2.　命題の検証

　ここでは，ギルト債（インデックス債を除く）の満期別発行構成比，実質残高の前年比，残存期間別実質保有収益率の推移を比較することによって，第 8 章で導出された命題 1 と命題 3 の妥当性を検証してみよう．なお，これらの指標，特に満期別発行構成比の変化はその時代に採られていた国債管理政策と関係していることから，指標が変化した背景の説明は次節以降に譲り，

(%)

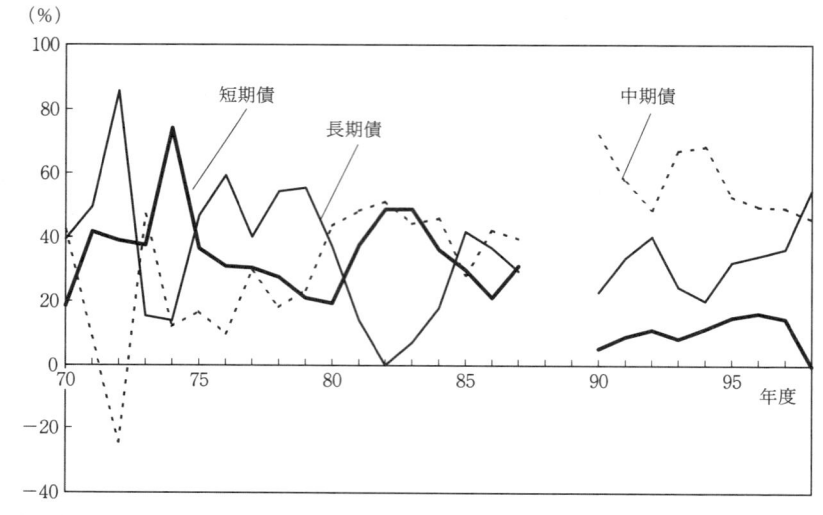

注：1) 短期債は満期1年超5年以下，中期債は同5年超15年以下，長期債は同15年超である．
2) 買戻し控除後の純発行額を基に構成比を計算したため，構成比がマイナスとなる場合がある．また，88，89年度は発行額全体がマイナスとなったため，構成比を計算しても意味がなく，図には示していない．
3) インデックス債を除く．

出所：Bank of England (BOE), *Statistical Abstract*.

図 9-1 ギルト債の満期別発行構成比

以下では純粋に各指標の推移を比較することによってどちらの命題が妥当するのかまたはどちらも妥当しないのかを検証する．

図9-1は，70年度以降のギルト債発行額を短期債（満期1年超5年以下），中期債（同5年超15年以下），長期債（同15年超）に区分して構成比の推移を示したものである[1]．ただし，発行額は政府が償還日以前に買い戻した額を差し引いているためマイナスとなる場合があることに注意する必要がある[2]．図を見ると，70年代後半，長期債の構成比は40%から60%の間

---

1) イギリスの財政年度は当年4月から翌年3月までである．
2) 88，89年度は発行額全体がマイナスとなっているため構成比を計算しても意味がなく，図には示していない．

第9章　80年代から90年代の国債発行政策　　　211

を上下しながらも高水準にあった．一方，短期債の構成比は74年度の74.1％から79年度の21.0％まで一貫して低下し，中期債の構成比は長期債の動きと逆行しながら上昇傾向を示しているものの水準自体は短期債より低い．80年代に入り，長期債の構成比は80年度37.1％→82年度0.1％→85年度41.8％と前半に急激なV字型の変動を示した後，後半には再び低下基調に入っている．一方，中期債と短期債の構成比は，ほぼ連動しながら長期債の構成比とまったく逆の推移を辿っている．90年代には，長期債，中期債，短期債で構成比の差が明確につくようになった．長期債の構成比の水準は80年代後半と大差なく，90年代前半は20％と40％の間を往来していたが，後半は一貫して上昇基調となり，98年度には54.5％まで高まった．中期債の構成比の水準は80年代に比べてかなり高くなっている．その推移は長期債の動きと完全に逆行しており，90年代後半には低下基調を示している．短期債の構成比は中期債とは逆に80年代以前よりかなりその水準が低下し，その推移もほとんど横ばいである．

　図9-2はギルト債の実質残高（各年度末）の前年比および名目残高の対名目GDP比を示したものである．ここで実質残高は各年1-3月期および4-6月期のGDPデフレータの平均によって実質化した．実質残高の前年比の推移を見ると，70年代後半から80年代初頭にかけて2年上昇した後1年下落というパターンを繰り返していたが，83年度末の5.9％をピークに80年代後半は一貫して下降した．特に86年度末以降は実質残高の前年比減少が続いている．90年代に入り，実質残高の前年比の動きは一変した．それまで，残高の増加率の上限は10％程度であったが，89年度末の18.7％減をボトムに前年比は急激な上昇に転じ，93年度末には26.7％増まで上昇した．ところが，94年度末以降は一転して前年比が下降し，97年度末以降再び前年割れが続いている．なお，名目残高の対名目GDP比を見ると，波形の山谷にわずかなずれはあるものの，実質残高の前年比とほぼ同様の動きを示している．

　図9-3は残存期間が5年，10年，20年のゼロ・クーポン（ギルト）債を

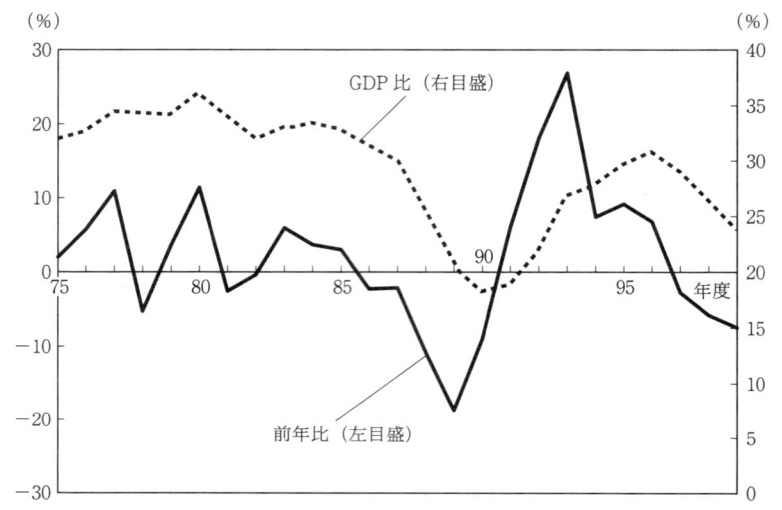

注:インデックス債を除く.
出所:BOE, *Statistical Abstract*, Office for National Statistics (ONS), *United Kingdom Economic Accounts* から作成.

図9-2　ギルト債の実質残高前年比と名目残高の対GDP比

1年間保有した場合の実質保有収益率を示したもの.この収益率はイングランド銀行が推計しているゼロ・クーポン(ギルト)債の実質金利から計算した.図を見ると,88年央から89年央を除き各ギルト債の収益率は連動している.これは実質利回りが同方向に動くためである.しかしながら,細かく観察すると次のような特徴が指摘できる.

① 80年代に比べて90年代のほうが収益率の変動が大きくなっている.
② 収益率が5%以下の水準で推移しているときは,5年物,10年物,20年物の順に収益率の水準が低くなる反面,収益率が5%を越えると逆に20年物,10年物,5年物の順にその水準が低くなる.

この第2の特徴から最も収益率の低いギルト債を抽出すると,80年代(88年央〜89年央を除く)から91年にかけてと94年は20年物,88年央から89年央,92-93年および95年以降は5年物ということになる.

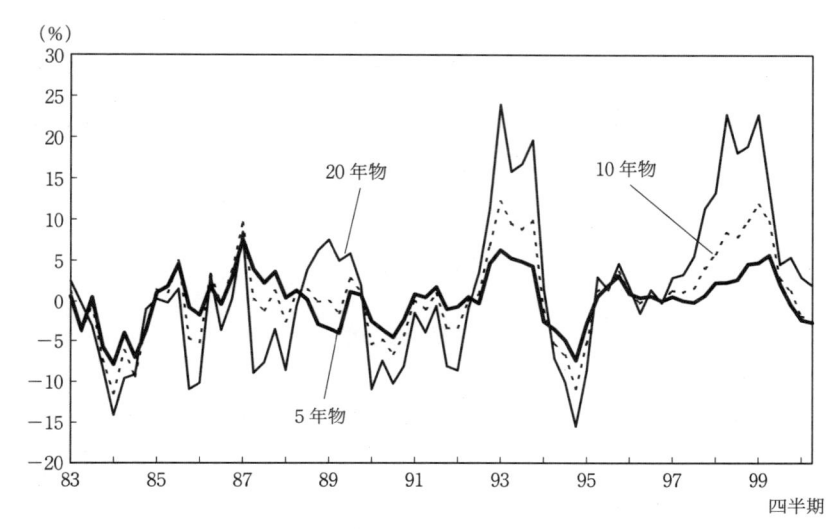

第9章　80年代から90年代の国債発行政策　　　213

注：1)　ゼロ・クーポン（ギルト）債の残存期間別実質年間保有収益率．
　　2)　5, 10, 20年物とは残存期間が各々5, 10, 20年のゼロ・クーポン（ギルト）債をいう．
出所：BOEより入手したデータから計算．

図9-3　実質年間保有収益率

　以上，ギルト債の満期別発行構成比（図9-1），実質残高の前年比（図9-2），残存期間別実質保有収益率（図9-3）の検討を基に命題1と命題3の妥当性を検証すると，まず，命題1に関しては80年代から90年代前半までは概ね妥当すると言えよう．つまり，実質残高の前年比が上昇・下降している時期と長期債の発行構成比が上昇・下降している時期とは概ね一致している．しかしながら，96年度以降は実質残高の前年比が急低下しているにもかかわらず長期債の発行構成比が上昇しており，この命題が妥当しない．一方，命題3に関しては，90年代に入ってからその半ばまで短期債の発行構成比がわずかながら上昇しているという点でかろうじてそれが妥当するものの，中・長期債についてはほとんどの期間を通じて妥当しない．
　純粋にデータを比較検討する限り，80年代から90年代前半にかけてイギリスの満期政策は命題1の考えに基づいて行われていた．つまり，政府支出

の変動が特定のギルト債の実質価格に影響を与えないことを前提とした上で，政府は将来の税負担の平準化を通じて経済厚生を最大化するようギルト債の実質残高の変動に合わせて長期債の発行をコントロールしていたことになる．しかしながら，前節で述べたように90年代前半まで国債管理政策は金融政策の補完的政策でしかなかった．そこで，次にイギリス政府はどのような政策的意図を持ってギルト債の発行政策を行ってきたのかを見てみよう．

3. 90年代前半までの国債発行政策

戦後におけるイギリスの金融政策に重要な役割を果たしたイングランド銀行のジョン・フォードは，チャールズ・グッドハートに送った書簡の中で国債管理政策の目的を以下のように要約している（Goodhart [1999], pp. 75-76）．

- いずれの定義であれ貨幣供給の膨張を抑制するために貨幣システム（すなわち銀行）の外に公債を売却し，維持すること．または，逆に貨幣供給の膨張を促進するために貨幣システムに公債を売却すること．
- 個人や法人の流動性を制限するような満期の公債を貨幣システムの外に売却することによって，非銀行部門が公債を容易に流動化できないようにすること．
- 上記の目的と整合させた上で，金利（特に長期金利）をある種のマクロ経済変数に対して望ましい影響を与えるよう誘導すること．
- 外国為替を望ましい方向に誘導すること．

また，90年度の *Financial Statement and Budget Report* では国債管理政策の目的を以下のように定義している（レビュー [1995], p. 12）．

- 金融政策をサポートし，補完すること．
- 上記の目的に基づいた上で，金融市場の攪乱を回避すること．
- 上記の目的に基づいた上で，最小のコストとリスクで資金調達すること．

これらの資料からも明らかなように，95年にレビュー [1995] で国債管

理政策の主目的の変更が示されるまで,国債管理政策は金融政策の目的を達成するための補完的政策であった.その大きな理由として次の2点が挙げられる.第1に,80年代まで財政面での節度は保たれており,政府債務残高の大きさが重要な経済問題とならなかったことである.基礎的財政収支(国債発行収入を除いた歳入から国債利払いおよび償還費を除いた歳出を差し引いた額)の対名目GNP比率は50年代平均4.3%,60年代平均3.9%,70年代平均1.8%,80年代平均2.8%,90年代(97年まで)平均 −1.5% と戦後から80年代までプラスであり,また図9-2を見ても,ギルト債残高の対名目GDP比は80年代まで横ばいないしは低下基調にあった.第2の理由として,イギリスのインフレ率が高かったことが挙げられる.GDPデフレータの平均上昇率は70年代13.4%,80年代7.5%に対して90年代は3.6%に低下している.つまり,インフレ率が高いということは,政府債務の一部がインフレで相殺されるため経済規模の拡大に対して政府債務が大きな負担とならなかったのであり,経済政策の観点からはインフレ抑制のほうが重要課題であった[3].

以上より,90年代前半までは,国債管理政策の一環としての発行政策は金融政策との関連において考察されるべきであるが,80年代から90年代前半までの金融政策は80年代半ばを境に大きく変化している.

3-1 80年代前半の金融政策と発行政策

79年5月に成立したサッチャー政権の経済政策の特徴は,政策の最終目標から完全雇用を排除しインフレ抑制を最優先目標としたことと,生産性を上昇させるためにサプライ・サイド政策(国有産業の民営化,所得減税と付加価値税導入による直間比率の是正,労働組合の活動抑制)を採ったことで

---

[3] ちなみに,5年物利付債の名目利回りから名目GDP成長率を差し引いた値の平均は70年代 −5.61,80年代1.34,90年代(95年度まで)3.04と年代を追うごとに上昇しており,経済規模の拡大に対して政府の金利負担が大きくなっていることを示している.

ある．サッチャー政権はインフレ抑制の手段としてマネーサプライ・コントロールを重視した．具体的には，マネーサプライの伸びを中期目標値の範囲に収めるために「中期財政金融戦略（Medium-Term Financial Strategy: MTFS）」と呼ばれる政策を導入した．マネーサプライのターゲットには広義貨幣集計量であるポンド建M3（公衆保有現金通貨＋民間部門保有ポンド建一覧払銀行預金・有期銀行預金・CD，以下£M3）が採用され，この増加を抑制する手段として公共部門借入必要額（PSBR）の削減が用いられた．これは以下の定義式によるものである．

Δ£M3 ＝ PSBR－公共部門債の対(非銀行)民間部門純売却＋対民間部門銀行貸出＋対外収支差－銀行の非預金債務の増加

しかしながら，このPSBRの削減を手段としたマネーサプライ・コントロールは失敗であった．£M3の実績値はMTFSによる目標値域を越えることが多く，またその範囲に収まったとしても，目標値域を大幅に上方修正した結果であった（表9-1）．一方，PSBRの対GDP比の目標値と実績値を比べると，確かに実績値が目標値を上回る傾向にあったが，PSBRの水準自体は財政支出抑制などもあり70年代後半の平均87.5億ポンドに対して80年代前半は平均92.5億ポンドと，5.7％しか増加していない．

マネーサプライ（£M3）の大幅な増加をもたらした原因は，貸出金利が極めて高水準に維持されたにもかかわらず対民間部門銀行貸出が減少しなかったことである[4]．これは企業の資金調達形態の変化によるものである．つまり，従来企業は長期資金を社債などの発行で調達し，それを保険会社や年金基金といった非銀行民間部門が保有していたが，70年代後半の高インフレにより固定利付である社債は貸し手と借り手の双方にとって魅力がなくなった．その結果，企業は銀行からの変動金利による中期借入に訴えることとなり，銀行貸出が増加したのである．この貸出対象の大部分がM&Aを目的とする株式公開買付のための貸付，不動産会社への貸付など80年代後半

---

4) ここでの説明は主に西村［1994］と片山［1998］を参考にした．

表9-1 MTFSの目標値(域)と実績

(%)

目標値(域) 設定年次＼適用年次	1980-81	81-82	82-83	83-84	84-85	85-86
£M3［増加率］						
1980	7-11	6-10	5-9	4-8		
81		6-10	5-9	4-8		
82			8-12	7-11	6-10	
83				7-11	6-10	5-9
84					6-10	5-9
85						5-9
実績値	19.4	12.8	11.2	9.5	11.9	16.7
PSBR［対GDP比］						
1980	3.75	3.00	2.25	1.50		
81		4.25	3.25	2.00		
82			3.50	2.75	2.00	
83				2.75	2.50	2.00
84					2.25	2.00
85						2.00
実績値	5.4	3.5	2.9	3.2	3.1	1.6

出所：Temperton［1991］から作成．

の資産インフレに結びつくものであった．

　銀行貸出の急増に対して政府のとった対応がオーバーファンディング政策である．オーバーファンディングとは，PSBRを上回る公共部門債の対（非銀行）民間部門への純売却であり，前述した定義式の「PSBR－公共部門債の対（非銀行）民間部門純売却」の部分をマイナスとすることによって銀行貸出の増加がもたらすマネーサプライの増大効果を減殺しようとするものであった．この政策は85年10月まで続けられ，81年度から84年度までのオーバーファンディングの合計は142億ポンドに達したと言われている．しかしながら，この政策は一方で金融市場に弊害をもたらした．オーバーファンディングはマネーサプライの増加を直接抑制する反面，銀行準備金を不足させることとなる．市中銀行がマネー・マーケットでこの不足分を補填しようとすれば短期金利が上昇してしまうが，イングランド銀行は短期金利安

定の立場をとっていたため，金利上昇を抑えるための手形の買いオペレーションを行った[5]．この結果，短期金利は人為的に低くなり，金融市場に歪みがもたらされた．また，イングランド銀行が市中銀行に直接に信用供与をしていることになるという批判も生じた．こうした金融市場への弊害やイングランド銀行への批判が生じたわりには，表9-1に見られるように相変わらず£M3は目標値域を逸脱しており，オーバーファンディング政策の効果は小さかった．そこで，当時のローソン大蔵大臣は85年10月のマンション・ハウスにおけるスピーチで，今後オーバーファンディングによるマネーサプライ・コントロールを止め，短期金利の水準を重視することを明らかにした[6]．

以上が80年代前半の金融政策の概要だが，国債発行政策が金融政策に組み込まれていることは明らかである．特に本研究の問題意識から見れば，オーバーファンディング政策によりどのような満期政策が採られたのかがポイントであろう．前述したように，オーバーファンディング政策とはPSBRを上回る公共部門債を非銀行民間部門に売却することであり，ギルト債の部門別純売却額を見ると住宅金融組合，保険会社，年金基金，その他（事業法人，個人等）への純売却額が多く，銀行部門は81年度から84年度までを平均するとネットでマイナス（すなわち買戻し）となっている（図9-4）．

第7章で詳述したように，これらの非銀行民間部門のうち，住宅金融組合は住宅融資債権という長期資産を保有しているため満期までの期間が長い金融資産を保有するインセンティブは小さく，したがって短・中期債の保有を選好する．また事業法人も余資の運用姿勢としては長期債よりも短・中期債を選好しよう．一方，保険会社と年金基金は長期性の商品を扱っているため，資産運用は長期的スタンスをとる．したがって，同じ非銀行民間部門でも業態によって運用スタンスは異なり，短・中期債の選好業態（住宅金融，投信，

---

5) このため，イングランド銀行に大量の手形が累増し，ビル・マウンテンと呼ばれた．
6) これはマネタリズム政策の失敗を公式に認めたことを意味し，85年10月18日付FTは社説で「マネタリズムは公式に死んだ」と述べた．

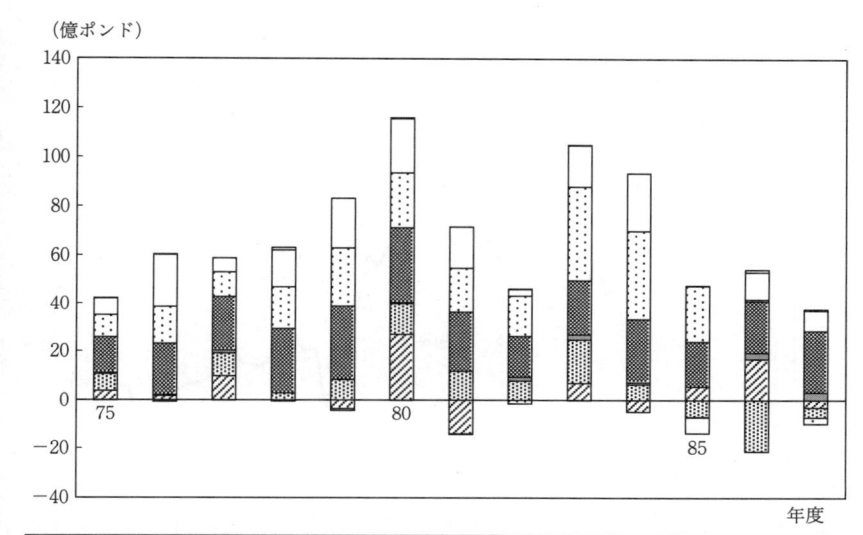

第9章 80年代から90年代の国債発行政策　　219

(億ポンド)

| 銀行 | 住宅金融組合 | 投資信託等 | 保険会社 | 年金基金 | その他（事業法人等） | 公的部門 |

出所：図9-1に同じ．

図9-4　ギルト債の部門別純売却額（居住者）

その他）対長期債の選好業態（保険，年金）で分けると，80年代前半の純売却（購入）額の割合は約3：7で長期債を選好する業態の割合が高い．しかしながら，図9-1に戻って80年代前半の満期別発行構成比を見ると，長期債の構成比はV字型の回復を示しているものの水準としては短・中期債の構成比のほうが高い．このミスマッチはなぜなのだろうか．

　その原因は70年代後半から80年代初頭にかけての極めて高いインフレ率に求められよう．GDPデフレータの平均上昇率は70年代後半16.2％，80年代前半9.5％，後半5.5％となっている．高インフレが続くと当然人々が将来に対して抱く期待インフレ率が上昇し，これがリスク・プレミアムとなって残存期間の長い債券ほど流通市場での利回りが上昇する（図9-5）．これは長期債を購入するとすぐにその資産価値が減少する危険をはらんでいることを意味しており，したがって需要サイドとしては高インフレが続いてい

(%ポイント)

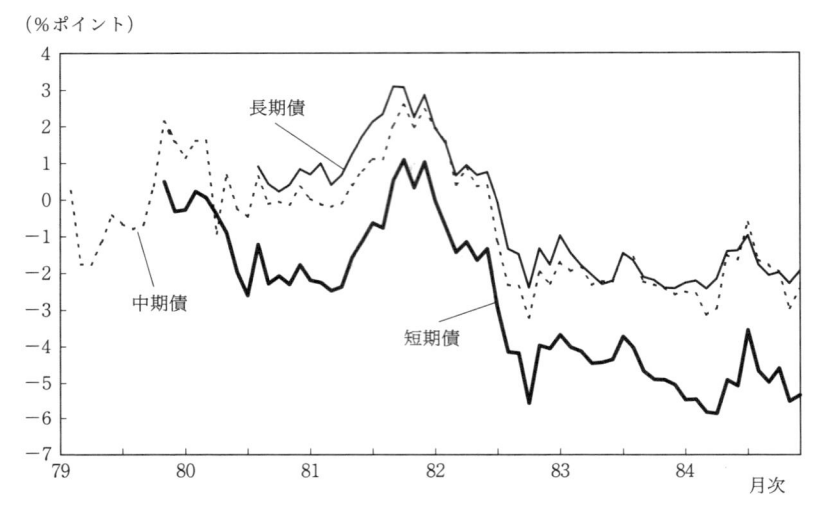

注：短期債：クーポン 15%，85 年償還，中期債：13.25%，87 年償還，長期債：13%，2000 年償還．
出所：ONS, *Financial Statistics*.

図 9-5　ギルト債名目金利のクーポン・レートからの乖離

る時期は残存期間が短い債券を選好するであろう．実際，保険会社および年金基金の残存期間別保有残高を見ると，長期債の構成比は 75 年 3 月末の 64.2% から 85 年 3 月末には 42.4% まで低下しているのに対して短・中期債の構成比は上昇し，機関投資家の選好が長期債から短・中期債（特に中期債）へシフトしていることがわかる（表 9-2）．また，80 年度からインデックス債が発行されたことも，機関投資家による長期債からインデックス債へのシフトを促した．一方発行サイド（政府）も，満期の長いギルト債ほどリスク・プレミアムが大きくなればそれだけ高いクーポン・レートで発行せざるを得ず，発行コストの点から長期債より短・中期債の発行を優先することとなる．つまり，80 年代前半は国債管理政策が金融政策の補完的政策と位置づけられていたものの，金融政策の最優先課題がインフレ抑制であったため，結果として発行コストを小さくする満期政策が採られていたのである．

表9-2 金融機関が保有するポンド建国家債務

(100万ポンド, %)

	75年3月末		80年3月末		85年3月末	
	保有額	構成比	保有額	構成比	保有額	構成比
銀 行						
TB	841	29.6	1,226	28.7	289	3.6
ギルト債(短期)	1,662	58.6	2,435	57.0	5,896	73.8
ギルト債(中期)	334	11.8	411	9.6	1,606	20.1
ギルト債(長期)			100	2.3	50	0.6
小　計	2,837	100.0	4,172	97.7	7,841	98.2
非市場性債務	—	—	99	2.3	144	1.8
合　計	2,837	100.0	4,271	100.0	7,985	100.0
住宅金融組合						
TB	—	—	—	—	—	—
ギルト債(短期)	1,224	74.1	3,726	87.0	11,434	89.5
ギルト債(中期)	400	24.2	472	11.0	993	7.8
ギルト債(長期)	27	1.6	3	0.1	2	0.0
小　計	1,651	100.0	4,201	98.1	12,429	97.3
非市場性債務	—	—	80	1.9	343	2.7
合　計	1,651	100.0	4,281	100.0	12,772	100.0
保険・年金基金						
TB	29	0.4	12	0.0	58	0.1
ギルト債(短期)	1,208	16.1	2,308	8.1	5,590	9.7
ギルト債(中期)	1,450	19.3	5,747	20.2	27,416	47.7
ギルト債(長期)	4,827	64.2	20,395	71.7	24,360	42.4
小　計	7,514	100.0	28,462	100.0	57,424	99.9
非市場性債務	—	—	—	—	29	0.1
合　計	7,514	100.0	28,462	100.0	57,453	100.0
投資信託						
TB	—	—	—	—	—	—
ギルト債(短期)	93	51.4	72	22.4	368	39.4
ギルト債(中期)	75	41.4	107	33.2	507	54.3
ギルト債(長期)	13	7.2	142	44.1	119	12.7
小　計	181	100.0	321	99.7	934	100.0
非市場性債務	—	—	1	0.3	—	—
合　計	181	100.0	322	100.0	934	100.0

注：短・中・長期の定義は図9-1に同じ（残存期間ベース）．
出所：BOE, *Quarterly Bulletin*, 各年, Novemberから作成．

3-2 90年代前半までの金融政策と発行政策
3-2-1 ビッグ・バンに伴うギルト債市場の改革[7]

86年10月のビッグ・バンによりギルト債市場にも大きな改革がもたらされた。それまでのギルト債市場は、単一資格制度に保護された数社のジョバー（値付け業者）とブローカーが実質的に取引を支配しており、中・長期債の最低手数料とかなり広い価格スプレッドがそれらの業者に高収益を保証していた。ビッグ・バンにより、アメリカの国債制度に範をとった売買制度が導入され、ジョバーとブローカーの兼業を可能とする二重資格制度への移行とマーケット・メーカー制度の導入、証券売買手数料の自由化が行われた。二重資格制度への移行によってマーケット・メーカーは値付けをすると同時に取引注文に応じる。新しいギルト債マーケット・メーカー（以下、マーケット・メーカー）によって行われる活発な取引とポジション取りはインターディーラー・ブローカー（IDB）の登場をもたらした。IDBはマーケット・メーカーが匿名でポジションを取るあるいはそれを解消することを容易にし、これが容易になればなるほど市場の流動性は改善されることとなる。

ビッグ・バン以降、ギルト債の売買高はそれ以前に比べて1日平均12.5億ポンドから42.5億ポンドへ約3.4倍に増加した。この主要な要因として2つ挙げられる。第1に、業者間取引が非常に活発化したことである。ビッグ・バン以前は2社のジョバー（ウェッド・ダーラチャーとアクロイド＆スミサーズ）が取引を支配していたため、業者間取引がポジションを暴露してしまうことから業者間取引が非常に少なかった。しかし、ビッグ・バン以降はIDBが提供する電子スクリーンを通じてマーケット・メーカーが匿名でポジションの過不足を表すことができるようになり、その結果、業者間取引が対顧客取引に匹敵するほど拡大した[8]。第2の要因は取引コストが大幅に

---
7) ビッグ・バンがギルト債市場に及ぼした影響については多数の論文があるが、本節は主にThomas [1989]（邦訳、飯田ほか [1991]）、Corrigan et al. [1989], Bank of England [1989, 1992] に依った。
8) 1日平均の取引高は業者間、対顧客とも20億ポンド以上となった。

低下したことである.ビッグ・バンにより新しいギルト債市場が誕生したとき,27社ものギルト債マーケット・メーカーがイングランド銀行により認可され取引を開始した[9].これらマーケット・メーカーの激しい競争と中・長期債の最低手数料撤廃により,個人投資家相手の少額取引を除くほとんどの取引は事実上手数料無しのネット価格でマーケット・メーカーと直接に行われるようになった.加えて,取引コストのもう1つの要素であるスプレッドも,激しい競争の結果,ビッグ・バン以前の約半分に縮小した.こうした,ネット取引の増加やスプレッドの縮小により,ビッグ・バン後はそれ以前に比べて短期債で56-60%,中・長期債で64-72%も取引コストが低下したと試算されている (Bank of England [1989], p.51).

ビッグ・バンによりギルト債の取引は増加し,ビッグ・バンの目的である競争的で流動性のある市場を創り出すことは成功したと言えよう.しかしながら,国債管理政策は依然として金融政策を補完するために遂行されていた.そこで,次に80年代後半から90年代前半にかけての金融政策を概観してみよう.

3-2-2 金融政策スタンスの変更

80年代後半から金融政策のターゲットが変更された.政策目標自体はインフレ抑制でそれ以前と変わらないのだが,政策のターゲットがそれまでの貨幣集計量から為替相場に移っていったのである.つまり,マネーサプライ・コントロールによるインフレ抑制から短期金利操作を手段とした為替相場維持によるインフレ抑制に移ったのである.

通貨当局が金利と為替レートの関係に注意を向ける契機となったのは,85年初めに起きたポンド相場の急落である.ポンドの対米ドル相場は1ポンド=1ドルに向かって下落していき,ポンド危機ともいうべき事態が生じた(図9-6).さらに,85年9月のプラザ合意以降,通貨当局は為替相場のミス

---

9) 2002年12月時点では16社に減少した.

アラインメントに注意を払うようになり，特にドルないしはマルクとの為替レートの安定を意図するようになった．また，通貨当局がマネーサプライ・コントロールをあきらめた要因として，前述したように，オーバーファンディング政策によってもマネーサプライがコントロールできず，£M3の伸び率の実績が毎年その目標値域を上回っていたこともあろう．

こうしたポンド危機，マネーサプライ・コントロールの困難から，85年度の予算ならびに85年10月のマンション・ハウスにおけるスピーチで当時のローソン蔵相は，金融政策のスタンスを決める指標として貨幣集計量に加え為替相場の動きを重視すること，オーバーファンディング政策を止めてPSBR＋ギルト債償還額＋外貨準備の純増分をギルト債と国民貯蓄証券の発行で賄うフル・ファンディング政策に移行すること，金融政策の手段として短期金利の操作を重視することを表明した．また，87年3月から£M3の目

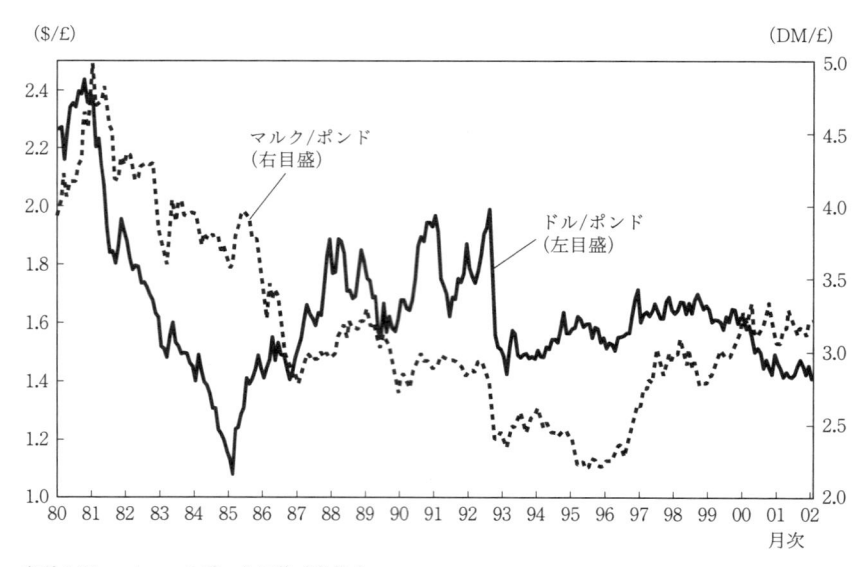

出所：Bloombergのデータに基づき作成．

図 9-6 ポンドの対ドル，対マルク相場

標値域が設定されなくなった[10]．

では，80年代後半から90年代前半にかけて採られた為替相場維持政策とはどのようなものだったのだろうか．まず，87年2月のルーブル合意では主要為替相場の安定が合意されたが，ポンドはマルクに対して上昇圧力があった．同年3月の予算見通し発表の翌日の対マルク相場は1ポンド＝2.95マルクにもかかわらず，その後，政策は1ポンド＝3マルクの上限以下に維持するよう運営された．この政策は「キャッピング（capping）」ないし「シャドウイング（shadowing）」と呼ばれ，88年3月まで続けられた．

88年3月以降も，ポンドの対マルク相場を維持する試みが行われ，さらにECの為替相場機構（ERM）への参加をめぐる議論も高まっていった．サッチャー首相は当初，市場メカニズムの重視，経済政策のフリーハンドの維持，金融主権の維持といった理由でERMへの参加には反対の立場をとっていたが，ECでの立場を強化し，進展しつつあったヨーロッパの経済通貨統合（EMU）に対応するためなどから90年10月にERMに参加した．ERMへの参加によってポンドの対マルクの中央レートは1ポンド＝2.950マルクとされ，このレートを中心に2.78-3.13マルクの範囲にポンド・レートを維持する義務が課せられた．

為替相場維持のために通貨当局は短期金利を高めに設定せざるを得ず，結果としてインフレ抑制には効果的であったが一方で金利操作のフリーハンドを失ったことになる．このため，後述する90年代初頭における国内景気の悪化に対しては財政政策を割り当てるというポリシー・ミックスを行い，ギルト債発行もその影響を強く受けた．

---

10) 84年3月以降，金融情勢を判断する貨幣集計量として広義のマネタリー・ベースというべきM0（公衆保有現金通貨＋民間銀行保有現金通貨＋民間銀行のイングランド銀行預け金のうち手形交換尻決済用預け金）も導入され，その伸び率の目標値域が設定されるようになった．87年3月以降もM0の目標値域は引き続き設定されたが，公衆の現金通貨保有は主として可処分所得に，また民間銀行の現金通貨保有は預金量によって決定されるため，M0のほとんどは政策的に操作できる変数ではない（西村［1994］，7-8頁）．

3-2-3 経済環境と満期政策

イギリス経済は,第2次石油危機により主要先進国の中で最も深い景気後退を経験した国の1つであったが,82年から回復,成長過程に入り,特に85年以降88年にかけては加速的に成長率が上昇した(図9-7).

前述したように80年代後半から金融政策はマネーサプライ・コントロールから短期金利操作による為替相場(特に対マルク相場)維持にスタンスを変え,その結果オーバーファンディング政策を止めてフル・ファンディング政策に調達ルールを変更した.しかしながら,80年代後半の順調な経済成長によりPSBRは減少し,ついに88年度から89年度にかけては公共部門債務償還額(PSDR)に転換した.さらに,サッチャー首相が推進していた国有化産業の民営化に伴う証券売却益もあったことから,ギルト債の純発行額(買戻し控除後)は年平均で80年代前半の118億ポンドから後半には48億ポンドへ減少し,特に88年度と89年度にはマイナスとなり,実質的な市

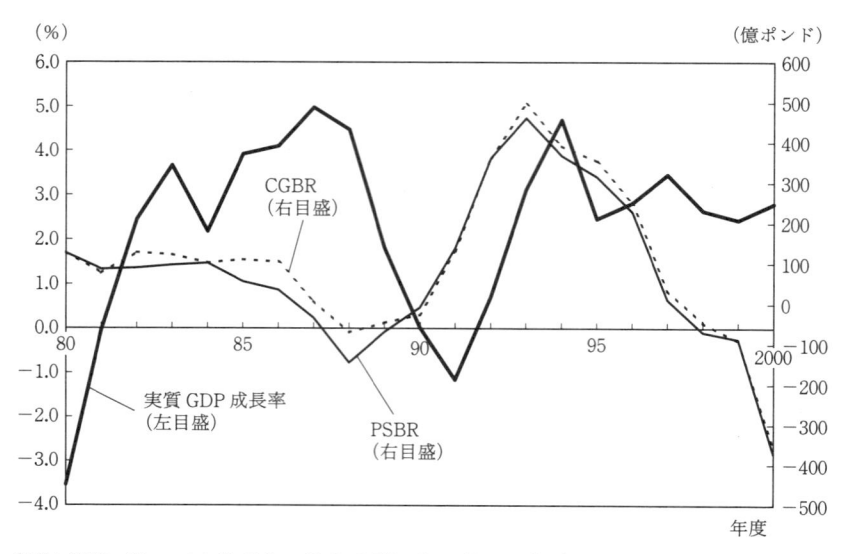

出所:ONS, *Financial Statistics, United Kingdom Economic Accounts*.

図 9-7 実質経済成長率と借入必要額

場からの買戻しが行われた．88，89年度合計の買戻し額を満期別に見てみると，短期債13億ポンド，中期債53億ポンド，長期債49億ポンドと，中・長期債の買戻しが大きい．買戻しはマーケット・メーカーからの直接買入れまたは逆オークションによって行われた．逆オークションの結果を見ると，70年代後半から80年代前半の高金利時代に発行されたギルト債の買入れが中心であり，財政負担の見地から当然の選択であった（表9-3）．多額の中・長期債を買い戻した結果，インデックス債を除く伝統的なギルト債の平均残存年数は85年度末の9.5年から89年度末には8.4年へと急速に低下した．

80年代後半の順調な経済成長，金利引き下げおよび金融の自由化は80年代末期に資産インフレ景気をもたらし，インフレ率の大幅な上昇と貿易収支赤字の急増を生じさせた．景気の過熱に対処して88年6月にベース・レートの引き上げが始まり，底値の7.375%から12回にわたって引き上げられた結果89年10月には14.875%となった（図9-8）．この引締め政策により資産インフレは89年には峠を越したが，物価の上昇を抑えるべくほぼ90年一杯引締め政策を続けたため89年以降成長率の目立った低下が始まり，つ

表9-3　逆オークションの結果

銘　　　柄	発行年月	買入額	買入日
10% Exchequer Stock 1989	83/11	280	1989/1/13
11% Exchequer Stock 1989	84/8	219	1989/1/13
15.5% Treasury Loan 1998	76/10	68	1989/5/5
14% Treasury Stock 1998-2001	79/11	174	1989/5/5
12% Exchequer Stock 1999-2002	78/8	258	1989/5/5
8.5% Treasury Stock 1994	88/3	196	1989/6/30
12.5% Exchequer Stock 1994	77/8	136	1989/6/30
12.75% Treasury Loan 1995	74/5	68	1989/6/30
12% Treasury Stock 1999-2002	79/9	27	1989/9/29
9% Exchequer Stock 2002	－	59	1989/9/29
13.75% Treasury Stock 2000-2003	79/2	314	1989/9/29

注：買入額の単位は100万ポンド．
出所：BOE, *Quarterly Bulletin*, 1989, May, Aug., Nov., ONS, *Financial Statistics* から作成．

(%)

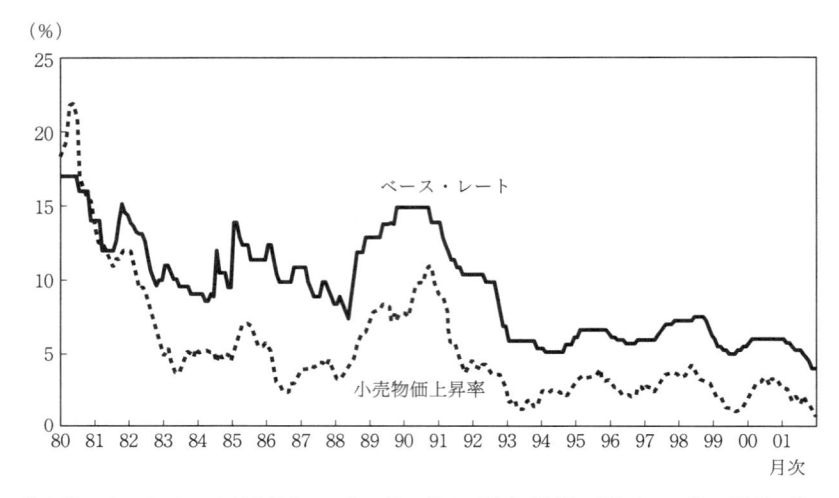

注：1) ベース・レートは Minimum Lending Rate (80/1-81/7), Minimum Band 1 Dealing Rate (81/8-97/4), Repo Rate (97/5-01/12) である．
　　 2) ベース・レートは月末値．
出所：BOE, http://www.bankofengland.co.uk/, ONS, http://www.statistics.gov.uk/

図 9-8　インフレ率とベース・レート

いに 90 年第 3 四半期をピークに景気後退が進み始めた．景気後退策として政府はベース・レートの引き下げを行ったが，90 年 10 月の ERM 参加は金利操作のフリーハンドを失わせることとなった．金融緩和の結果として，対マルク相場は 92 年第 3 四半期には ERM の最低フロアに近い 2.79 マルクにまで下落し，これ以上はベース・レートを引き下げられないところまできていたが，一方で不況は厳しさを増していた．この深刻な不況からの脱出を図るために，産業界から一層の緩和要求が出されていたが，一方で ERM に留まるためにはベース・レートをこれ以上は下げられず，このジレンマから 92 年 9 月 18 日にイギリスは ERM からの離脱を余儀なくされた．

ERM 離脱後のベース・レートの大幅な引き下げ（92 年 9 月 8.875％→94 年 2 月 5.125％）と，ポンドの対マルク相場の低下（92 年 5 月 2.94 マルク→95 年 3 月 2.22 マルク）による貿易収支の改善などから，景気は 92 年第 2 四半期から徐々に回復に向かった．しかしながら，80 年代末のバブル景気に

より企業の財務バランスが極度に悪化していたため,企業収益の回復が設備投資より債務返済に向けられ,景気の回復,成長速度は80年代後半に比べ平均して緩やかなものにとどまった.

このように,ERMへの固執,さらには80年代後半の金融政策の失敗によるバブルの後遺症から90年代前半の実質GDP成長率は平均で1.5%にとどまっていたが,その中で国内経済を支えたのは財政政策であった. 80年代後半のPSDRは90年度から再びPSBRに転じ,その額は急速に膨れ上がった.このためギルト債の発行増加を余儀なくされたが,満期別の純発行額で見ると90年代前半の平均で短期債24億ポンド,中期債156億ポンド,長期債73億ポンドと,中・長期債の発行増加が目立つ.これは,前述したように80年代後半のPSDRの時代に中・長期債を市場から買い上げており,その流動性が低下していたことを補うためと同時に,この時期は物価上昇率が急速に低下していき,投資家サイドも中・長期債を受け入れやすい環境にあったためである.この結果,インデックス債を除く伝統的なギルト債の平均残存年数は90年度末の8.0年から95年度末には8.8年まで上昇した.

この急速なギルト債の発行増加は,図9-2にも見られるようにギルト債残高の急増と対名目GDP比の急上昇を生じさせた.残高の急増は当然将来の利払い負担と償還負担の増加を懸念させるが,何よりも対名目GDP比が急上昇したことは,国債管理のあり方を重要問題としてクローズアップさせた.この結果,これまでの金融政策と国債管理政策との関係を再考するため,大蔵省およびイングランド銀行は国債管理のあり方に関する共同のプロジェクト・チームを作り,95年7月に今後の国債管理の方向性を提案したレビュー [1995] を発表したのである.

4. 90年代後半の国債発行政策

4-1 国債管理政策のフレームワークの変更

90年代前半におけるギルト債発行の急増により,94年度末の残高2,415

億ポンド（対 GDP 比 28％），95 年度の利払い費 251 億ポンド（中央政府支出の 8.4％），95-98 年度の平均償還額見通し 165 億ポンド（予想調達必要額の 71％）と，財政状態は極めて悪化した．こうした状況を踏まえ，大蔵省とイングランド銀行はレビュー［1995］を発表して国債管理政策のフレームワークの変更を提言したのである．そこで検討された主な項目は次のようになっている．

(a)目的，(b)調達ルール，(c)国債管理レポート，(d)発行（満期）政策，(e)発行方式，(f)インデックス債，(g)課税，(h)市場構造，(i)諮問

以下では，本研究との関連から，目的，調達ルール，発行（満期）政策，発行方式について概説する．

(1) 目　　的

レビュー［1995, p. 3］では，「国債管理政策の目的は，金融政策との整合性を保ちながら，リスクを考慮した上で長期にわたる政府の資金調達必要額を満たす場合のコストを最小化すること」と定義している[11]．ここでは，最小のコストとリスクで資金調達することが国債管理政策の主目的であること，戦略的発行政策を策定する場合に金融政策との整合性を考慮しなければならないが，国債管理は金融政策の主要なツールではなく，また金融政策も国債管理の主目的ではないことが明言されている．このように目的が金融政策のサポートないし補完から変更された背景には，国債管理政策を金融政策の補完的手段として用いてもマネーサプライ・コントロールができなかったこと，インフレ抑制を優先させた結果，財政状態を極めて悪化させてしまったことに対する反省もあろうが，根本的には，1 つの管理主体（イングラン

---

11) 政府による金融政策と国債管理政策の分離に伴い，98 年度版以降の *Debt Management Report* では「金融政策の目的との整合性を保ちながら」と文言が変更されている．なお，01 年度版以降 *Debt Management Report* は *Debt and Reserve Management Report* と名称が変更されたが，以下では特に問題がない限り *Debt Management Report* で統一する．

ド銀行）がインフレ抑制（金利の高め誘導）と国債の発行コスト軽減（低金利での発行）とを同時に追求することの矛盾が認識されたためであろう．

(2) 調達ルール

前述したように，政府は85年10月にオーバーファンディング政策を止め，それ以降 PSBR＋償還額＋外貨準備の純増分をギルト債と国民貯蓄証券の発行で賄うフル・ファンディング政策を調達ルールとしてきた．この調達ルールでは，TB および満期3年以下の超短期債の発行によるファイナンスは含まない．しかし，実際には，PSBR より中央政府借入必要額（CGBR）のほうが大きかったため，その差額不足分は主に TB の発行による短期借入によって調達していた．これは，実質的に借入必要額を TB も含めて調達していたことになる．そこで，調達ルールを実態に合わせてギルト債，国民貯蓄証券および TB の発行の組み合わせによって，CGBR＋償還額＋外貨準備の純増分をファイナンスするというように変更した．ただし，政府はTB を財政赤字のファイナンス手段ではなく，国庫の資金過不足を調節する手段と位置づけている．

(3) 発行（満期）政策

発行（満期）政策として，満期を多様化せずにむしろそれを限定したベンチマーク銘柄（債）を大量に発行する[12]．ベンチマーク銘柄とは50億ポンド以上の発行残高がある，またはその意図をもって発行された銘柄をいう．この政策のメリットとしては，各ベンチマーク銘柄の流動性を向上させることによって資金調達コストの低下，外国人投資家の取り込み，ストリップス債市場の拡大につながることが挙げられる．

---

12) 02年12月時点でベンチマーク銘柄として発行されている年限は5, 10, 20, 30年物である．

(4) 発行方式

　発行に際しては，発行の予見性と透明性が高い方式を採ることを原則とする．透明かつ予見可能な発行市場は投資家にとって投資戦略が立てやすく，また，発行者側にも不確実性が小さくなるため金利に余計なプレミアムがつきにくくなるというメリットがある．予見性と透明性が高い発行方式として，オークション方式を主要な発行方式と位置づける．オークション方式は87年5月から採用されているが，94年度においても伝統的なギルト債の総発行額の19%がタップ方式で発行され，さらにインデックス債については全額がタップ方式で発行されていた[13]．タップ方式は主にギルト債市場を管理する手段としてその機能を今後も残すが，タップ方式による発行を伝統的なギルト債の総発行額の10%以下に抑えるようにし，資金調達としてギルト債を発行する場合には原則としてオークション方式で発行する．なお98年11月からインデックス債の発行にもオークション方式が採用されている[14]．また発行の予見性を高めるために，オークションのスケジュールが毎年3月に発行される *Debt Management Report* で発表され，さらに四半期毎にスケジュールの確認または修正がイングランド銀行（現在では国債管理庁）から発表される．

　レビュー［1995］に挙げられた改革以外に，96年以降もギルト債市場に関してギルト・レポ市場やストリップス債市場の創設など様々な改革が行われた（表9-4）．なかでも特筆すべきは，98年4月に国債管理庁（Debt Management Office）が創設されたことである．国債管理庁の目的は表9-5に列挙するとおりだが，これらの目的はそのまま国債管理政策を遂行する上

---

13) タップ方式とは，イングランド銀行が，その引き受けた市場性国債を発行後の流通市場の状況に応じて徐々に市場に売り捌いていく方式である．
14) オークション方式による発行に伴い，インデックス債のマーケット・メーカーもギルト債マーケット・メーカーの中から8社が認可された．その数は02年12月時点で11社に増えている．

第9章　80年代から90年代の国債発行政策　　　233

表9-4　1996年以降の主なギルト債市場改革

年	月	事　項
1996	1	オープン・ギルト・レポ市場を導入.
	1	法人等特定の投資家がイングランド銀行のCGO (Central Gilts Office) の特別口座 (Star Account) を通じて受け取るギルト債の利子について源泉徴収を免除.
	3	セデル，ユーロクリア，バンク・オブ・ニューヨークを通じたギルト債の決済が可能となる.
	4	新調達ルール（本論(2)を参照）の適用.
1997	5	政策金利の決定権限を大蔵省からイングランド銀行に移管，国債管理および政府資金管理の責任をイングランド銀行から大蔵省に移管（金融政策と国債管理政策の分離）.
	7	ストリップス適格債について，利子に係る源泉徴収を免除.
	12	ストリップス債市場を導入.
1998	4	国債管理庁（DMO）を設立，国債管理および政府資金管理の責任を大蔵省から移管.
	4	すべてのギルト債について，利子に係る源泉徴収を免除.
	11	インデックス債のオークション方式による発行を開始.
1999	5	ギルト債，短期金融商品の決済についての責任をイングランド銀行からクレスト (CRESTCo) に移管.
2000	4	DMOが政府資金管理のためのオペレーションを開始.

出所：Debt Management Office (DMO), *Debt Management Report, Debt and Reserves Management Report* の各年版などから作成.

での指針を示している．また，基本的に国債管理庁の設立によって，イングランド銀行―金融政策，国債管理庁―国債管理政策というように政策の分離が明確になった．

4-2　経済環境と満期政策

90年代において，イギリス経済はERM離脱後の93年から回復し，95年以降成長テンポは鈍化したものの総じて順調な成長を遂げた．回復に向かった主因はERM離脱に伴うポンド相場の下落による輸出回復であった．さらにポンド急落にもかかわらずインフレ率が落ち着いていたことも金利低下の余地を大きくし，内需の押し上げ要因として寄与した．

こうした90年代後半における順調な経済成長を背景にCGBRは93年度をピークに減少し，98年度以降2000年度まで中央政府債務償還額（CGDR）に転じている（表9-6）．その一方でギルト債の償還額が96年度

表 9-5 国債管理庁の目的

1. ギルト債の発行と買戻しに関する大蔵大臣からの年間付託を実施する．その際，リスクを勘案した上で長期的なコスト最小化に十分配慮する．
2. 毎営業日，マーケット・オペレーションを通じて国家貸付資金（National Loan Fund）との予想される最終的な資金流出入を相殺する．その際，信用リスク管理に十分注意しながらコスト効果的な方法で行う．
3. 大蔵大臣が定めた目的にしたがって，国債管理勘定で保有している資産を効率的に管理する．
4. 上記1から3までの目的を達成するために，付託の設定に際して大臣に助言を行う．さらに，受けた付託，目的および目標に対する達成の程度を大臣に報告する．
5. 適宜，関係機関と協力して，国債管理および資金管理の効率性を高めてそのコストを低下させるような国債およびTB市場における新商品，発行方法，構造改革に関する政策を立案し推進する．国債管理および資金管理についての政策や実務を継続的に改善する．以上の事項に関して，大蔵大臣や大蔵省スタッフに政策上の助言を与える．
6. 必要に応じて関係機関と協力し，ギルト債市場の秩序，効率性および流動性を維持または促進するためにマーケット・オペレーションを行う．
7. イングランド銀行およびクレストと協力して，国債に関する効率的で信頼性が高いサービスを投資家に提供する．低コストでの発行と効率的な市場を維持した上で，ギルト債および短期金融市場の参加者と公平に取引する．
8. 大蔵省が政府の金融資産・負債を管理するための戦略を策定する場合にその作業に協力する．
9. 市場の効率性と発行コストの低下に寄与する場合には，国債およびTB市場の情報や国債管理庁が遂行している政策に関する情報を公開する．
10. 上記1から3の目的達成に資する場合には，要求に応じて，他の政府部局（および他国の政府）に対して助言および専門的意見を述べる．
11. 目的を効果的かつ効率的に遂行できるよう，資源，スタッフをそろえて組織を管理するとともに，管理コストに見合うだけの成果を挙げる．
12. リスクの最小化を十分考慮した上で，適切な管理，情報，統治システムを構築する．さらに，会計その他の事項について十分かつ正確な情報を開示する．

出所：Debt Management Office [1998] から作成．

以降急増し，それをギルト債発行でリファイナンスしていることからギルト債の総販売（発行）額は，96年度388億ポンド，97年度258億ポンド，98年度82億ポンド，99年度144億ポンド，2000年度100億ポンド，01年度137億ポンドとなっている．満期別構成を見ると，97年度までは短期債（満期3年超7年以下），中期債（同7年超15年以下），長期債（同15年超）でほぼ同比率の発行を行っていたが，98年度以降は長期債に発行が偏っている[15]．

15) 短・中・長期債の満期に関して，国債管理庁が発行する *Debt Management*

表 9-6 1995 年度以降のギルト債発行関連指標

年度			1995	1996	1997	1998	1999	2000	2001
CGBR(億ポンド)			290	252	34	−45	−92	−352	63
利払い費(億ポンド)			251	265	286	295	255	266	231
利払い費の中央政府支出に占める割合(%)			8.4	8.7	9.7	9.8	8.0	7.9	6.5
ギルト債償還額(億ポンド)			41	115	195	170	148	186	178
ギルト債販売額(億ポンド)			307	388	258	82	144	100	137
構成比(%)	伝統的ギルト債		84.9	84.9	81.5	68.7	78.3	65.2	73.7
		短期債	29.7	29.7	27.4	0.0	17.0	0.0	0.0
		中期債	27.7	28.0	24.7	30.7	19.1	0.0	34.2
		長期債	27.4	27.2	29.3	37.9	42.2	65.2	39.5
	インデックス債		15.1	15.1	18.5	31.3	21.7	34.8	26.3
		短期債	—	—	—	2.4	0.0	0.0	0.0
		中期債	—	—	—	10.0	5.9	8.3	13.2
		長期債	—	—	—	19.0	15.8	26.5	13.1
平均残存年数(年)	伝統的ギルト債		8.7	8.9	8.8	8.7	9.5	10.3	10.6
	ギルト債全体		9.7	9.7	10.0	9.9	10.6	11.0	11.3

注：1) ギルト債の満期は短期債が 3 年超 7 年以下，中期債が 7 年超 15 年以下，長期債が 15 年超である．
    2) 平均残存年数は，2001 年度のみ暦年末，他は年度末の数値．
出所：DMO, *Debt Management Report*, *Debt and Reserves Management Report*, BOE, *Quarterly Bulletin* の各年版から作成．

この要因として 99, 2000 年度版の *Debt Management Report* は，財政の好転に伴いギルト債の発行余地が小さい上に保険会社と年金基金による長期債の需要が増加しているためと説明している．保険会社と年金基金による長期債の需要が増加した要因として次の 3 点が挙げられる．

① 98 年度の予納法人税（Advance Corporation Tax）廃止に伴う株式投資からギルト債投資へのシフト[16]．

Report とイングランド銀行が発行する *Quarterly Bulletin* とではその定義が異なっている．表 9-6 における発行関係（*Debt Management Report* では「発行」ではなく「販売」と記されているが，両者の相違について特段の説明がないため，ここでは両者を同一とみなす）の指標は前者に依ったため，満期の定義もそれに従った．

16) 年金基金の場合，現金配当であれば受取配当金の 4 分の 1 （配当支払会社の予

②個人年金および企業（職域）年金の加入増と人口学的要因（退職者数の増加と平均寿命の延長）による年金負債の増加．

③1995年年金法に基づく，97年4月からの年金基金に対する最低積立要件の支払能力テスト（Minimum Funding Requirement Solvency Test: MFRST）導入．

　上記のうち，98年以降の長期債の需要増加に最も影響を与えたのは第3の要因であろう．第7章2節で説明したように，最低積立要件とは，確定給付型の企業年金に対してその負債に見合う十分な資産を保有することを課す要件である．アクチュアリーは定期的（3年ごと）に資産を評価し，その結果を12カ月以内に受託者に報告しなければならない．アクチュアリーによる資産評価が負債の90%を下回った場合，定められた期限内に早急に事業者は現金ないし金融資産による担保を積んで，最低でも負債の90%まで資産を増やさなければならない．また，資産評価が負債の90%から100%の間にあるときは，上記の方法ないしは拠出金の増額によって，拠出金のスケジュールでカバーされている期間までに資産を負債の100%水準まで増やさなければならない（1995年年金法56-61条）．この要件を満たすため，安全資産であるギルト債，特に長期債が嗜好されたのである．

　さらに，97年12月よりストリップス債市場を導入したことも中・長期債の発行割合を高めている要因と考えられる．ストリップス債とは，ある債券をクーポン部分と元本部分とに分離することによって創出された一団のゼロ・クーポン債のことである．例えば，半年毎に利払いがなされる満期10年のギルト債からは1つの元本部分と20（年2回×10年）のクーポン部分によって合計21のストリップス債が創出される．ストリップス債は利払いがなく満期日に一定額が償還されることから，投資家が将来返済しなければならない負債構成に合わせてストリップス債のポートフォリオを組めば，その支払いに対応することができる．このように投資収益の流列が将来の支払

　納法人税相当額）を全額還付請求することができた．

必要額の流列に合致するように組まれたポートフォリオ（Dedicated Portfolio）は，年金基金，保険会社など将来の負債構成が比較的明確な投資家によるニーズが高い．そして，このニーズに適しているのは中・長期債から創出されたストリップス債である．

　一方，イギリスの場合，すべてのギルト債からストリップス債が創出できるわけではなく，政府によってストリップス適格債が指定されている．97年12月当初，このストリップス適格債は8銘柄（残高822億ポンド）であったが，その後，新発の中・長期ベンチマーク銘柄をストリップス適格債とする，ストリップス適格債に指定されていないギルト債を併合してストリップス適格債とするなどの政策を採った結果，02年10月末でストリップス適格債は14銘柄（残高1,432億ポンド）まで増加した．これは総残高の約72％を占める．しかし，このストリップス適格債の残高1,432億ポンドのうちストリップス債として保有されている部分は約16億ポンド（1.1％）に過ぎず，政府はストリップス債市場拡大の観点から中・長期債の発行を促進していると考えられる[17]．

5. 結　　論

　本章では，満期政策を中心に，80年代から90年代におけるイギリスの国債発行政策を詳細に分析してきた．ここでの問題意識は2つある．第1に，実際の満期政策は第8章で導出された経済厚生を最大にするための最適満期構成に関する命題1または命題3と合致するのか．第2に，これが主題であるが，第7章での分析結果から推測される市場性国債（主にギルト債）における市場の分断は，実際の満期政策（より広く捉えれば国債管理政策の目的）と整合していたのかということである．

---

17)　ストリップス債の詳しい仕組みおよびイギリスにおける取引制度については須藤［1998a, b］を参照されたい．なお，第1章でストリップス取引の国際比較を行っている．

第1の論点についてデータで検証したところ，90年代前半までは「国債発行量の前年比が上昇している局面では短期債および中期債に対する長期債の発行構成比を高め，その前年比が低下している局面では逆に長期債の発行構成比を引き下げる」という命題1が妥当していたが，90年代後半になるとそれが妥当しなくなっている．しかし，95年以前のイギリスでは国債管理政策を金融政策の補完的政策と位置づけており，むしろ96年以降コストとリスクの最小化（これは経済厚生の最大化に繋がる）が国債管理政策の主目的とされた．この矛盾はなぜ生じたのだろうか．この第1の論点から派生した問題を第2の論点とともに考えてみよう．

　まず，国債管理政策が金融政策の補完的政策とされていた背景は何だろうか．基本的に金融政策の最終目標は物価安定であり，イギリスにおいては特にインフレ抑制が大きな課題であった．これを国債管理の観点から見ると，インフレ抑制によって期待インフレ率が低下すれば名目金利も下がり，したがって発行コストも低下することになる．この論理とともに，80年代まではギルト債の発行残高が急増することもなかったことから，長い間国債管理政策を補完的政策と位置づけていたのであろう．しかしながら，80年代には国債管理政策を用いても通貨当局が意図したようにインフレ管理ができなかったことに加え，インフレ抑制を優先させた結果，90年代前半にはギルト債残高の急増を招いてしまった．さらに，政府は1つの管理主体（イングランド銀行）がインフレ抑制（金利の高め誘導）と国債の発行コストの軽減（低金利での発行）を同時に追及することの矛盾を認識してか，レビュー[1995]を発表して国債管理政策の主目的をコストとリスクの最小化に変更するとともに，97年に国債管理庁を設置して国債の管理責任をイングランド銀行から分離したのである．

　以上の事実認識から，満期政策を決定する上で重要な指標はインフレ率と国債残高（またはその対GDP比）と考えられる．一方，各指標の状態に応じた満期政策ならびに投資家の残存期間に対する選好は次のように推論されよう．まずインフレ率に関しては，それが高い時期は期待インフレ率が上昇

して残存期間の長い国債ほどリスク・プレミアムが大きくなる.したがって,政府は発行コストの観点から短・中期債の発行を優先し,投資家は資産価値の減少を回避するために残存期間が短期ないしは中期の国債を選考するだろう.逆にインフレ率が低い時期は,少なくともインフレ率に関連して政府,投資家とも長期債を忌避する理由はなく,政府は各年限のバランスを取って発行し,投資家も第7章で説明したようにその業務特性にマッチした残存期間を選好するだろう.

国債残高に関しては,政府は,第8章の命題1に従えば,その前年比が上昇していれば長期債の発行に重点を置き,逆にそれが低下していれば短・中期債の発行に重点を置くことになる.一方,投資家は国債のデフォルト・リスクを明確に意識しない限り,国債残高の増加または減少が特定の残存期間を忌避する理由はなく,したがって業務特性にマッチした残存期間を選好するだろう.

ここで,年代別に各指標の状態と実際の満期政策を整理すると表9-7のようになる.この表から,各指標の状態から論理的に推論される満期政策(つまりギルト債の発行環境)および投資家の選好と比較すると,実際の満期政策は97年度までギルト債の発行環境および投資家の選好と整合していた.一方,98年度以降の満期政策は投資家の選好と合致しているものの,発行環境とは矛盾したものとなっている.したがって,97年度までは実際の満

表9-7 満期政策と発行関連指標(発行環境)

年　代	インフレ率	ギルト債残高 (前年比)	満期政策
80年代前半	低下しながらも高水準	低　下	短・中期債発行に重点
後半	上　昇	低　下	(買戻し)
90年代前半	低　下	急上昇	中・長期債発行に重点
後半	低位安定	低　下	97年度までは各満期でバランス発行 98年度以降は中・長期債発行に重点

注:満期政策については,90年代前半までは買戻し後のネット・ベース,90年代後半はグロス・ベースの発行統計を基に判断した.

期政策も発行環境と整合していたため，実際の満期政策が発行環境と投資家の選好のいずれに基づいて，あるいはその両方に基づいて遂行されたのかを明確に判断することはできないが，98年度以降はそれが投資家の選好に基づいたものであったと推測される．しかしながら，98年度以降の満期政策は国債管理政策の目的（コストとリスクの最小化）に矛盾したものではない．レビュー［1995］にも述べられているように，96年度以降，ギルト債の発行方式を従来のタップ発行中心から原則としてオークション方式に移行した．オークション方式でギルト債を発行すれば，当然発行利回りは流通利回りを反映して決定される．したがって，コストおよびリスク最小化のためには流通市場の効率性を上昇させて，流通利回りのプレミアムを最小化させなければならないが，効率性を高めるためには需要に応じた年限ゾーンでの発行が求められる．イギリスでは，人口要因や年金基金における制度改革もあり，保険会社，年金基金による長期債需要が98年以降増加し，それに応じて発行の満期構成を変化させた．さらに，97年から導入したストリップス債市場を活性化させるためには，長期債の流動性を厚くする必要もあった．これらが90年代後半に国債残高の伸びが低下していたにもかかわらず長期債の発行構成比が上昇し，命題1が妥当しなかった理由である．

　以上の考察から，本節の冒頭に挙げた第2の論点，つまり市場性国債（主にギルト債）における市場の分断は実際の満期政策ないし国債管理政策の目的と整合していたかという問題に関してまとめると次のように結論できよう．97年度までの満期政策は発行環境と投資家の選好のいずれにも矛盾せず，また98年度以降の需要に応じた満期政策も国債管理政策の目的に従ったものであったという意味において，市場の分断は国債管理政策の目的に沿った満期政策と整合していた．すなわち，市場の分断により80年代から90年代にかけてのイギリスの名目イールド・カーブ全体に金利の期待理論が成立しなかったこと（第3章）は国債管理政策の誤りを示すものではない．むしろ，90年代前半まで国債管理政策を用いながらも，期待インフレ率を安定させることができなかった金融政策にその責任が求められよう[18]．

最後に本章の分析から得られたインプリケーションを述べる．現状では，ギルト債のオークションは毎回成功が伝えられており，また，利払い負担も中央政府支出に占める割合で見て 98 年度の 9.8% をピークに 03 年度には 6.1% まで低下する見通しであることから，国債管理政策の改革は一応の成果を挙げていると言えよう．また今後を展望すれば，イギリスでは 05 年 1 月に確定給付型の企業（職域）年金を対象とした最低積立要件導入の移行措置が期限をむかえ，本格的に時価会計制度が導入される．また，単一の金融規制・監督機関である金融サービス機構（Financial Service Authority: FSA）は生命保険会社に対して自己資本を強化するよう指導している[19]．このため，年金基金や保険会社による長期債の需要は今後さらに高まっていこう．このような見通しに立ったとき，市場性国債（ギルト債）における市場の分断を前提とした上で，市場の効率性が保たれるようイールド・カーブを管理することが国債管理政策に求められよう．

---

18) その意味で，第 4 章で同時期におけるイギリスの実質イールド・カーブ全体が効率的に形成されていたことが示されたことは，名目イールド・カーブ全体に期待理論が成立しなかったことと矛盾しない．
19) FSA は生命保険会社に 25% の資本準備金を積むよう指導してきたが，02 年 7 月の政府による株価対策に伴いその基準を 15% に緩めた（02 年 7 月 14 日付日本経済新聞）．しかしこれは一時的な株価対策であり，将来は再び 25% の資本規制が求められよう．なお，この株価対策の一環として，最低積立要件導入の移行期限も 03 年 6 月の予定が 05 年 1 月に延期された．

第10章 結　　論

　以上で本書の主論部分は記述し終えた．第1章を含め，これまでの章を通じて80年代から90年代にかけてのイギリスにおける国債市場の期間構造ならびに管理政策がかなり明らかになったと思われる．本章では，終章として，まず各章の議論を振り返って要約する．次いで，本書のイギリス国債制度に関する研究がわが国の現状に示唆するインプリケーションを述べ，最後に今後の発展的課題について簡単に展望して本書を締めくくる[*]．

1. 各章のまとめ

　第1章では，序章として，国債市場の国際比較を通じてわが国の現状を明らかにすると同時に，本書における分析の視点を設定した．
　まず，日本，イギリス，アメリカを中心に国債の市場流動性を諸指標により比較し，その後，各国の発行市場，特に商品特性に焦点を絞って制度比較を行った．その結果，イギリスの国債市場は発行残高が日本の約4分の1以下と少ないにもかかわらずその市場流動性はむしろ高く，これは国債管理政策が有効に機能し，イールド・カーブが効率的に形成されているためではないかという推論が得られた．この推論は，イギリスの国債市場を詳細に研究することが，現在のわが国の国債事情に対する処方箋を考える上で有意義であることを示唆している．そこで，イギリスにおける上記の推論を検証すべ

---

[*] 本章で述べる意見，提言は筆者個人のものであり，所属する(財)日本証券経済研究所の見解ではない．

第10章 結論

く，具体的な論点として次の2つを設定した．第1に，イギリスのイールド・カーブは効率的に形成されていたか．第2に，国債管理政策，特に国債発行政策はどのような意図を持って行われてきたか．これらの論点に沿って，第2章以下でイギリスの国債市場を分析した．

第2章と第3章では，80年代から90年代にかけてのイギリスにおける名目金利の期間構造をイールド・カーブ全体にわたって分析した．

まず，第2章では，第3章で展開する実証分析の理論的枠組みを提示した．80年代後半に Engle and Granger [1987] と Johansen [1988] は，現在では時系列分析の主要なツールとなった共和分分析の手法を確立した．その手法を金利の期待理論に適用した非常にエレガントなモデルが Campbell and Shiller [1987, 1991], Hall et al. [1992] によって提示された．第2章ではそれらのモデルを詳細に説明するとともに，アメリカならびにイギリスのデータを用いた実証研究をモデルごとに整理した．

第3章では，第2章で説明したモデルに基づき，金利の期待理論がイギリスの名目イールド・カーブ全体に妥当するか否かを検証した．データとしてゼロ・クーポン債の名目金利を用いたため，ここでは Campbell and Shiller [1991] と Hall et al. [1992] のモデルに基づいて実証分析を行った．両モデルにおける様々なテストの結果を総括すると，次の3点が結論できる．

①「80年代から90年代にかけて，イギリスの名目イールド・カーブ全体に金利の期待理論が成立する」という仮説は棄却される．
②イールド・カーブの中でも残存期間が1年以下のショート・エンドでは期待理論が支持されるが，ミドル，ロング・エンドではそれが支持されない．
③ショート・エンドとミドル，ロング・エンドでは異なった期間構造を有する．つまり，イールド・カーブ上における金利形成過程は分断されている．

特に，第2，第3の点に関して，Hall et al. [1992] のモデルに基づいてショート・エンドとミドル，ロング・エンドの期間構造を詳細に調べたとこ

ろ，各セグメントでの金利の形成に次のような特徴が見出された．ショート・エンドでは，投資家は超短期債（1カ月物）の金利に注目して期待理論に従って短期金利を合理的に形成していた．一方，ロング・エンドでは，ショート・エンドの動向を最も反映する中期債（5年物）の金利に注目して期待理論を援用して長期金利を形成するが，その際に過去のショート・エンドの動きも付加的な情報として利用していたものと推測される．

第4章から第6章までは，視点を変えて，ゼロ・クーポン債の実質金利から形成される実質イールド・カーブを分析した．

第4章では，第3章と同じ80年代から90年代を対象に，消費資産価格モデルが実質イールド・カーブ全体に妥当するかを検証した．同モデルに基づいた金利の期間構造の実証分析にはLee [1989]，福田 [1993] 等の先行研究があるが，①名目利回りを実際のインフレ率を用いて実質化しており，期待インフレ率が用いられていない，②イールド・カーブの中でもショート・エンドまたはロング・エンドいずれかの分析にとどまっており，イールド・カーブ全体を分析していない，③福田は短期金利と個々の長期金利とを個別に組み合わせてモデルを推定しており部分的な計測にとどまっている，といった問題が見受けられる．これらの問題点をすべて解消した上で消費資産価格モデルを推計した結果，確率的オイラー方程式のパラメータ条件，モデルの特定化に関する検証のいずれの観点からも同モデルは支持され，このことから，動学的最適消費行動と整合的という意味で実質イールド・カーブは効率的に形成されていたと結論される．

この結論は，消費資産価格モデルの性質から，長期債を短期間保有することによって生じる保有リスク・プレミアムが時間に対して可変的か否かにかかわらず妥当するが，不変である方が期間構造の安定性の観点から望ましいことは言うまでもない．そこで，次に，残存期間3カ月以上のゼロ・クーポン債を1カ月間保有した場合の保有リスク・プレミアムが時間に対して可変的か否かを検証すると，リスク・プレミアムの計算に租収益率の実績値を用いたとき，概ねすべてのゼロ・クーポン債でリスク・プレミアムは時間に対

してコンスタントという結果が得られた.

　以上の分析結果は,80年代から90年代にかけてのイギリスでは,コンスタント・リスク・プレミアムを持つ金利の期待理論が実質イールド・カーブ全体において成立していたことを示唆している.しかしながら,保有リスク・プレミアムの時間可変性を分析する過程で,実質イールド・カーブのショート・エンドにおいて Backus et al. [1989], Salyer [1990] が提示したターム・プレミアム・パズルが見出された.この問題については第5章と第6章で考察した.

　第5章では,家計が債券を需要する意義を明示的に考慮したモデルを分析することによって,ターム・プレミアム・パズルを理論的に解明することを試みた.具体的には,代表的家計の効用関数に短期債の保有量を組み込む形で拡張した消費資産価格モデルに基づいてリスク・プレミアムを導出し,その長期均衡および短期経路を分析した.モデルでは,短期債を保有することが家計の効用へ直接に影響を及ぼすことを前提としている.家計による貨幣の保有目的が短期的な流動性を確保することであり,さらに,短期的流動性を目的とした貨幣(具体的には要求払い預金,満期の短い定期性預金など)を金融機関が流動性の高い安全資産である短期債に変換していると考えれば,短期債を貨幣の代替とみなして効用関数に組み込むことは正当化されよう.

　モデル分析から得られた結論は,短期債の保有量が家計の効用に影響を与える(金融機関を通じた影響であろうとも)場合には,ターム・プレミアム・パズルが解消される可能性が高いということである.つまり,長期均衡では,リスク・プレミアムが正となるためには短期債に係る限界効用が正となることが必要十分条件であり,さらに実質消費に係る限界効用に対して短期債に係る限界効用が大きくなるほどプレミアムは上昇する.一方,短期経路においては,短期債に係る限界効用が正となることはリスク・プレミアムが正となるための必要条件ではあるが十分条件ではない.ただし,$u(C_t, Q_{1t}) = Q_t^\alpha (C_t^{1-\gamma}/1-\gamma)$ という特殊な効用関数型等を仮定し,さらに家計の相対的危険回避度 γ が所与であるとしたとき,γ に対する効用に係

る短期債の弾力性 α の比率が大きくなるほど，実質消費と短期債保有量の系列を所与としたときのリスク・プレミアムが正となる可能性も高くなる．この前提条件は，γ が所与の場合には，実質消費に係る限界効用に対する短期債に係る限界効用の上昇を含意することから，長期均衡における分析結果と整合的である．

第6章では，ターム・プレミアム・パズルを実証面から考察した．第5章で考察した理論モデルは債券（国債）残高に関するデータの制約から実証分析に用いることができなかったため，ここでは視点を変えて，景気循環を考慮したモデルを構築した．というのも，消費資産価格モデルを推定する際にサンプル期間中の景気変動に伴うイールド・カーブの変化を考慮していないという意味で，このパズルはサンプル期間の平均において見出される「計測上のパラドクス」とも解釈できるからである．

具体的には，1人当り実質消費（対数変換後）をトレンド部分と循環部分とに分解し，さらに循環部分における拡大と後退局面の非対称性（レジームのシフト）をマルコフ・スイッチング・モデルで表すことによって景気循環をモデル化した．この景気循環モデルを消費資産価格モデルに組み込むことによって精緻な金利の期間構造モデルを構築し，そのモデルに基づいて80年代から90年代にかけてのイギリスにおける実質イールド・カーブ（残存1年以下のショート・エンド）を実証分析した．

分析の結果，次のことが明らかになった．

①相対的危険回避度は有意に正で推定され，消費資産価格モデルは支持される．

②消費循環の拡大と後退局面に非対称性，つまりレジームのシフトは見出されない．

③イールド・スプレッドには，景気変動自体を予測するために有用な情報はほとんど含まれていないが，その循環部分については弱いながらもその方向を予測するに有用な情報が含まれている．

特に第1の点に関して，第6章で用いたモデルから推定された家計の相対

的危険回避度 γ の値は第 4 章での推定値より小さく,このことはターム・プレミアム・パズルの観点から非常に重要な意味を持つ.第 6 章では主観的割引率 β を推定していないため,用いたモデルがこのパズルを解消したか否かを直接示すことはできない.しかし,第 5 章で明らかにしたように,ある仮定の下では,γ が小さいほどリスク(ターム)・プレミアムが正となる可能性が高くなる.したがって,第 4 章での推定値より小さい γ が推定されたということは,ターム・プレミアム・パズルを緩和ないし解消するという意味において,景気循環を組み込んだ消費資産価格モデルがより現実整合的なパラメータを推定していると言えよう.

第 2 章から第 6 章までは,「80 年代から 90 年代にかけて,イギリスのイールド・カーブは効率的に形成されていたか」という論点を詳細に分析してきた.続く第 7 章から第 9 章までは,債券,特に国債の需給構造に焦点を絞っている.これは,第 1 に,第 3 章で債券市場の分断の可能性が示唆されたにもかかわらず,需給構造について第 6 章までまったく考察してこなかったこと,第 2 に,第 6 章まで取り上げてきたモデルはいずれも債券の供給経路を所与としており,供給構造の変化がイールド・カーブの形状に与える影響を明示的に取り扱ってこなかったことが理由である.

第 7 章では,市場の分断の有無を検証するために,90 年代のイギリスにおけるポンド建国家債務の保有(需要)構造について市場性国債(TB およびギルト債)を中心に分析した.ここで,「市場の分断」とは,個人,機関投資家,非居住者といった「特定の投資家ごとに特定の残存期間の債券を選好する特性があるため,期間構造が分断されること」と定義し,投資家による景気ないしは金利動向に応じた短期的な債券ポートフォリオの変更に伴う需要の偏りは市場の分断とはみなさない.

投資家別に市場性国債の保有構造を詳細に分析した結果,銀行,住宅金融組合,保険会社,年金基金,投資信託,個人・信託,その他非居住者の中で,90 年代に一貫して短(TB を含む)・中・長期債のバランスを取って保有していた主体は 1 つもなかった.具体的には,保険会社と年金基金は中・長期

債に重点を置いて保有し，他の投資家は短・中期債を主として保有している．この特徴は，特に銀行，住宅金融組合，保険会社，年金基金（おそらくは非居住者にも）について言えることだが，その業務上の特性を正に反映している．このことは，前述した定義に従えば，イギリスの市場性国債の市場に市場の分断があることを示している．

　第8章では，国債の供給サイドに視点を移し，国債発行における最適満期構成について考察した．これは第9章で分析するイギリスの国債発行政策を評価するための1つの視点を与えるものである．

　具体的には，Barro [1995] の考え方を発展させたモデルを提示することによって，税率を平準化することを通じて経済厚生を最大化するために最適な満期構成を理論的に導いた．Barroの結論は，将来の国債価格の不確実な変動が政府予算（すなわち税率）に及ぼす影響を排除する，つまりロールオーバー・リスクを完全に排除することによって税率を平準化するという考え方に基づいている．しかしながら，現実に政府予算は国債価格の変動の影響を受ける，つまりロールオーバー・リスクに直面している以上，これを取り込む形でモデルを考えることが重要である．そこで，ロールオーバー・リスクを排除することなく，毎期の税率の変動が最小となるように政府が最適な満期構成を選択するモデルを構築した．

　モデル分析の結果，いくつかの仮定の下で，経済厚生最大化の観点から最適満期構成について次の3つの命題が導かれた．

　　命題1：国債発行量の前年比が上昇している局面では，短期債および中期債に対する長期債の発行構成比を上昇させ，その前年比が低下している局面では逆に長期債の発行構成比を引き下げる．

　　命題2：国債発行量が増加も減少もしない定常状態での最適満期構成比は短期債＞中期債＞長期債の順となる．

　　命題3：政府支出を増加せざるを得ない場合には，政府支出に対して価格低下の反応が大きい，すなわち資金調達コスト（実質金利）の上昇が大きい国債の発行を抑制することが経済厚生の観点から合理

的である.

　3つの命題のうち,命題1と3は必ずしも整合しない.これは仮定の相違によるものであるが,あくまでも理論的な結論である.したがって,イギリスの経済環境や国債管理政策の目的に照らしてどのような国債発行政策が採られているかをトレースし,命題1と3のいずれが現実の政策と合致するのか,あるいはいずれも合致しないのかを検証する必要がある.この検証は第9章で行った.

　第9章では,満期政策を中心に,80年代から90年代におけるイギリスの国債発行政策を詳細に分析した.ここでの問題意識は2つある.第1に,実際の満期政策は第8章で導出した経済厚生を最大にするための最適満期構成に関する命題1または命題3と合致するのか.第2に,これが主題であるが,第7章での分析結果から推測される市場性国債(主にギルト債)における市場の分断は,実際の満期政策(より広く捉えれば国債管理政策の目的)と整合していたのかということである.

　第1の論点についてデータで検証したところ,90年代前半までは「国債発行量の前年比が上昇している局面では短期債および中期債に対する長期債の発行構成比を高め,その前年比が低下している局面では逆に長期債の発行構成比を引き下げる」という命題1が妥当していたが,90年代後半になるとそれが妥当しなくなっている.しかし,95年以前のイギリスでは国債管理政策を金融政策の補完的政策と位置づけており,むしろ96年以降コストとリスクの最小化(これは経済厚生の最大化に繋がる)が国債管理政策の主目的とされた.この矛盾はなぜ生じたのだろうか.

　この第1の論点から派生した問題を第2の論点とともに考察するため,国債管理政策の改革が行われた90年代半ばを境に90年代前半までと90年代後半とに分けて,各時期の国債発行政策を詳細にトレースした.その結果,満期政策を決定する上で重要な指標としてインフレ率と国債残高(またはその対GDP比)が見出された.そこで,年代別に整理した実際の満期政策を各指標の状態から論理的に推論される満期政策(つまりギルト債の発行環

境）および投資家の残存期間に対する選好と比較したところ，実際の満期政策は97年度までギルト債の発行環境および投資家の選好と整合していた．一方，98年度以降の満期政策は投資家の選好と合致しているものの，発行環境とは矛盾している．しかしながら，98年度以降の満期政策は国債管理政策の目的（コストとリスクの最小化）に矛盾したものではない．というのも，この目的のためには国債（流通）市場の効率性を高める必要があるが，それには需要に応じた年限ゾーンでの発行が求められる．イギリスでは，人口要因や年金基金における制度改革などから長期債需要が98年以降増加し，それに応じて発行の満期構成を変化させた．さらに，97年から導入したストリップス債市場の拡大のためには，長期債の流動性を厚くする必要もあった．これらが90年代後半に国債残高の伸びが低下していたにもかかわらず長期債の発行構成比が上昇し，命題1が妥当しなかった理由である．

　以上の考察から，第2の論点について結論すれば，97年度までの満期政策は発行環境と投資家の選好のいずれにも矛盾せず，また98年度以降の需要に応じた満期政策も国債管理政策の目的に従ったものであったという意味において，市場の分断は国債管理政策の目的に沿った満期政策と整合していたと言えよう．すなわち，市場の分断により80年代から90年代にかけてのイギリスの名目イールド・カーブ全体に金利の期待理論が成立しなかったこと（第3章）は国債管理政策の誤りを示すものではない．むしろ，90年代前半まで国債管理政策を用いながらも，期待インフレ率を安定させることができなかった金融政策にその責任が求められよう．

2．わが国へのインプリケーション

　そもそも本書は，国債残高の急増に直面しているわが国に対する処方を模索したいということからイギリスの国債市場を詳細に分析してきた．そこで，ここでは本書におけるイギリスの国債制度に関する研究がわが国の現状に示唆するインプリケーションを述べてみたい．具体的には，商品特性，保有構

造，財政コストとイールド・カーブの管理の観点から，わが国国債市場の流動性を向上させるための提言を述べ，最後にそれらの提言を踏まえた上でわが国における最近の国債市場改革と今後の課題に言及する．

(1) 商品特性

商品特性は発行年限の配分と国債の種類の観点から論じることができる．まず発行年限の配分に関しては，年限を絞り1銘柄当りの発行量が多いベンチマーク銘柄を発行する考え方と，逆に年限を細分化して1銘柄当りの発行量を少なくする考え方がある．第1章と第9章で述べたように，イギリスは前者の考え方を採り，日本は後者の考え方を採っている[1]．

前者には各銘柄の流動性向上が図れる，ベンチマーク銘柄は発行のパターンが予測しやすく発行に係る不確実性が小さいというメリットがあり，一方後者には政府が満期構成を考える場合に年限ゾーンに対する需要動向に応じて柔軟に対応できるといったメリットがある．したがって，市場流動性の向上という観点からはわが国も発行年限を絞って各年限でベンチマーク銘柄を発行することが望ましい．これに関連して，2001年3月からリオープン制度（既発債をそれと同じ条件（償還期日，クーポン・レートなど）で追加発行する制度）が導入されたことは評価できよう[2]（表10-1）．

国債の種類に関しては，わが国の場合，インデックス債の発行とストリップス取引が制度化されていない．第1章で見たように，主要先進国ではこれらの制度が整備されており，国内のみならず海外の投資家のポートフォリ

---

1) 02年度時点で，イギリスはインデックス債以外に1，3カ月物TBと5，10，20，30年物固定利付債（ギルト債）を定期的に発行し，他に制度上6，12カ月物TBと変動利付債を発行することができる．一方日本は，6，12カ月物TB，2，5，10，20，30年物固定利付債，3年物割引債，15年物変動利付債を定期的に発行しているほか，国債ではないが2，3カ月物政府短期証券（FB）を発行している．さらに，01年度以前に発行していた3カ月物TB，4，6年物固定利付債，5年物割引債を発行することも制度上可能である．

2) なお，入札日程および発行額の事前公表は98年3月から行われている．

表 10-1 戦後の国債管理政策の推移

年度	月	国 債 管 理 政 策
1965	1	シンジケート団（シ団）引受開始（7年債）
	3	（資金）運用部引受開始
68	4	特別マル優制度の導入
	5	減債制度の確立
72	1	国債の償還期限延長（7年 → 10年）
76	1	割引国債（5年）発行開始
77	4	金融機関の取得した国債の流動化開始
78	6	中期国債（3年）の公募入札開始
79	6	中期国債（2年）の公募入札開始
	(80年) 1	中期国債ファンド発売
80	6	中期国債（4年）の公募入札開始
81	6	6年債の直接発行
82	(83年) 2	変動利付債（15年）の直接発行
83	4	金融機関による国債の募集の取扱い開始
	9	20年債の直接発行
84	6	金融機関による国債のディーリング開始
85	6	国債整理基金特別会計法の改正
		①短期国債，借換債前倒し発行
		②電電株式等の同基金への帰属
	10	国債先物取引開始
	(86年) 2	短期国債の公募入札開始
86	10	20年債のシ団引受開始
87	9	20年債の公募入札開始
	11	10年債の引受額入札方式導入
88	4	郵便局における国債の募集の取扱い開始
89	4	シ団(による)10年債の部分的入札制導入
90	10	シ団(による)10年債の入札割合を40%から60%に拡大
91	4	10年債入札結果の即日発表
92	4	外国法人のTB償還差益非課税措置
93	(94年) 1	マル優枠の拡大（350万円）
	2	6年債の公募入札開始
96	4	20年債の四半期毎入札の導入
98	4	中期国債の非競争入札開始
	(99年) 1	繰上償還条項の撤廃
	3	入札日程及び発行額の事前公表
99	4	1年物TBの公募入札開始，TB等の償還差益の源泉徴収免除
	9	30年債公募入札開始，非居住者の利子課税免除（制度の導入）
	(00年) 2	5年利付債導入
2000	4	入札結果発表時間の繰上げ（14:30 → 14:00）
	6	15年物変動利付債の公募入札開始
	9	国債市場懇談会の開催開始

(つづき)

年度	月	国 債 管 理 政 策
2000	11	3年物割引債の公募入札開始
	(01年) 3	リオープン（即時銘柄統合）方式の導入
01	4	非居住者が保有する国債の利子非課税制度の適用対象拡充
		（グローバル・カストディアン）
	5	入札結果発表時間の繰上げ（14：00 → 13：30）
	6	TBとFBの応募価格の単位変更（TB：5厘 → 1厘，FB：1厘 → 5毛）
	10	入札日程の公表方式を変更し，常時翌3カ月分を公表
02	4	非居住者が保有する国債の利子非課税制度の適用対象拡充
		（法人格のない外国投資信託）
	4	シ団の競争入札比率引上げ（60% → 75%，14年5月債より実施）
	4	シ団の引受手数料引下げ（63銭 → 39銭，14年5月債より実施）
	4	入札結果発表時間の繰上げ（13：30頃 → 13：00）
	4	国債投資家懇談会の開催開始
	6	証券決済システム改革法の成立

出所：財務省ホームページ（国債関係資料「戦後の国債管理政策の推移」）から作成．

オ・ニーズに応えるためにもこれらの制度の整備を進めるべきだろう．

(2) 国債保有構造

イギリスにおける市場性国債の保有構造に関する時系列分析および国際比較分析（第7章）から次の3つの特徴が見出された．第1に，金融機関の中でも銀行と住宅金融組合の保有シェアは低下基調にある反面，保険会社，年金基金を中心とする機関投資家のシェアは急速に拡大している．第2に，非居住者のシェアはアメリカより低いものの，90年代後半から顕著に拡大してきている．第3の特徴としては，政府と中央銀行のシェアが極めて低いことである．これらの特徴のうち，市場流動性の向上という点でわが国にインプリケーションを与えるものは第2と第3の特徴であり，特に重要なのは後者である．

わが国の場合，政府と中央銀行による市場性国債のシェアは01年度末で55.8%と50%を超えている．これは，主に郵便貯金や簡易保険の形態で集められた家計からの資金を背景に，政府が流通市場において国債の買い手と

してしばしば登場してきたためであり，イギリス（ならびに他の主要先進国）では見られない特徴である．民間の市場参加者とリスク選好が異なる政府が流通市場においてこのように大きな地位を占めることは，一般的に見て市場の効率性を損なう可能性が大きい．このような弊害を取り除くためにも，イギリスで見られるような非市場性の債券（国債）を発行し，郵便貯金や簡易保険によって集めた資金で購入する場合にはその非市場性債券とすることが望ましい．政府が流通市場に現れるのは，後述するような財政余剰による国債の買戻しないしはイールド・カーブを管理するための売買に制限すべきであろう．また，非市場性債券に関して言えば，イギリスの国民貯蓄証券のように市場性はないが貯蓄性の高い国債を個人向けに発行することも，国債の円滑な消化という点からは効果があるのではないだろうか．

なお，前述した第2の特徴に関して，非居住者にとってわが国国債が投資対象として魅力あるものとするために，まず最も重要なことは国債残高を削減して，わが国の財政運営ならびに経済政策の信用力を高めることである．さらに，イギリスとの比較で言えば，国債のレポ取引制度はイギリスと同様96年に創設されていることから，次は非居住者の利子課税制度の整備である．この点に関しては，99年度に非居住者の利子課税免除制度が導入され，さらに01年度と02年度には非居住者に対する利子非課税制度の適用対象が順次拡大されていることから着々と進んでいると言えよう（表10-1，10-4）．

(3) 財政コストとイールド・カーブの管理

財政コストの削減という点では当然のことながら発行残高を減らすことである．確かに，流動性と効率性に富む国債市場を維持するためには適度な発行残高が必要だが，現在のわが国の国債発行残高/名目GDP比率はイギリスに対してのみならず主要先進国の中で最も高い範疇に属し，財政的に不健全であることは明白である．したがって，まず長期的な課題として，好況期には財政余剰が生じるような構造に改革し，その余剰で市場から逆オークシ

ョンを通じた国債の買戻しを行うことによって発行残高を削減していくことが求められる．

中期的には，イールド・カーブを適切に管理して市場の効率性を高めることが重要である．特に，政府は03年度中に現在のシンジケート団制度を廃止してオークション（入札）方式に発行方法を変えるとしており，その場合，流通利回りがそのまま発行コストに反映されるようになる．国債流通市場の効率性を端的に映す鏡はイールド・カーブである．したがって，金融政策から独立に（しかも金融政策と整合しつつ）国債管理政策を遂行する政府機関ないし部局を設置し，市場の需要に応じた発行（満期）政策や買戻しも含めた国債の売買オペレーションを行うことによって，市場の効率性が保たれるようにイールド・カーブを管理することが中期的に見て日本の財政コストの軽減に資するであろう．

(4) 最近の国債市場改革と今後の課題

以上の提言は，あくまで本書の分析から得られたインプリケーションであり，わが国の国債管理政策の推移を見ると市場の効率性を上げるための様々な施策がなされている（表10-1）．特に02年度は，国債管理政策の基本的考え方（円滑かつ確実な消化，長期的な調達コストの抑制）に則り，5月債からシンジケート団制度における価格競争入札比率が拡大（60%→75%）されたほか，6月には「証券決済制度等の改革による証券市場の整備のための関係法律の整備等に関する法律（証券決済システム改革法）」が成立した[3]．この法律における国債関係の措置は表10-2に示しているが，この法律の成立により02年度から前述したストリップス取引，国債の買入消却制度の弾

---

3) 証券決済システム改革法は次の事項等を除き，03年1月6日から施行される．
    (1)国債証券買入銷（消）却法の一部改正，国債整理基金特別会計法の一部改正及び国債に関する法律の一部改正（は）この法律の公布の日（02年6月12日）．
    (2)社債等登録法の廃止はこの法施行の日から起算して5年を超えない範囲内で政令で定める日．

表10-2 証券決済システム改革法における国債関係の措置の概要

1. 社債等の振替に関する法律関係
(1) 国債に関しては，日本銀行も，一定の要件の下に，振替機関となることができる．
(注) 2003年1月27日を目途に，日銀を振替機関として，一括登録制度から新振替決済制度に全面的に移行する予定．
(2) ストリップス債の導入
① ストリップス化可能な国債は，「分離適格振替国債」として財務大臣が指定する振替国債（既発債は対象とならない）．
② 元利分離・元利統合は，財務大臣が定める要件に該当する者が，その直近上位機関に対して申請を行うことにより行う．
③ 分離元本振替国債は，分離前の分離適格振替国債の銘柄毎に管理する．分離利息振替国債は，利払期日毎に管理する（したがって，異なる分離適格振替国債から分離された分離利息振替国債であっても，利払期日が同一であるものは，口座簿管理上，同一銘柄として取り扱われる）．
(注)
○具体的にどの国債を分離適格振替国債として指定するか（例えば長期の固定利付債のみとするか，全年限の固定利付債とするか等）は今後検討．
○元利分離・元利統合の申請を行うことができる者は，一定以上の国債落札シェアを有する金融機関とする予定．
○分離元本振替国債，分離利息振替国債は，法人のみしか保有できないこととする（後述の4.参照）．
○元利分離は非課税玉のみ可能．
○元利分離に際しては，分離利息振替国債の金額が5万円の倍数とならなくてはいけないこととする．
2. 国債証券買入銷(消)却法関係
従来，国債の買入消却は，買入価格が額面金額以下の場合ないし「計算上利益アリト認ムルトキ」のみに限定されていたが，これらの要件を「計算上利益アリト認ムルトキ其ノ他国債ノ整理ノ円滑ナル実施ノタメ必要アリト認ムルトキ」に改め，買入消却の柔軟かつ機動的な実施を可能とする．
(注)
○当面，08年度における国債償還の集中を緩和する観点から，02年度においては2,500億円，03〜07年度においては各年度1兆円程度の買入消却を実施する予定．
○買入の相手方は，一定以上の国債落札シェアを有する金融機関とする予定．
○以下の点については今後検討．
  ・買入の具体的方法
    （以下，入札により買入を行う場合）
  ・入札日の公表
  ・買入対象銘柄の選定・公表
  ・入札手続
3. 国債整理基金特別会計法関係
国債整理基金において，現に発行された国債に関して，金利スワップ取引を行えることとする．

第 10 章 結　論

（つづき）
- （注）実際の金利スワップ取引の実施は，各年度の国債発行計画に織り込むとともに，受払いの所要額を予算に計上した上で行うこととなる．
4. 国債に関する法律関係
　譲渡制限を付した国債の発行を可能とする（財務大臣の定める国債については，財務大臣の定める者に譲渡する場合を除き，他人に譲渡できないこととする）．
- （注）実際に譲渡制限が課されることが予定されているのは以下の国債．
- ○個人向け国債……個人にしか譲渡できない．
- ○TB，FB……法人にしか譲渡できない．
- ○分離元本振替国債，分離利息振替国債……法人にしか譲渡できない．
  （分離適格振替国債は，譲渡制限が課されないので，誰に対しても譲渡可能）

出所：財務省ホームページ（2002 年 6 月 25 日に開催された国債市場懇談会（第 18 回）の資料②）から作成．

表 10-3　個人向け国債の商品概要

【購入方法】
○2003 年 2 月を目処に発売．
○最低 1 万円から購入可能．
○金融機関や郵便局の窓口で販売．
○国債の券面は発行せず，金融機関などが管理．
【満期】
○満期は 10 年．
○満期前に換金を希望する場合は，金融機関などに申し出れば政府が買い取る．
【利子の支払い】
○半年ごとに利払い．
○利子は半年ごとに 10 年物国債の金利動向に応じて変動．
【税　制】
○利子にかかる所得課税の免除を検討．
【発行計画】
○02 年度は 3,000 億円以上，03 年度は 1 兆円以上の発行を計画．
○販売窓口の金融機関などには，財務省が 10 年物国債の引き受けより高い手数料を支払う．

出所：2002 年 8 月 21 日付日本経済新聞から作成．

力的運用ならびに個人向け国債の発行ができるようになったことは注目されよう．なお，個人向け国債は金融機関および郵便局で購入できるが，譲渡制限がある，すなわち流通市場を作らないため，中途換金を希望する場合には金融機関や郵便局を通して政府に売り戻すこととなる（表 10-3）．したがっ

表 10-4 わが国国債流通市場における流動性向上のための提言とその進捗状況

1. 流通市場における流動性向上のための提言 (2001年3月27日第7回会合)	進捗状況
A. 発行当局として速やかにスタンス・方向性を示せるもの	
・発行年限構成の工夫	・特定の年限に偏らないバランスのとれた国債発行計画を,市場関係者の意見も踏まえつつ策定しているところ.
・保有形態の簡素化 保有形態(本券・登録・振決)の振決一本化(＝完全ペーパレス化の実現)	・今通常国会で成立した証券決済システム改革法により,国債についても2003年1月より新振替決済制度に原則一本化.
・ストリップス債導入に向けた法整備	・今通常国会で成立した証券決済システム改革法(03年1月施行)により導入のための法制が整備.
・入札結果発表時間の繰り上げ	・14時00分⇒13時30分(01年5月)⇒13時00分(02年4月)
・入札日から発行日までの期間短縮	・引き続き検討(発行日の分散化に伴う事務負担増等).
・非居住者・外国法人の範囲の明確化と非課税申請方法の簡略化	・非居住者等が適格外国仲介業者(いわゆるグローバルカストディアン)を用いて保有する国債利子について,01年度税制改正で非課税措置. ・法人格のない外国投資信託についても,02年度税制改正で非課税措置.
・源泉徴収制度の見直し ① 国内事業法人が受け取る公社債利子の源泉徴収免除 ② 非居住者のレポ取引に係る源泉徴収制度見直し	・振替決済制度が整備されたことも踏まえ,03年度税制改正で要望し,実現に向け努力. ・02年度税制改正で非課税措置.
B. 発行市場についての議論も踏まえ,更に掘り下げて議論すべきもの	
・入札方式の統一化の検討	・引き続き検討(価格コンベンショナル方式とイールドダッチ方式).
・リオープン方式の拡充等の検討	・01年3月以降,欧米並みに,発行後即時に銘柄を統合するリオープン方式導入.
・入札日前取引(WI取引)の検討	・引き続き検討(証取法上の有価証券性,複利ベースでの取引等). (注) 02年7月12日に公表された「金融システムと行政の将来ビジョン」(金融庁のいわゆる「ビジョン懇」報告書)において,「いわゆるWI取引も可能となるよう検討すべき」とされた.
・シ団制度のあり方の検討	・価格競争入札比率の拡大(60%→75%)【14年5月債以降】. ・引受手数料の引き下げ(63銭→39銭)【14年5月債以降】. ・引き続き検討(シ団に代わる安定消化のスキームの構築等).

(つづき)

1. 流通市場における流動性向上のための提言	進捗状況
C. 関係方面に検討を依頼すべきもの	
・清算機関の創設	・現在,日本証券業協会を中心に「国債清算機関設立の具体化に関するWG」において具体的に検討中.
・フェイル・ルールの整備	・日本証券業協会においてガイドラインを取りまとめ(02年6月改定).
・RTGSの完全化	・国債発行・払込(オンライン)【02年6月実施済】. ・オペ等の対市中取引【02年中を目途に実施予定】.
2. 上記1以外の論点	進捗状況
○保有者層の多様化	
・個人向け国債の導入	・証券決済システム改革法により導入のための法制が整備. ・03年2〜3月に第1回発行予定.
・インフレ連動債の検討	・「経済財政運営と構造改革に関する基本方針2002」(02年6月25日閣議決定)において,「物価動向を適切に把握する観点から,物価連動債を含む新たな方法等について検討を進める.」とされた.
○債務管理の適正化	
・買入消却の実施	・証券決済システム改革法により弾力的な実施のための法制が整備. ・02年度2,500億円,03年度以降各年度1兆円程度予定.
・金利スワップの導入	・証券決済システム改革法により導入のための法制が整備.
○その他	

出所:財務省ホームページ(2002年7月30日に開催された国債市場懇談会(第19回)の資料①)から作成.

て,これは非市場性国債である.

このようにわが国でも国債市場の効率性向上に向けた施策は着々と打たれている.しかし,前述した提言のうち,発行年限の整理とベンチマーク銘柄中心の発行,インデックス債の導入,郵貯等の公的資金(債務)で購入する場合の非市場性債券の導入,金融政策から独立に(しかも金融政策と整合しつつ)イールド・カーブを管理する国債管理機関ないし部局の設置はまだ実現していない.2000年9月から財務省が開催している国債市場懇談会の第7回会合(01年3月27日開催)では,流通市場における流動性向上のための

提言が出された（表10-4）。その中で，発行年限構成の工夫とインフレ連動債（インデックス債）の導入は検討課題として挙げられているが[4]，残る2つの提言は課題にさえ上っていない．今後検討されることが望まれよう．

3. 今後の発展的課題

最後に，今後の発展的課題について簡単に展望して本書の締めくくりとしたい．

課題は分析面と地域対象面に分けて考えることができる．まず，分析面の課題は2つ挙げられる．第1に，本書では金利の期間構造と国債の需給構造とを独立の方法によって分析したが，両者を統合して分析することである．そのためには，例えば国債（債券）の満期構成の変化がイールド・カーブにもたらす影響を説明できるようなモデルを構築する必要があろう．この場合，金利の期待理論の構造式に満期構成を表す変数をアドホックに付加するようなものではなく，家計（投資家）ならびに政府の合理的行動に合致したモデルを理論的に導出することが望ましい．

分析面での第2の課題は，国債の最適発行残高，すなわち財政赤字の持続可能性の考察である．本書では国債市場の効率性の視点から国債管理（発行）政策を分析したためこの問題に言及していないが，国債管理政策上この問題の考察は重要である．最適発行残高に関しては多くの先行研究があるが，いずれも実際に国債管理政策を遂行するにあたり指針とできるような理論は構築されていないようである．これは，国債発行の経済的ベネフィットが分析視点から欠落しているためと考えられる．つまり，社会資本整備が将来にわたり経済成長（具体的には全要素生産性）を促進し，そのための資金の一部を国債発行で調達するのであれば，国債発行が将来にわたってもたらすコストと社会資本整備によってもたらされるベネフィットの双方を考慮した上

---

4) 政府は03年度から償還元本を物価と連動させるインデックス債を発行する方向で検討している（02年9月1日付日本経済新聞）．

で，最適発行残高を考察すべきであろう．

　一方，対象地域面の課題だが，主要先進国の中で財政上最も深刻な問題を抱えている国は言うまでもなくわが国である．しかし，前述したように現在わが国は国債市場に関する制度を改変している過渡期であり，データの観点から安定した分析結果を出すことが難しいと思われる．むしろもう少し期間をおいてから，制度変更が国債市場の効率性に与えた影響を分析，評価したほうがよいであろう．そうした配慮もあって，本書ではイギリスを考察対象とした．今後，わが国の国債制度を考える上で参考となる国にはアメリカが挙げられるが，他にも経済通貨統合（EMU）参加のために深刻な財政危機を克服したイタリアや，近年ストリップス取引，インデックス債を導入するなど積極的に国債市場改革に取り組んでいるフランスも研究対象として興味深い．

参考文献

井上広隆 [1999]「G7諸国の国債市場―市場流動性の観点からみた日本市場の特徴点」, 金融市場局ワーキングペーパーシリーズ 99-J-2, 日本銀行金融市場局.

井堀利宏, 加藤竜太, 中野英夫, 中里透, 土居丈朗, 近藤広紀, 佐藤正一 [2002]「わが国における満期構成に関する国債管理政策の分析」,『経済分析』第163号, 内閣府経済社会総合研究所, 123-154頁.

片山貞雄 [1998]『イギリス・マクロ金融政策論』多賀出版.

釜江廣志 [1998]「利子率の期間構造のリスク・プレミアムの異時点モデルによる分析」,『一橋論叢』第119巻第5号, 503-526頁.

───── [1993]『日本の国債流通市場』有斐閣.

───── [1999]『日本の証券・金融市場の効率性』有斐閣.

河村小百合 [1999]「わが国国債市場の抜本的改革の方向性―望まれる市場の効率性・流動性の向上―」,『Japan Research Review』日本総合研究所, 10月号, 6-50頁.

黒田晁生 [1982]『日本の金利構造』東洋経済新報社.

経済企画庁 [1997]『平成9年版 経済白書―改革へ本格起動する日本経済―』大蔵省印刷局.

白川浩道 [1987]「債券利回りの変動要因について―日米比較の実証分析に基づく期待理論の再検討―」,『金融研究』第6巻第2号, 93-128頁.

須藤時仁 [1998a]「ストリップス債の特徴とイギリス市場の動向(その1)」,『証券レビュー』第38巻第10号, 日本証券経済研究所, 33-46頁.

───── [1998b]「ストリップス債の特徴とイギリス市場の動向(その2・完)」,『証券レビュー』第38巻第12号, 日本証券経済研究所, 41-54頁.

───── [1998c]「イギリスにおけるレポ市場の創設とギルト債市場の効率性(上)」,『証券経済研究』第16号, 39-55頁.

───── [1999]「イギリスにおけるレポ市場の創設とギルト債市場の効率性(下)」,『証券経済研究』第17号, 61-74頁.

西村閑也 [1994]「サッチャー以降の英国金融政策」,『証券研究』第109巻, 日本証券経済研究所, 1-23頁.

畠中道雄 [1996]『計量経済学の方法』創文社.

浜田恵造編 [1997]『国債発行・流通の現状と将来の課題』大蔵財務協会.

羽森茂之 [1996]『消費者行動と日本の資産市場』東洋経済新報社.

伴金美 [1991]『マクロ計量モデル分析―モデル分析の有効性と評価―』有斐閣.
平島真一 [1992]「イギリスの金融政策」,『東京銀行月報』44巻11号, 東京銀行, 4-51頁.
福田祐一 [1993]「日本の利子率の期間構造分析―消費資産価格モデルの再検討―」,『経済研究』Vol. 44, 221-232頁.
森恒夫 [1997]「ERM離脱以後のイギリス経済と財政―メージャー保守党政権後半～ブレア労働党政権の成立―」,『証券経済研究』第10号, 日本証券経済研究所, 57-83頁.

Allen, W.A. [1999] "Inflation Targeting: The British Experience," Bank of England, *Handbook in Central Banking Lecture Series*, No. 1.
Anderson, N., Breedon, F., Deacon, M., Derry, A. and Murphy, G. [1996] *Estimating and Interpreting the Yield Curve*, London: Jhon Wiley.
Ang, A. and G. Bekaert [1998] "Regime Switches in Interest Rates," *NBER Working Papers*, No. 6508.
Artis, M.J., Kontolemis, Z.G. and Osborn, D.R. [1995] "Classical Business Cycles for G7 and European Countries," *CEPR Discussion Paper*, 1137.
Attanasio, O.P. and Weber, G. [1993] "Consumption Growth, the Interest Rate and Aggregation," *Review of Economic Studies*, Vol. 60: 631-649.
Backus, D.K., Gregory, A.W. and Zin, S.E. [1989] "Risk Premiums in the Term Structure: Evidence from Artificial Economies," *Journal of Monetary Economics*, Vol. 24: 371-399.
Banerjee, A., Lumsdaine, R.L. and Stock, J.H. [1992] "Recursive and Sequential Tests of the Unit-Root and Trend-Break Hypotheses: Theory and International Evidence," *Journal of Business and Economic Statistics*, Vol. 10: 271-287.
Bank for International Settlements (BIS) [1999] *Market Liquidity: Research Findings and Selected Policy Implications*. (邦訳: 日本銀行『市場流動性: 研究成果と政策へのインプリケーション』)
Bank of England [1980-1999], "Distribution of the national debt ([88-95], "The net debt of the public sector," [96-99], "Public sector debt")," *Quarterly Bulletin*.
——— [1982], "'Overfunding' and money market operations," *Quarterly Bulletin*, Vol. 22: 201.
——— [1989], "The gilt-edged market since Big Bang," *Quarterly Bulletin*, Vol. 29: 49-58.
——— [1992], "Recent developments in the gilt-edged market," *Quarterly Bulletin*, Vol. 32: 76-81.
——— [1996] *INDEX-LINKED DEBT—Papers Presented at the Bank of Eng-*

land Conference September 1995.

Bansal, R. and W.J, II. Coleman [1996] "A Monetary Explanation of the Equity Premium, Term Premium, and Risk-Free Rate Puzzles," *Journal of Political Economy*, Vol. 104 : 1135-1171.

Baksih, G.S. and Chen, Z. [1996] "Inflation, Asset Prices, and the Term Structure of Interest Rates in Monetary Economics," *Review of Financial Studies*, Vol. 9 : 241-275.

Barro, R.J. [1979] "On the Determination of Public Debt," *Journal of Political Economy*, Vol. 87 : 940-971.

―――― [1995] "Optimal Debt Management," *NBER Working Paper*, No. 5327.

Beaudry, P. and Koop, G. [1993] "Do Recessions Permanently Change Output ?" *Journal of Monetary Economics*, Vol. 31 : 149-163.

Bekaert, G., Hodrick, R.J. and Marshall, D.A. [1998] ""Peso Problem" Explanations for Term Structure Anomalies," *NBER Working Papers*, No. 6147.

Bernard, H. and Gerlach, S. [1996] "Does the Term Structure Predict Recessions ? The International Evidence," *BIS Working Paper*, No. 37.

Blanchard, O.J. and Fischer, S. [1989] *Lectures on Macroeconomics*, Cambridge, Massachusetts : MIT Press.

Bohn, H. [1990] "Tax Smoothing with Financial Instruments," *American Economic Review*, Vol. 80 : 1217-1230.

Breeden, D.T. [1979] "An Intertemporal Asset Pricing Model with Stochastic Consumption and Investment Opportunities," *Journal of Financial Economics*, Vol. 7 : 265-296.

―――― [1986] "Consumption, Production, Inflation and Interest Rates," *Journal of Financial Economics*, Vol. 16 : 3-39.

Breedon, F. [1995] "Bond Prices and Market Expectations of Inflation," Bank of England, *Quarterly Bulletin*, Vol. 35 : 160-164.

Calvo, G.A. and Guidotti, P.E. [1990] "Indexation and Maturity of Government Bonds : An Exploratory Model," in R. Dornbusch and M. Draghi (eds.), *Public Debt Management : Theory and History*, Cambridge : Cambridge University Press.

Campbell, J.Y. [1986a] "A Defense of Traditional Hypotheses about the Term Structure of Interest Rates," *Journal of Finance*, Vol. 41 : 183-193.

―――― [1986b] "Bond and Stock Returns in a Simple Exchange Model," *Quarterly Journal of Economics*, Vol. 101 : 783-803.

―――― [1987] "Stock Returns and the Term Structure," *Journal of Financial Economics*, Vol. 18 : 373-399.

――――, Lo, A.W. and MacKinlay, A.C. [1997] *The Econometrics of Financial*

Market, New Jersey : Princeton University Press.

Campbell, J.Y. and Shiller, R.J. [1987] "Cointegration and Tests of Present Value Models," *Journal of Political Economy*, Vol. 95 : 1062-1088.

―――― [1991] "Yield Spreads and Interest Rate Movements : A Bird's View," *Review of Economic Studies*, Vol. 58 : 495-514.

Chapman, D.A. [1997] "The Cyclical Properties of Consumption Growth and the Real Term Structure," *Journal of Monetary Economics*, Vol. 39 : 145-172.

Cheung, Yin-W. and Lai, K.S. [1993] "Finite-Sample Sizes of Johansen's Likelihood Ratio Tests for Cointegration," *Oxford Bulletin of Economics and Statistics*, Vol. 55 : 313-328.

Cochrane, J.H. [1991] "Volatility Tests and Efficient Markets : A Review Essay," *Journal of Monetary Economics*, Vol. 27 : 463-485.

Corrigan, D., MacKinnon, N. and Hartnell, S. [1989], *Gilts-Facing the Challenge*, London : IFR.

Cosslett, S.R. and Lee, L.-F. [1985] "Serial Correlation in Latent Discrete Variable Models," *Journal of Econometrics*, Vol. 27 : 79-97.

Cox, J.C., Ingersoll, J.E., Jr. and Ross, S.A. [1981] "A Re-examination of Traditional Hypotheses about the Term Structure of Interest Rates," *Journal of Finance*, Vol. 36 : 769-799.

Cuthbertson, K. [1996] "The Expectations Hypothesis of the Term Structure : The UK Interbank Market," *Economic Journal*, Vol. 106 : 578-592.

Deacon, M. and Derry, A. [1994a] "Deriving Estimations of Inflation Expectations from the Prices of UK Government Bonds," *Bank of England Working Paper*, No. 23.

―――― [1994b] "Estimating the Term Structure of Interest Rates," *Bank of England Working Paper*, No. 24.

―――― [1994c] "Estimating Market Interest Rate and Inflation Expectations from the Prices of UK Government Bonds," *Quarterly Bulletin*, Vol. 34 : 232-240, Bank of England.

Debt Management Office [1998], *Executive Agency Framework Document*. (http://www. dmo. gov. uk/bginfo/flindex. html).

Dicky, D.A. and Pantula, S.G. [1987] "Determining the Order of Differencing in Autoregressive Processes," *Journal of Business and Economic Statistics*, Vol. 5 : 455-461.

Dobson, S.W., Sutch, R.C. and Vanderford, D.E. [1976] "An Evaluation of Alternative Empirical Models of the Term Structure of Interest Rates," *Journal of Finance*, Vol. 31 : 1035-1065.

Donaldson, J.B., Johnsen, T. and Mehra, R. [1990] "On the Term Structure of

Interest Rates," *Journal of Economic Dynamics and Control*, Vol. 14 : 571-596.
Driffill, J. Psaradakis, Z. and Sola, M. [1997] "A Reconciliation of Some Paradoxical Empirical Results on the Expectations Model of the Term Structure," *Oxford Bulletin of Economics and Statistics*, Vol. 59 : 29-42.
Engle, R.F. and Granger, C.W.J. [1987] "Cointegration and Error Correction Representation, Estimation, and Testing," *Econometrica*, Vol. 55 : 251-276.
Engle, R.F., Liline, D.M. and Robins, R.P. [1987] "Estimating Time Varying Risk Premia in the Term Structure : The ARCH-M Model," *Econometrica*, Vol. 55 : 391-407.
Estrella, A. and Hardouvelis, G.A. [1991] "The Term Structure as a Predictor of Real Economic Activity," *Journal of Finance*, Vol. 46 : 555-576.
Estrella, A. and Mishkin, F.S. [1995] "The Term Structure of Interest Rates and Its Role in Monetary Policy for the European Central Bank," *NBER Working Papers*, No. 5279.
Evans, L.T., Keef, S.P. and Okunev, J. [1994] "Modelling Real Interest Rates," *Journal of Banking and Finance*, Vol. 18 : 153-165.
Fama, E.F. and Bliss, R.R. [1987] "The Information in Long-Maturity Forward Rates," *American Economic Review*, Vol. 77 : 680-692.
Ferson, W.E. and Foerster, S.R. [1994] "Finite Sample Properties of the Generalized Method of Moments in Tests of Conditional Asset Pricing Models," *Journal of Financial Economics*, Vol. 36 : 29-55.
Fisher, I. [1907] *The Rate of Interest*, Macmillan.
Fischer, S. [1983] "Welfare Aspects of Government Issue of Indexed Bonds," in R. Dornbusch and M.H. Simonsen (eds.), *Inflation Debt and Indexation*, Cambridge, Mass. : MIT Press.
Friedman, B.M. [1978] "Crowding out or Crowding in? Economic Consequence of Financing Government Deficits," *Brooking Papers on Economic Activity*, Vol. 3 : 593-641.
Galbraith, J.W. and Tkacz, G. [1998] "Testing for Asymmetry in the Link between the Yield Spread and Output in the G-7 Countries," *Departmental Working Papers*, No. 002, McGill University, Department of Economics.
Gale, D. [1990] "The Efficient Design of Public Debt," in R. Dornbusch and M. Draghi (eds.), *Public Debt Management : Theory and History*, Cambridge : Cambridge University Press.
Ganley, J. and Noblet, G. [1995] "Bond Yield Changes in 1993 and 1994 : An Interpretation," *Quarterly Bulletin*, Vol. 35 : 154-159, Bank of England.
Garcia, R. and P. Perron [1996] "An Analysis of the Real Interest Rate under Regime Shifts," *Review of Economics and Statistics*, Vol. 78 : 111-125.

Goodhart, C. [1999], "Monetary policy and debt management in the United Kingdom: some histrical viewpoints," in K.A. Chrystal (ed.), *Government debt structure and monetary conditions*, Bank of England.

Goodwin, T.H. and Sweeney, R.J. [1993] "International Evidence on Friedman's Theory of the Business Cycle," *Economic Inquiry*, Vol. 31: 178-193.

Gowland, D.H. [1991] "Debt Management in the United Kingdom and the London Gilt-Edged Market," in D.H. Gowland (ed.), *International Bond Markets*, London: Routledge.

Green, W.H. [2000] *Econometric Analysis* (4th ed.), New Jersey: Prentice-Hall. (斯波恒正, 中妻照雄, 浅井学訳 [2000]『グリーン計量経済分析 I, II (改訂4版)』, エコノミスト社)

Gregory, A.W. and Voss, G.M. [1991] "The Term Structure of Interest Rates: Departures from Time-Separable Expected Utility," *Canadian Journal of Economics*, Vol. 24: 923-939.

Grey, S.F. [1996] "Modeling the Conditional Distribution of Interest Rates as a Regime-Switching Process," *Journal of Financial Economics*, Vol. 42: 27-62.

Haldane, A.G. [1997] "Some Issues in Inflation Targeting," *Bank of England Working Paper*, No. 74.

Hall, A.D., Anderson, H.M. and Granger, C.W.J. [1992] "A Cointegration Analysis of Treasury Bill Yields," *Review of Economics and Statistics*, Vol. 74: 116-126.

Hamilton, J. [1988] "Rational Expectations Econometric Analysis of Changes in Regimes: An Investigation of the Term Structure of Interest Rates," *Journal of Economic Dynamics and Control*, Vol. 12: 385-432.

―――― [1989] "A New Approach to the Economic Analysis of Nonstationary Time Series and the Business Cycle," *Econometrica*, Vol. 57: 357-384.

―――― [1993] "Estimation, Inference and Forecasting of Time Series Subject to Changes in Regime," in G.D. Maddala, C.R. Rao and H.D. Vinod (eds.), *Handbook of Statistics*, Elsevie Science Publishers B.V.

Hansen, L.P. [1982] "Large Sample Properties of Generalized Method of Moments Estimators," *Econometrica*, Vol. 50: 1029-1054.

―――― and Jagannathan, R. [1991] "Implications of Security Market Data for Models of Dynamic Economies," *Journal of Political Economy*, Vol. 99: 225-262.

Hardouvelis, G.A. [1994] "The Term Structure Spread and Future Changes in Long and Short Rates in the G7 Countries," *Journal of Monetary Economics*, Vol. 33: 255-283.

Harrison, P.J. and Stevens, C.F. [1976] "Bayesian Forecasting," *Journal of the Royal Statistical Society (Series B)*, Vol. 38: 205-247.

Harvey, A.C. [1985] "Trends and Cycles in Macroeconomic Time Series," *Journal of Business and Economic Statistics*, Vol. 3 : 216-227.

Harvey, C.R. [1988] "The Real Term Structure and Consumption Growth," *Journal of Financial Economics*, Vol. 22 : 305-333.

―――― [1989] "Forecasts of Economic Growth from the Bond and Stock Markets," *Financial Analysts Journal*, September/October : 38-45.

―――― [1991] "The Term Structure and World Economic Growth," *Journal of Fixed Income*, Vol. 1 : 7-19.

―――― [1997] "The Relation between the Term Structure of Interest Rates and Canadian Economic Growth," *Canadian Journal of Economics*, Vol. 30 : 169-193.

Heaton, J. and Lucas, D.J. [1992] "The Effects of Incomplete Insurance Markets and Trading Costs in a Consumption-Based Asset Pricing Model," *Journal of Economic Dynamics and Control*, Vol. 16 : 601-620.

HM Treasury [1995-2002], Debt Management Report ([01-02], *Debt and Reserves Management Report*).

―――― [2002], *Reforming Britain's Economic and Financial Policy Towards Greater Economic Stability*, New York : Palgrave.

―――― and Bank of England [1995], *Report of the Debt Management Review*.

Ho, M.S. and Sorensen, B.E. [1996] "Finding Cointegration Rank in High Dimensional Systems Using the Johansen Test : An Illustration Using Data Based Monte Carlo Simulations," *Review of Economics and Statistics*, Vol. 78 : 726-732.

Holmström, B. and Tirole, J. [1998] "LAPM : A Liquidity-Based Asset Pricing Model," *NBER Working Papers*, No. 6673.

Johansen, S. [1988] "Statistical Analysis of Cointegration Vectors," *Journal of Economic Dynamics and Control*, Vol. 12 : 231-254.

Johansen, S. and Juselius, K. [1990] "Maximum Likelihood Estimation and Inference on Cointegration-With Applications to the Demand for Money," *Oxford Bulletin of Economics and Statistics*, Vol. 52 : 169-210.

―――― [1992] "Testing Structural Hypotheses in a Multivariate Cointegration Analysis of the PPP and the UIP for UK," *Journal of Econometrics*, Vol. 53 : 211-244.

Kessel, R.A. [1965] "The Cyclical Behavior of the Term Structure of Interest Rates," *NBER Occasional Papers*, No. 91.

Kim, C-J. [1994] "Dynamic Linear Models with Markov-Switching," *Journal of Econometrics*, Vol. 60 : 1-22.

―――― and C.R. Nelson [1999] *State-Space Models with Regime Switching*, Cambridge, Massachusetts : MIT Press.

Kocherlakota, N.R. [1990a] "On the 'Discount' Factor in Growth Economies," *Journal of Monetary Economics*, Vol. 25 : 43-48.

────── [1990b] "On Tests of Representative Consumer Asset Pricing Models," *Journal of Monetary Economics*, Vol. 26 : 285-304.

────── [1996] "The Equity Premium : It's Still a Puzzle," *Journal of Economic Literature*, Vol. 34 : 42-71.

Kreps, D.M. and Porteus, E.L. [1978] "Temporal Resolution of Uncertainty and Dynamic Choice Theory," *Econometrica*, Vol. 46 : 185-200.

Labadie, P. [1994] "The Term Structure of Interest Rates over the Business Cycle," *Journal of Economic Dynamics and Control*, Vol. 18 : 671-697.

Lee, B.S. [1989] "A Nonlinear Expectations Model of the Term Structure of Interest Rates with Time-Varying Risk Premia," *Journal of Money, Credit and Banking*, Vol. 21 : 348-367.

Leong, D. [1999] "Debt Management-Theory and Practice," *Treasury Occasional Paper*, No. 10. (Reprinted in HM Treasury [2002], Chapter 16)

LeRoy, S.F. [1984] "Nominal Prices and Interest Rates in General Eqilibrium," *Journal of Business*, Vol. 57 : 177-213.

Lewis, K.K. [1991] "Was There a 'Peso Problem' in the U.S. Term Structure of Interest Rates : 1979-1982 ?" *International Economic Review*, Vol. 32 : 159-173.

Lowe, P. and Kent, C. [1997] "Asset-Price Bubbles and Monetary Policy," *Research Discussion Paper*, No. 9, Reserve Bank of Australia.

Lucas, R.E. [1978] "Asset Prices in an Exchange Economy," *Econometrica*, Vol. 46 : 1429-1445.

────── and Stokey, N.L. [1983] "Optimal Fiscal and Monetary Policy in an Economy without Capital," *Journal of Monetary Economics*, Vol. 12 : 55-94.

Lund, J. and Engsted, T. [1996] "GMM and Present Value Tests of the C-CAPM : Evidence from the Danish, German, Swedish and UK Stock Markets," *Journal of International Money and Finance*, Vol. 15 : 497-521.

MacDonald, D. and Speight, A.E.H. [1988] "The Term Structure of Interest Rates in the UK," *Bulletin of Economic Research*, Vol. 40 : 287-299.

MacKinnon, J. [1991] "Critical Values for Cointegration Tests," in R.F. Engle and C.W.J. Granger (eds.), *Long-Run Economic Relationships, Readings in Cointegration*, Oxford : Oxford University Press.

Mankiw, N. [1986] "The Term Structure of Interest Rates Revisited," *Brookings Paper on Economic Activity*, Vol. 1 : 61-96.

McCulloch, J.H. [1987] "U.S. Government Term Structure Data," mimeo, Ohio State University, Dept. of Economics.

参 考 文 献

―――― [1990] "U.S. Government Term Structure Data," in B. Friedman and F. Hahn (eds.), *Handbook of Monetary Economics*, Vol. I, Amsterdam : North Holland.
Mehra, R. and Prescott, E.C. [1985] "The Equity Premium : A Puzzle," *Journal of Monetary Economics*, Vol. 15 : 145-161.
Mills, T.C. [1991] "The Term Structure of UK Interest Rates : Tests of the Expectations Hypothesis," *Applied Economics*, Vol. 23 : 599-606.
Missale, A. [1999] *Public Debt Management*, Oxford : Oxford University Press.
Nelson, C.R. and Plosser, C.I. [1982] "Trends and Random Walks in Macroeconomic Time Series : Some Evidence and Implications," *Journal of Monetary Economics*, Vol. 10 : 139-162.
Newey, W.K. and West, K.D. [1987] "A Simple, Positive Definite, Heteroscedasticity and Autocorrelation Consistent Covariance Matrix," *Econometrica*, Vol. 55 : 703-708.
Noriega-Muro, A.E. [1993] *Nonstationarity and Structural Breaks in Economic Time Series*, Aldershot : Avebury.
Osterwald-Lenum, M. [1992] "A Note with Quantiles of the Asymptotic Distribution of the Maximum Likelihood Cointegration Rank Test Statistics," *Oxford Bulletin of Economics and Statistics*, Vol. 54 : 461-472.
Pagano, M. [1988] "The Management of Public Debt and Financial Markets," in F. Giavazzi and L. Spaventa (eds.), *High Public Debt : The Italian Experience*, Cambridge : Cambridge University Press.
Pantula, S.G. [1989] "Testing for Unit Roots in Time Series Data," *Econometric Theory*, Vol. 5 : 256-271.
Peled, D. [1984] "Stationary Pareto Optimality of Stochastic Asset Equilibria with Overlapping Generations," *Journal of Economic Theory*, Vol. 34 : 396-403.
―――― [1985] "Stochastic Inflation and Government Provision of Indexed Bonds," *Journal of Monetary Economics*, Vol. 15 : 291-308.
Perron, P. [1989] "The Great Crash, the Oil Price Shock, and the Unit Root Hypothesis," *Econometrica*, Vol. 57 : 1361-1401.
―――― [1990] "Testing for a Unit Root in a Time Series with a Changing Mean," *Journal of Business and Economic Statistics*, Vol. 8 : 153-162.
Plosser, C.I. and Rouwenhorst, K.G. [1994] "International Term Structures and Real Economic Growth," *Journal of Monetary Economics*, Vol 33 : 133-155.
Roma, A. and W. Torous [1997] "The Cyclical Behavior of Interest Rates," *Journal of Finance*, Vol. 52 : 1519-1542.
Rossi, M. [1996] "The Information Content of the Short End of the Term Structure of Interest Rates," *Bank of England Working Paper*, No. 55.

Salyer, K.D. [1990] "The Term Structure and Time Series Properties of Nominal Interest Rates: Implications from Theory," *Journal of Money, Credit and Banking*, Vol. 22 : 478-490.

―――― [1995] "Habit Persistence and the Nominal Term Premium Puzzle : A Partial Resolution," *Economic Inquiry*, Vol. 33 : 672-691.

Sargent, T.J. [1979] "A Note on Maximum Likelihood Estimation of the Rational Expectations Model of the Term Structure," *Journal of Monetary Economics*, Vol. 5 : 133-143.

Sen, D.L. and Dickey, D.A. [1987] "Symmetric Test for Second Differencing in Univariate Time Series," *Journal of Business and Economic Statistics*, Vol. 5 : 463-473.

Shea, G.S. [1992] "Benchmarking the Expectations Hypothesis of the Interest-Rate Term Structure : An Analysis of Cointegration Vectors," *Journal of Business and Economic Statistics*, Vol. 10 : 347-366.

Shiller, R.J. [1979] "The Volatility of Long-Term Interest Rates and Expectations Models of the Term Structure," *Journal of Political Economy*, Vol. 87 : 1190-1219.

―――― [1990] "The Term Structure of Interest Rates," in B. Friedman and F. Hahn (eds.), *Handbook of Monetary Economics*, Vol. I, Amsterdam : North Holland.

――――, Campbell, J.Y. and Schoenholtz, K.L. [1983] "Forward Rates and Future Policy : Interpreting the Term Structure of Interest Rates," *Brookings Papers on Economic Activity*, Vol. 1 : 173-217.

Sichel, D.E. [1994] "Inventories and the Three Phases of the Business Cycle," *Journal of Business and Economic Statistics*, Vol. 12 : 269-277.

Sola, M. and Driffill, J. [1994] "Testing the Term Structure of Interest Rates Using a Stationary Vector Autoregression with Regime Switching," *Journal of Economic Dynamics and Control*, Vol. 18 : 601-628.

Stiglitz, J.E. [1983] "On the Relevance or Irrelevance of Public Financial Policy : Indexation, Price Rigidities, and Optimal Monetary Policies," in R. Dornbusch and M.H. Simonsen (eds.), *Inflation Debt and Indexation*, Cambridge, Mass. : MIT Press.

Stock, J.H. and Watson, M.W. [1988a] "Variable Trends in Economic Time Series," *Journal of Economic Perspectives*, Vol. 2 : 147-174.

―――― [1988b] "A Probability Model of the Coincident Economic Indicators," *NBER Working Papers*, No. 2772.

―――― [1989] "New Indexes of Coincident and Leading Economic Indicators," in O. Blanchard and S. Fischer (eds.), *NBER Macroeconomic Annual*, MIT Press.

Tauchen, G. [1986] "Statistical Properties of Generalized Method-of-Moments Estimators of Structural Parameters Obtained from Financial Market Data," *Journal of Business and Economic Statistics*, Vol. 4 : 397-416.

Taylor, M.P. [1992] "Modelling the Yield Curve," *Economic Journal*, Vol. 102 : 524-537.

Temperton, W. [1991], *UK Monetary Policy : The Challenge for the 1990s*, London : Macmillan.

Thomas, W.A. [1989], *The Securities Market*, Hemel, Hempstead : Philip Allan. (飯田隆, 稲富信博, 小林襄治訳 [1991]『イギリスの証券市場 ビッグ・バン以後』東洋経済新報社)

Wallace, N. [1981] "A Modigliani-Miller Theorem for Open Market Operations," *American Economic Review*, Vol. 71 : 267-274.

Walter, E. [1995] *Applied Econometrics Time Series*, New York : John Wiley and Sons.

White, H. [1980] "A Heteroscedasticity-Consistent Covariance Matrix Estimator and a Direct Test for Heteroscedasticity," *Econometrica*, Vol. 48 : 817-838.

Woodward, S. [1983] "The Liquidity Premium and Solidity Premium," *American Economic Review*, Vol. 73 : 348-361.

索　引

【欧文】

ADF 検定　55
AIC　⇒赤池の情報量基準
ARCH　72
ARCH-M モデル　114
BIC　⇒ベイズの情報量基準
BVAR モデル　⇒2変数ベクトル自己回帰モデル
C-CAPM　98
CGBR　⇒中央政府借入必要額
CGDR　⇒中央政府債務償還額
CRRA 型効用関数　⇒相対的危険回避度一定型の効用関数
DF 検定　55
ECM　⇒誤差修正モデル
EMU　⇒経済通貨統合
ERM　⇒為替相場機構
FSA　⇒金融サービス機構
GMM　⇒一般化積率法
IDB　⇒インターディーラー・ブローカー
J テスト　⇒過剰識別制約の検定
Kim のアルゴリズム　158, 167
MTFS　⇒中期財政金融戦略
Newey-West の頑健推定法　61, 163
PSBR　⇒公共部門借入必要額
PSDR　⇒公共部門債務償還額
VAR モデル　⇒ベクトル自己回帰モデル
VECM　⇒ベクトル誤差修正モデル
Wald 分解　32

【あ行】

赤池の情報量基準（AIC）　66
異時点間の限界代替率　121, 130
異時点間の代替の弾力性　102
一時預金　176
一時貸付金　176
一般化積率法（GMM）　61, 109
イールド・カーブ　13, 16
イールド・スプレッド　31, 144, 146, 155, 161
イノベーション分散比テスト　34
インターディーラー・ブローカー（IDB）　222
インデックス債（インフレ連動債）　10, 176, 232, 251, 260
インプライド・フォワード・インフレ率　106
エクイティ・プレミアム・パズル　128
オークション方式　185, 232, 255
オーバーファンディング政策　217, 218
オーバーラッピング・エラー　35, 37, 61, 163

【か行】

買い持ち戦略　6
確率的オイラー方程式（オイラー方程式）　100, 134, 151
過剰識別制約の検定（J テスト）　110
カルマン・フィルター・アルゴリズム　158, 168
カレント銘柄　5
為替相場機構（ERM）　53, 225
完全予見スプレッド　32, 64
観測方程式　157, 167
危険回避的（な消費者）　98
基礎的財政収支　215
期待インフレ（率）　99, 119, 171

索　引

逆オークション　227, 254-5
キャッピング　225
キャピタル・インデックス方式　11
共通因子　154, 157
共和分空間　38, 73
共和分行列　39, 76
共和分分析　20, 72
共和分ベクトル　32, 38
ギルト債　51, 209, 224, 240
ギルト・レポ　174, 175, 232
均衡スプレッド　40
金融サービス機構（FSA）　241
金利の期間構造　20, 27
金利の期待理論　21, 27, 171
くじ付債権　184
クーポン効果　52
グレンジャー因果性　32
景気インデックス債　189
景気循環　147
景気変動　146, 147
経済通貨統合（EMU）　178, 225
系列相関　72
結合共分散定常確率過程　32
現在価値モデル　31
現物/先物比率　4-5
公共部門借入必要額（PSBR）　216
公共部門債務償還額（PSDR）　226
合理的期待仮説　28
合理的バブル　50, 54
国債管理委員会　176
国債管理政策　2, 16, 188, 230
国債管理政策の目的　189, 208, 214, 230, 240
国債管理庁　9, 232
国債市場懇談会　259
国債の買入消却制度　255
国債発行政策　16, 188, 208, 218
国民貯蓄証券　183, 224
誤差修正モデル（ECM）　20
個人向け国債　257
国家貸付資金　176

【さ行】

債券　21
最終利回り　22
財政赤字の持続可能性　260
最低積立要件の支払能力テスト（MFRST）　177, 236
最適発行残高　260
最適満期構成　188, 196
サプライ・サイド政策　215
時価会計制度　241
時間可変性　60, 97, 114
市場性国債　172, 240
市場の分断　171, 172, 186, 187, 209, 240
市場流動性　4
実質イールド・カーブ　99, 171, 241
弱外生性　77
シャドウイング　225
主観的割引率　101, 112, 133, 151, 194
純粋期待理論　28, 45
証券決済システム改革法　255
証券売買手数料の自由化　222
状態空間モデル　147, 154, 157, 160, 167
状態変数　154
消費資産価格モデル　97, 128, 146, 171, 191
ジョバー　222
シンジケート団制度　255
ストリップス化　12
ストリップス化率　14
ストリップス債　12, 232, 236
ストリップス適格債　13, 237
ストリップス取引（STRIPS）　12, 251
スペクトル密度関数　53
スプレッド制約　39, 76
スプレッド・ベクトル　38, 76
スポット・レート　13, 22
正規性　72
ゼロ・クーポン・インフレ率　106
ゼロ・クーポン債（割引債）　12, 21, 51
遷移方程式　157, 167
潜在変数モデル　98

全要素生産性　260
相関テスト　34, 38
相対的危険回避度　102, 112, 139, 150
相対的危険回避度一定(CRRA)型の効用関数　102, 144
測定誤差　60, 61, 163

【た行】

対数正規分布　139, 151
タップ方式　185, 232
ターム・プレミアム　28, 97
ターム・プレミアム・パズル　121, 128, 144
単位根　51
中央政府借入必要額(CGBR)　231
中央政府債務償還額(CGDR)　233
中期財政金融戦略(MTFS)　216
貯蓄証券　184
定常性　51, 116, 139
デュレーション　23
投下資金の平均回収期間　23
投資口座　184
特定期間選好　186
トレース・テスト　73

【な行】

二重資格制度　222
2変数ベクトル自己回帰モデル(BVARモデル)　30, 66
年金生活者収入保証債券　184

【は行】

発行年限　5, 7, 259
ハミルトン・フィルター・アルゴリズム　158, 168
パー・ボンド　22
売買回転率　4
バウンド・テスト　111, 123
非カレント銘柄　5
非市場性債務　172
非市場性証券　176

ビッグ・バン　222
ビッド・アスク・スプレッド　5
ビル・マウンテン　218
フィッシャー方程式　106
フォワード・レート　25, 135
フル・ファンディング政策　224, 231
ブローカー　222
分散制約テスト　34, 114, 124
分散不均一　72
平均投資期間　23
ベイズの情報量基準(BIC)　72, 158
ベイズの定理　170
ベクトル誤差修正モデル(VECM)　20, 71
ベクトル自己回帰モデル(VARモデル)　20, 71
ベンチマーク銘柄(債)　10, 231, 251
保有収益率(保有期間利回り)　26
保有リスク・プレミアム　100, 114

【ま・や行】

マーケット・メーカー　222
マルコフ過程　129, 152
マルコフ・スイッチ　154, 157, 167
マルコフ・スイッチング・モデル　152, 165
満期政策　188, 218, 240
名目イールド・カーブ　21, 171, 241
モンテカルロ実験　55
予納法人税　235

【ら行】

λ-max テスト　73
ランク条件　39, 73
リオープン制度　251
リスク・プレミアム　98, 135, 154
利息月払い債券　184
利付債　21
流動性プレミアム　15
理論的スプレッド　34, 37-8
レジーム・シフト(スイッチ)　148
レジーム・スイッチング・モデル　148,

152
レベル分散比テスト　34, 38
レポ取引（市場）　174, 175
連続 F 検定法　56
連続 t* 検定法　56, 57, 108
ロールオーバー・リスク　191, 195

ロンドン・インターバンク中間レート
　　（LIMEAN レート）　51

【わ行】

和分　31, 35
割引ファクター　23

初 出 一 覧

第1章 国債の発行制度と市場流動性
「国債の発行制度と市場流動性」,『証券レビュー』第40巻第4号, 日本証券経済研究所, 2000年4月.

第4章 実質金利の期間構造
「イギリスにおける実質金利の期間構造」,『証券経済学会年報』第35号, 証券経済学会, 2000年5月.

第5章 ターム・プレミアム・パズルの理論的考察
「ターム・プレミアム・パズルについて―理論モデルによる一考察―」,『証券経済研究』第36号, 日本証券経済研究所, 2002年3月.

第6章 景気循環と実質金利の期間構造
「景気循環と実質金利の期間構造」,『現代ファイナンス』No.8, 日本ファイナンス学会, 2000年9月.

第7章 90年代における国家債務の保有構造
「イギリスにおける国債保有構造」,『証券レビュー』第40巻第7号, 日本証券経済研究所, 2000年7月.

第9章 80年代から90年代の国債発行政策
「イギリスにおける国債管理―発行政策を中心に―(その1), (その2・完)」,『証券レビュー』第41巻第12号, 第42巻第3号, 日本証券経済研究所, 2001年12月, 2002年3月.

なお, 第2章, 第3章, 第8章, 第10章は本書のために書き下ろした.

［著者紹介］

須藤　時仁
（すどう　ときひと）

1962年生まれ．慶應義塾大学経済学部卒，英国 Warwick 大学大学院修了．財団法人 日本証券経済研究所勤務．
E-mail: sudot@jsri.or.jp

イギリス国債市場と国債管理

2003年 2 月 25 日　第 1 刷発行

定価（本体 5200 円＋税）

著　者　須　藤　時　仁
発行者　栗　原　哲　也
発行所　㈱日本経済評論社
〒101-0051　東京都千代田区神田神保町 3-2
電話 03-3230-1661　FAX 03-3265-2993
振替 00130-3-157198

装丁・渡辺美知子　　　　中央印刷・美行製本

落丁本・乱丁本はお取替えいたします　Printed in Japan
© Sudo Tokihito 2003
ISBN4-8188-1497-0

Ⓡ〈日本複写権センター委託出版物〉
本書の全部または一部を無断で複写複製（コピー）することは，著作権法上での例外を除き，禁じられています．本書からの複写を希望される場合は，日本複写権センター（03-3401-2382）にご連絡ください．

ユーロとEUの金融システム	岩田健治 編著	本体 5200 円
イギリスの貯蓄金融機関と機関投資家	斉藤美彦 著	本体 3000 円
決済システムと銀行・中央銀行	吉田 暁 著	本体 3800 円
国際通貨と国際資金循環	山本栄治 著	本体 4500 円
ドル体制とユーロ,円	奥田宏司 著	本体 3800 円
現代金融システムの構造と動態	M. シェイバーグ 著 藤田隆一 訳	本体 3800 円
通貨危機の政治経済学	上川孝夫・新岡智 ・増田正人 編	本体 4700 円
金融システムと信用恐慌	小林真之 著	本体 3000 円
最終決済なき国際通貨制度	平勝廣 著	本体 4200 円
アメリカ金融システムの転換	G. ディムスキ 他編 原田善教 監訳	本体 4800 円
欧州の金融統合	岩田健治 著	本体 3800 円

表示価格は本体(税別)です